M. L'ABBÉ VICTOR MARTIN

AUX PYRÉNÉES
ET
AUX ALPES

VOYAGES DE VACANCES

Alfred MAME et Fils
éditeurs
Tours

AUX PYRÉNÉES ET AUX ALPES

2ᵉ SÉRIE GRAND IN-8º

PROPRIÉTÉ DES ÉDITEURS

Le mont Cervin.

M. L'ABBÉ VICTOR MARTIN

AUX PYRÉNÉES

ET

AUX ALPES

VOYAGES DE VACANCES

> « Quand je veux bien me délecter, je rêve que je voyage avec vous, que nous parcourons de superbes pays, rattachant toujours de bonnes pensées à de beaux paysages, et méditant le ciel en admirant la terre. »
>
> (Mᵐᵉ SWETCHINE.)

TOURS

ALFRED MAME ET FILS, ÉDITEURS

M DCCC XCVII

UN PÈLERINAGE
A NOTRE-DAME D'HÉAS

(NOTES DE VOYAGE)

I

BAGNÈRES ET LESPONNE

Lundi soir, 31 juillet. — Cette année-là, notre voyage aux Pyrénées commençait par Bagnères.

> Bagnères,
> Bagnères,
> Pays charmant, ô mon amour,
> Patrie
> Chérie,
> Nous voici de retour.

Ainsi chantait de toute sa voix l'enthousiaste Stanco, oubliant son épuisement et sa fatigue, cette fatigue qui lui avait valu en Italie un surnom trop mérité[1]. Au trot rapide de trois petits chevaux basques, nous arrivions à Bagnères par la route de Tarbes. La journée avait été brûlante, mais nous touchions au soir. Bien loin à notre droite, du côté d'Irun et de Fontarabie, le soleil se penchait vers l'Océan. Une fraîcheur embaumée s'élevait des champs de maïs et des prairies luxuriantes qu'arrosaient en bondissant les jolis ruisselets dérobés à l'Adour.

[1] *Stanco* veut dire *fatigué*.

UN PÈLERINAGE
A NOTRE-DAME D'HÉAS

(NOTES DE VOYAGE)

I

BAGNÈRES ET LESPONNE

Lundi soir, 31 juillet. — Cette année-là, notre voyage aux Pyrénées commençait par Bagnères.

> Bagnères,
> Bagnères,
> Pays charmant, ô mon amour,
> Patrie
> Chérie,
> Nous voici de retour.

Ainsi chantait de toute sa voix l'enthousiaste Stanco, oubliant son épuisement et sa fatigue, cette fatigue qui lui avait valu en Italie un surnom trop mérité[1]. Au trot rapide de trois petits chevaux basques, nous arrivions à Bagnères par la route de Tarbes. La journée avait été brûlante, mais nous touchions au soir. Bien loin à notre droite, du côté d'Irun et de Fontarabie, le soleil se penchait vers l'Océan. Une fraîcheur embaumée s'élevait des champs de maïs et des prairies luxuriantes qu'arrosaient en bondissant les jolis ruisselets dérobés à l'Adour.

---

[1] *Stanco* veut dire *fatigué*.

« Voyez donc, s'écriait Raoul, quelle végétation splendide, quels maïs magnifiques, quelles merveilleuses pelouses! Mais vous ne regardez rien! Et pourvu que Stanco chante!...

— Comment! nous ne regardons rien? ripostait le *Zouave*. Moi, je n'ai d'yeux que pour ces collines charmantes entre lesquelles nous courons. D'abord elles étaient toutes petites ; maintenant elles grandissent de plus en plus, et là-bas, au fond, c'est la haute montagne. Laissez un peu vos maïs, et contemplez ces fantastiques sommets que le soleil couchant colore. Quels reflets de lumière, quelles teintes admirables! »

Le nouvel interlocuteur avait fait la campagne de France parmi les zouaves de Charette; de là le titre que nous lui conservons.

Notre quatrième compagnon ne disait pas un mot. Ce n'était qu'un enfant de seize ans, tout étonné et tout ravi. Il venait de conquérir son premier diplôme, et depuis trois jours on l'appelait le *Bachelier*. Son autre nom était Paul.

Mais voici les premières maisons de Bagnères. Notre cocher béarnais s'enfonce le béret sur l'oreille, fait claquer son fouet, et met ses coursiers au galop; ne faut-il pas entrer en ville à un train qui nous fasse honneur? Une minute plus tard nous passons devant un logis qui rappelle à deux d'entre nous d'inoubliables souvenirs. C'était jadis l'hôtel du *Grand-Soleil*, où l'on nous faisait un si cordial accueil. Sur le seuil, pour nous souhaiter la bienvenue, accourait le vieux *chef* et sa maigre patronne, et leur jeune Sylvia, au musical accent, et Hyacinthe, la vive servante, qui se moquait si lestement du grincheux et revêche personnage honoré par elle du nom d'*Arthur*. La mort, hélas! a frappé ici; le *Grand-Soleil* a pour jamais disparu de l'horizon, et aucune aurore ne saluera son retour. — Ne nous laissons pas entraîner aux pensées tristes, et descendons à cet hôtel neuf et riant, sur notre antique place des *Coustous*.

Mardi, 1er août. — Ce matin nous allons tout d'abord à l'église Saint-Vincent : porche superbe du xvie siècle, belle et large nef du xve, hautes fenêtres géminées par lesquelles la lumière descend à flots, faisant resplendir les riches dorures et les marbres étincelants. Nombreux fidèles ; des Bagneraises en capulet noir, le chapelet à la main, prient dévotement, accroupies sur le pavé de marbre. Elles se sont installées au hasard, sans souci de personne, là où elles ont trouvé un peu d'espace. Qui voudrait traverser leurs groupes confus devrait louvoyer avec adresse pour ne fouler aux pieds aucune des draperies qui s'étalent sur le sol. Une messe se célèbre, messe de défunts. Le chantre a une énorme voix de basse. Le vicaire a une éclatante voix de contralto; il dit son *Pater* avec une aisance dégagée, non sans en agrémenter l'air de certaines fioritures au cachet tout à fait méridional. La messe s'achève vite ; le célébrant disparaît et revient d'un pas rapide, sans chasuble, l'étole noire sur l'aube blanche. Il s'approche de la balustrade; à sa gauche, un enfant de chœur, mine éveillée, œil pétillant, a en main un plateau mal argenté. Que viennent-ils faire? Le prêtre se met à réciter des *Pater* et des *Ave*. Sur-le-champ les Bagneraises accroupies se relèvent et, bien drapées dans leurs capulets, s'avancent silencieusement, une à une, jusqu'à la balustrade, s'agenouillent un instant, et dans le plateau du servant mettent un sou ; après quoi elles saluent l'autel et cèdent la place à d'autres. Cette procession muette continue jusqu'à ce que chaque femme ait déposé son aumône. Puis paraît un vieux sacristain: de la main droite il soutient un objet assez gros, de couleur rouge; et d'une voix caverneuse, la plus caverneuse qu'on puisse imaginer, il prononce ces paroles :

Pour les âmes du Purgatoire !

Notre jeune Paul écoute et regarde stupéfait :

« Que dit-il? Que porte-t-il?

— Chut ! »

Quand le sacristain arrive près de nous, Paul voit enfin distinctement l'objet inconnu qui surexcitait sa curiosité: sur une base plate se dresse une tour d'un rouge vif; des créneaux de la tour s'élancent des flammes encore plus rouges; au milieu des flammes est une statuette, cette statuette figure une âme que les flammes enveloppent.

Pour les âmes du Purgatoire ! répète la voix caverneuse.

Au pied de la statuette une mince ouverture indique où peuvent passer les sous.

Dès que nous avons franchi le seuil de l'église :

« Ah! fait le naïf bachelier, je n'avais jamais rien vu de pareil; et tout d'abord j'avais peur, car je ne comprenais pas ce que disait le bonhomme.

— Vous n'avez pas encore tout vu, mon brave Paul, répond Raoul; si vous venez un jour avec nous à Naples, je vous montrerai à *Santa-Lucia* quelque chose de bien plus étrange. Santa-Lucia est la vieille église du quartier des matelots; elle se glorifie de sa fontaine miraculeuse qui guérit les maux d'yeux. Sous le porche, à l'abri d'un vitrail, sont rangées en divers groupes quantité d'âmes du purgatoire. Seulement, remarquez-le bien, ce sont toutes des âmes de prêtres; on les reconnaît à leur costume: soutane, surplis, étole, barrette, costume assez mal choisi pour résister à des flammes; mais de cette difficulté les Napolitains ne s'embarrassent guère. Le spectacle est de nature à provoquer la compassion; une inscription en grosses lettres invite les fidèles à prendre en pitié toutes les âmes de prêtres que purifie le feu du purgatoire; et nul des braves gens qui entrent à Santa-Lucia ne refuse à ces âmes en peine l'aumône d'un *Ave Maria*.

— Tout cela est bien singulier, dit Paul; mais avez-vous entendu la grosse voix du chantre?

— A moins d'être sourd, qui ne l'entendrait? Lors de notre premier voyage le chantre s'appelait Pécondom; c'était un de ces quarante montagnards qui pendant plusieurs années parcoururent l'Europe, charmant les princes et les foules par leurs beaux airs pyrénéens. De retour à Bagnères, Pécondom reprit sa place de chantre au lutrin, il retrouva aussi son échoppe et son rasoir de barbier. Un jour il nous emmena dans sa chambrette et y entonna en notre honneur ses plus fameux solos, entre autres le grand air de *Joseph : Vainement Pharaon...* Dans cet étroit réduit sa voix retentissait comme un tonnerre, toutes les vitres s'ébranlaient : « Où avez-vous pris une voix pareille? lui dit-on. — J'ai bu de l'eau de Labas-
« sère, répondit-il, buvez-en aussi, vous; c'est la source qui
« est à droite des Thermes, à droite quand on regarde la face
« de l'établissement; elle a odeur de soufre, mais on s'y habi-
« tue. Quelle eau merveilleuse ! Notre curé avait une extinc-
« tion de voix; les médecins lui ordonnèrent cent remèdes,
« rien n'y fit; et il allait être obligé de renoncer à sa

« paroisse, quand il s'avisa de prendre tous les matins trois
« verres d'eau de Labassère. En quinze jours il se trouvait
« mieux; au bout du mois il était guéri; au lieu d'un tout petit
« filet de voix, il avait un timbre de cor de chasse. »

De l'église Saint-Vincent nous gagnons les Coustous. D'abord s'offre à nous un bassin d'eaux jaillissantes. Comme ces eaux qui courent partout dans Bagnères rafraîchissent le regard sous ce brûlant soleil ! Après la gracieuse fontaine commence l'allée des grands arbres. A l'ombre de ces arbres, une multitude de promeneurs: touristes aux costumes fantaisistes, montagnards aux bérets noirs ou bleus, guides au teint bronzé et à l'œil perçant; on les reconnaît à leur large plaque de cuivre et à leur ceinture éclatante. Autour des allées, des étalages de toute sorte tentent l'acheteur : photographies, vues des montagnes, bâtons d'ascensionnistes, fouets élégants pour cavalcades, cannes de toute forme et de toute teinte. Une boutique offre, en énormes lettres, cet innocent jeu de mots: *Prenez ma canne et laissez mon oie* (monnaie). Lainages de Barèges, foulards d'Espagne, limonade, bière, glaces, café, tout se trouve sur les Coustous. Le Zouave, à la gorge toujours altérée, propose de prendre un bock :

« Fi donc ! s'écrie Stanco, personne n'a soif.

— C'est-à-dire que vous n'avez jamais soif, vous, » riposte Raoul.

Après les Coustous, voici l'allée des Platanes; à droite, dans un canal au parapet de marbre, se précipite un bras de l'Adour. Nous traversons un petit pont, puis quelques rues très proprettes, maisons blanches aux volets verts, terrasses et jardinets fleuris que rafraîchissent sans cesse des ruisseaux toujours limpides; ces ruisseaux font entendre partout leur gai murmure, c'est une des musiques de Bagnères.

Place d'Uzer il y a foule; foule aussi dans toutes les rues adjacentes. C'est jour de marché : fruits, légumes, poulets, étoffes, lainages, paniers, corbeilles, tout s'entasse, tout se mêle; la voie en est encombrée, et on ne sait comment se frayer un passage sans froisser quelque chose ou quelqu'un. Et quel tapage, quels cris !

« J'en deviens sourd, fait Paul, et je n'entends pas un mot. Quelle langue parlent ces gens-là?

— Ils parlent patois, mais ils ont sur nous un singulier avantage : ils comprennent fort bien le français, et même l'aragonnais. Voyez plutôt ces deux Espagnols à l'air farouche, dont la tête aux noirs cheveux n'est protégée que par un foulard enroulé. Ils marchandent un lot de cerises, et la paysanne qui crie et gesticule si fort sait parfaitement ce qu'ils lui veulent.

— Ah! dit Raoul, des noisettes, achetons-en.
— Acheter des noisettes? gronde Stanco.
— Sans doute; qui m'en empêcherait? »

Stanco voit qu'il n'a qu'à se taire. Les flots de la foule l'entraînent et le séparent des acheteurs de noisettes. Il ne les retrouve que cinq minutes plus tard, au coin de la place d'Uzer.

« Vous vous étiez donc perdu? lui demandent ses compagnons; depuis un quart d'heure on vous cherche.

— Depuis un quart d'heure, c'est beaucoup.
— Mais enfin que faisiez-vous? Vous avez l'air tout saisi. Quelqu'un vous a-t-il fait peur? Vous avez peur si souvent!
— Je n'ai pas peur, réplique Stanco, qui semble pourtant assez ému; mais j'avoue que je ne m'attendais pas à celle-là.
— A quoi? à quoi? parlez donc!
— Eh bien, voici. Pendant que vous achetiez vos noisettes, j'ai été poussé sur le trottoir, et là un montagnard aux cheveux grisonnants m'a saisi par le bras :

« — Écoutez-moi, m'a-t-il dit.
« — Que me voulez-vous?
« — Une consultation.
« — Sur quoi? Je ne suis pas du pays.
« — Je le vois bien, et c'est à cause de cela. Écoutez. Peut-on demander une messe pour faire périr son ennemi?
« — Une messe pour faire périr son ennemi?...
« — Oui; j'ai un ennemi mortel, il m'a fait une chose qui ne se pardonne jamais... »

Et regardant le jeune Paul, Stanco s'arrête court.

« Vous a-t-il expliqué son affaire? demande le curieux Raoul.

— Oui, répond Stanco, mais c'est le secret de cet homme.
— Qu'avez-vous répondu? reprend Raoul un peu piqué.

— J'ai répondu comme vous auriez répondu vous-même :
« Aucun prêtre, sachant son devoir, ne dira la messe pour
« demander la mort d'autrui. »

— Et que répliqua votre montagnard?

— Le montagnard! Il serra les poings et lança un regard
terrible : « Ah! fit-il, je ne puis donc m'adresser ni à Dieu ni
« aux hommes? Alors je n'ai plus qu'à me venger tout seul.
« Malheur à *lui!* »

— Voilà une étrange aventure, dit le Zouave ; nous la mettrons dans notre prochain roman. La scène finale se passera
sur quelque sombre pic perdu dans les nuages, et au milieu
d'une effroyable tempête, les deux mortels ennemis, l'un
guetté par l'autre, se trouveront face à face sur le bord de
l'abîme ; un coup de tonnerre retentira, un coup de feu partira, et le coupable, frappé en pleine poitrine, tombera dans
l'affreux précipice en lançant une suprême malédiction.

— Ne plaisantons pas, dit Stanco, ce vieux montagnard ne
prête point à rire.

— Oh! quel grand oiseau! s'écrie Paul tout à coup, regardez donc! »

Ce fut une diversion très opportune. Le grand oiseau était
un aigle royal, blessé en défendant son aire ; il avait une aile
brisée, et on l'offrait honteusement en spectacle à la curiosité
des badauds.

« Cela fait pitié, dit Raoul ; a-t-il l'air misérable, ce pauvre
aigle, avec cette poussière qui le souille! Ses yeux sont à demi
fermés et clignottent ; ils ne semblent guère capables de contempler le soleil! »

Ces derniers mots réveillent sur-le-champ les souvenirs
poétiques de Stanco, et il s'en va en murmurant des vers.

« Que dites-vous donc? » lui demande Paul, qui le suit
étonné.

Aucune réponse, et Paul entend seulement cette finale :

> Du Caucase à l'Athos l'aigle, planant dans l'air,
> Roi du feu qui féconde et du feu qui dévore,
> Contemple le soleil, et vole sur l'éclair.

« Soyez tranquille, fait Raoul, quand nous escaladerons le

pic du Midi, nous verrons planer des aigles, et nous entendrons plus d'une strophe en leur honneur. »

. . . .

Mercredi 2 août. — Nous avons rapidement revu Bagnères, et nos chères allées de *Maintenon*, et nos délicieux ombrages de *Salut*; nous avons même gravi les pentes du *Bédat* et suivi les premiers sentiers du *Monné*, ces sentiers où, un jour, le cheval qui emportait Raoul nous causa une si belle peur.

Ce matin s'achèvent les préparatifs pour la longue marche à pied, car aujourd'hui commence vraiment notre pèlerinage d'Héas. De Bagnères à Héas la distance n'est pas courte, et il y a plusieurs chemins. Quelle direction prendre? On pourrait redescendre par la plaine de Tarbes, gagner Lourdes, puis Argelès, Pierrefitte et Luz. Mais ce serait suivre très prosaïquement la grande route. Nul de nous n'y songe. Ce n'est pas pour nous traîner sur les grandes routes que nous sommes venus aux Pyrénées. Allons à Héas par les hautes montagnes, d'abord par le lac Bleu, le pic du Midi et Barèges.

« Vous avez besoin d'*ascendre*, disait autrefois au chétif Stanco le docteur Costallat de Bagnères.

— Eh bien, nous *ascendrons!* »

Dans plus d'un endroit l'escalade sera rude, nous redoublerons d'énergie. Souvent aussi toute trace de sentier disparaîtra; personne ne sera là pour nous indiquer le chemin, nous serons comme perdus dans l'immense solitude; cette pensée ne nous effraye pas trop; nous avons confiance en nos anges gardiens. D'ailleurs Stanco et Raoul n'en sont pas à leur coup d'essai; n'emportent-ils pas et le volumineux Guide-Joanne et la vaste carte de l'état-major? Nous ne nous lançons pas autant à l'aventure que se lancèrent jadis Stanco et le Zouave quand, embarqués sur le *Météore*, sans marins et sans boussole, conduits par le seul Paul (un autre Paul que celui d'aujourd'hui), ils osèrent entreprendre la traversée de Nantes à Douarnenez. Or de Nantes à Douarnenez il y a loin; il y a surtout plus d'un mauvais passage; la mer de Bretagne n'est pas tous les jours une mer aux molles caresses, aux douces et tièdes brises. Entre Belle-Ile et Quiberon, qui conduit une barque ne doit pas s'endormir; doubler l'île de

Groix n'est pas toujours si facile; plus loin, les roches de Penmarck ont mauvais renom; puis il s'agit de franchir le Raz de Sein :

> Qui passe le Raz sans malheur
> Ne le passe point sans peur.

Ce voyage-ci n'est pas aussi téméraire. Un point cependant reste très obscur : aurons-nous tous les quatre assez de vigueur pour supporter jusqu'au bout les fatigues d'une pareille course ? »

A cette question, chacun hardiment répond oui tout haut, mais tout bas chacun se dit : Suis-je bien sûr de mes compagnons ?

Du sommet de la tour, le beffroi de Bagnères sonne trois heures.

« En route, » dit Stanco.

Nous partons, le cœur un peu ému. Par l'allée des Coustous, nous nous dirigeons vers la route de Campan. Voici l'Adour, aux eaux d'azur; sur son autre rive se développe une fertile vallée.

« Quel est ce clocher à gauche ? demande Paul.

— C'est le clocher de Gerde : quel aimable curé nous avons connu là ! C'est par Gerde qu'on va à la Pène de Lhéris. Regardez, Paul, cette montagne à la croupe si longue et si arrondie, on dirait un immense lion; elle se coupe brusquement. C'est la montagne aux fleurs et la montagne aux fraises, une des plus gracieuses du pays de Bagnères. Nous sommes grimpés là trois fois, et non sans peine, un jour surtout où nous nous étions risqués par le *pas du Chat*. Avant d'atteindre la croupe, il faut marcher longtemps, et par des sentiers de toute sorte : il y a des prairies, il y a des bois. Dans un bois se cache le *gouffre du Habourat*, ou *puits d'Arris*. A notre premier voyage, Raoul en fit la découverte : il se trouva tout à coup, sans le savoir, au-dessus de l'ouverture béante; son ange gardien seul lui sauva la vie. Après quoi l'intrépide Raoul jeta dans le gouffre les plus grosses pierres qu'il put trouver, et aussitôt des voix croassantes sortirent de l'abîme; puis de grands oiseaux noirs, des corneilles, s'élancèrent, criant avec fureur.

— Ah ! fait Raoul, si vous voulez raconter nos trois ascensions de la Pêne de Lhéris, nous n'en finirons pas d'ici ce soir. Direz-vous aussi comment là-haut un aigle qui planait menaça de s'abattre sur vous ? comment, en revenant par les cabanes d'*Ordincède,* le vertige vous prit sur la crête ? comment une bergère d'Ordincède vous versa de si bon lait dont vous vouliez trop boire ? Qui donc brisa l'écuelle, au grand chagrin de la bergère ?

— L'écuelle était écornée d'avance, et ce n'est pas de ma faute si elle s'est brisée ; d'ailleurs on paya largement le dommage ; il est vrai que la bergère gémissait toujours : « Où « voulez-vous que j'achète une écuelle ? Les marchands ne « montent pas jusqu'ici. »

— Messieurs, s'écrie tout à coup une voix aiguë, voulez-vous voir le grand châtaignier de Médous ? »

La caravane s'arrête brusquement.

La voix aiguë était celle d'un jeune garçon de quinze ans ; cet intelligent indigène vivait de son châtaignier sans le vendre.

« Ah ! oui, dit Raoul, il faut voir ce châtaignier fameux.

— Est-ce bien loin ? demande le Zouave.

— Comptez-vous donc vos pas ? riposte le bouillant Raoul, le châtaignier est tout près.

— Qu'en savez-vous ? réplique le Zouave.

— Il n'y a qu'à traverser la prairie, répond le jeune Bigorrais, et à entrer sous bois.

— C'est cela ! une prairie, puis un bois, puis des détours. Nous avons assez de chemin à faire avant ce soir.

— Allons donc ! s'écrie Raoul, je vois très bien le châtaignier. »

Là-dessus on s'engage à la file dans un étroit sentier, au milieu du luxuriant gazon. Voici bientôt l'arbre gigantesque ; il s'élance droit et majestueux ; son tronc magnifique n'a aucune branche, la tête seule de l'arbre se pare d'une couronne superbe ; cette couronne atteint une élévation prodigieuse.

« Ce n'est pas moi, dit Paul, qui grimperai cueillir ces châtaignes-là !

— Hein ! s'écrie Raoul triomphant, avez-vous jamais vu un

châtaignier pareil dans le pays nantais, à Orvault ou à Treillières ? C'est merveilleux. Mais aussi quel soleil et quelle fraîcheur ! Regardez ces eaux jaillissantes !

— Ceci, dit le jeune Bigorrais, est la source de Médous. »

Stanco ouvre son *Joanne:* « Le livre assure, dit-il, que nous voyons là un bras souterrain de l'Adour ; l'eau s'est

Bagnères-de-Luchon.

enfouie au-dessus de Campan, a traversé cinq ou six kilomètres de grottes ; elle reparaît ici. Admirons encore ce châtaignier et partons ! »

Raoul reste un peu en arrière, mais d'un pas rapide il rejoint bientôt ses compagnons ; il a trouvé cinq ou six petites fraises et deux jolies fleurs.

« Mettez ces fleurs dans le *Guide*, dit-il, et n'ayez pas la maladresse de les perdre.

— Déjà vous collectionnez ! Que sera-ce donc là-haut ? »

Ainsi grondait Stanco tout en feuilletant son livre.

« Avant la Révolution, lut-il, il y avait à Médous un couvent de capucins ; dans leur chapelle une Vierge miraculeuse attirait des pèlerins sans nombre. Le pèlerinage le plus célèbre fut celui de 1588. Une épidémie terrible dépeuplait Bagnères. Les Bagnerais vinrent en procession à Notre-Dame de Médous. En tête de la procession se traînait à genoux une pieuse chrétienne nommée Liloye, du village de Baudéan. Elle fit ainsi à genoux le trajet entier depuis Bagnères (deux kilomètres et demi). Quand elle arriva devant Médous, les cloches de la chapelle se mirent d'elles-mêmes en branle pour saluer la procession. Les Bagnerais pleuraient et priaient de tout leur cœur; ils s'en retournèrent pleins de confiance, et leur confiance ne fut pas trompée : l'épidémie avait disparu. Quant à la pieuse Liloye, elle vécut en grand renom; dans toutes les vallées, de Bagnères à Campan et jusqu'à Gripp, elle était vénérée comme une sainte. »

« C'est très bien, fit le jeune Paul, mais je ne voudrais pas essayer de venir à genoux jusqu'ici depuis Bagnères.

— A Sainte-Anne-d'Auray, dit Raoul, j'ai vu des Bretonnes faire à genoux sept fois le tour de l'église. La distance de Bagnères à Médous ne les effrayerait guère.

— Elle m'effrayerait bien, moi, dit le Zouave; même sur mes pieds je la trouve longue, avec un soleil pareil sur la tête et un sac si lourd sur le dos. »

Le soleil, en effet, nous dévore; la route éblouissante renvoie d'ardentes bouffées qui nous brûlent le visage. D'un œil d'envie nous regardons les limpides ruisseaux qui courent aux bords de la route; ils semblent avoir hâte de se précipiter dans l'Adour.

Ayons un peu de courage! Nous touchons à Baudéan. Comme ce village est gracieusement posé au pied de sa montagne! Une tour du moyen âge s'élève fière sur un mamelon et donne au site un air des anciens jours. Au sortir de Baudéan s'ouvre brusquement à droite une vallée nouvelle : c'est la vallée de Lesponne, la nôtre désormais jusqu'à demain. Quittons la vallée de Campan.

« Tant mieux! fait le Zouave, nous aurons de l'ombre. »

La vallée de Lesponne se creuse entre les contreforts du Mont-Aigu et ceux du pic du Midi; elle se prolonge de l'est à l'ouest, serpentant au pied de mamelons couronnés de sapins et de hêtres. Quand elle débouche dans la vallée de Campan, elle est étroite, et les hauteurs qui la dominent nous protègent contre le soleil. Elle s'élargit bientôt, mais ses sinueux détours présentent de nombreux ombrages; d'ailleurs la journée s'avance, le soleil va disparaître pour nous derrière les grands sommets. Nos yeux se reposent charmés sur les fraîches prairies que baigne l'Adour du lac Bleu, — ce lac Bleu vers lequel nous grimperons demain matin. — A droite des prairies, quelles belles pentes gazonnées ! Çà et là, des habitations pittoresquement assises s'entourent d'une végétation touffue, de haies enguirlandées de fleurs, de grands cerisiers surchargés de petites cerises noires.

« Ces cerises sont d'un goût exquis, dit aussitôt Raoul, que son heureux instinct a fait regarder à terre, et qui a trouvé dans l'herbe des cerises par douzaines.

— Un clocher ! s'écrie Paul.

— Un clocher? Vraiment?

— Oui; regardez à travers les arbres.

— Eh bien ! nous sommes rendus, c'est Lesponne. »

Un joli vallon s'ouvre, et nous découvrons le village tout entier. Ce n'est pas une capitale, mais nous fuyons les capitales. Voilà l'église, toute modeste; le presbytère, bien humble, mais très hospitalier; nous en avons bientôt la preuve, car le bon curé nous aperçoit et nous fait des offres dont nous sommes confus.

« Merci mille fois, monsieur le curé, mais nous irons à l'auberge. »

Dans le pré du presbytère bondit un jeune poulain.

« Ah ! dit Stanco, si j'avais pour demain des jarrets aussi solides ! »

Vanterons-nous l'auberge de Lesponne ? Du souper nul ne se plaignit beaucoup : le pain, à peu près noir, se coupait en larges tranches; si le vin était aigrelet, l'eau en revanche avait une fraîcheur délicieuse. Mais quand il fallut trouver nos lits, quelle déception ! Stanco, Raoul et Paul grimpèrent sous les combles. Là, entre les poutrelles, tout près du toit, s'allongeaient trois paillasses de maïs. Chacun choisit la sienne. « Ne vous avisez pas cette nuit de dresser la tête, car vous défonceriez la toiture. » Quant au Zouave, il dut se réfugier ailleurs, dans un grenier voisin, où pour lit il eut le plancher, comme à sa première nuit de zouave, au Mans, en 1870.

En nous souhaitant le bonsoir, la patronne nous avait dit :
« Il ne faudra pas vous inquiéter si vous entendez quelque chose; les hommes ne se coucheront pas tout de suite; ils se donnent en bas une partie de plaisir. »

La partie de plaisir ne fut pas pour nous. Ces braves Lesponnais se mirent à jouer aux cartes, buvant et causant à qui mieux mieux. Le vin excitait leur verve, et leur voix s'animait, s'animait! Entre eux et nous il n'y avait qu'un misérable plancher aux planches mal jointes; nous aurions pu les voir; nous étions bien forcés de les entendre. Que disaient-ils? Ils parlaient patois et trop vite. L'un d'eux, racontant sans doute une histoire guerrière, s'écriait comme un capitaine :

Avanti, avanti ! à la baïonnetta !

« Est-ce que vous dormez, vous autres? demanda Stanco exaspéré.

— Non, répondit Raoul, mais cela m'amuse.

— Cela vous amuse ! Savez-vous qu'il est onze heures ou minuit ?

— Que voulez-vous que j'y fasse ?

— Et demain matin nous devons nous lever à quatre heures.

— Oh ! à quatre heures?

— Certainement, si vous ne voulez pas grimper au lac Bleu en plein midi.

— Calmez-vous, mon pauvre Stanco; vous rirez de ceci demain. Ces braves gens me rappellent nos Savoyards de Viuz-en-Sallaz, qui jouaient le soir aux cartes en mangeant la soupe. Ils en eurent pour trois heures. Entre deux cuillerées, l'un disait : « Ah ! tu as joué le valet? eh bien, je joue la dame ! »
— Et ici une autre cuillerée. — Après quoi l'autre Savoyard reprenait : « Ah ! tu as joué la dame? eh bien, je joue le roi ! » Jamais je n'oublierai leur gravité et leur lenteur. Chacun posait une carte à son tour, et à son tour aussi puisait dans la soupière commune. Tout cela à intervalles si mesurés et si longs ! Ce soir, au moins, nos gens sont vifs. Écoutez-les plutôt.

— *Avanti, avanti ! à la baïonnetta !* répétait sous nos planches le conteur d'exploits.

— Ah ! quelle nuit ! ah ! quels lits ! » gémissait Stanco.

II

LE LAC BLEU

Jeudi 3 août. — A la pointe du jour Stanco saute de sa paillasse et, sur-le-champ, interpelle les deux voisins. Quelle cruauté! Raoul et Paul dormaient si bien, oui, « de tout leur pouvoir, de tout leur appétit. » — L'un entr'ouvrit un œil, l'autre étendit un bras. — Stanco reçoit plusieurs épithètes peu flatteuses ; il n'en a cure et s'en va appeler le Zouave. Bientôt les quatre voyageurs se retrouvent ; ils font assez piteuse mine, ils donneraient le lac Bleu pour un bon lit. Par bonheur l'air est si frais dans cette haute vallée, que les plus endormis secouent vite leur torpeur. Une tasse de café noir stimule l'énergie ; les provisions s'entassent dans le sac, provisions précieuses, car au lac Bleu il n'y aura que de l'eau très froide.

En route ! Bon chemin de mulets. Une fois déjà, Raoul et Stanco sont passés par ici à cheval, avec le *Philosophe* et *Constantin;* aujourd'hui il faut aller à pied, ce qui, dans deux heures, paraîtra dur. Mais la marche à pied a ses agréments. Nous sommes en pleine liberté, sans aucun conducteur tarifé, sans savoir où nous arriverons ; nous ne pouvons compter que sur nous-mêmes, et ceci n'est pas sans charme.

Au-dessus de Lesponne les cultures sont fort rares, bientôt elles cessent tout à fait ; au bas des versants que nous longeons, on ne voit qu'ajoncs et bruyères ; plus haut s'étagent des forêts de sapins. Nous marchons une grande heure. Attention ! voici quelques cabanes ; à droite s'ouvre une gorge. Cette gorge mène vers le Mont-Aigu ; n'allons point par là ; contentons-nous d'admirer la jolie cascade d'*Aspi*, dont l'eau écumante descend des pentes du Mont-Aigu.

Une demi-heure plus tard voilà une autre gorge, à gauche, cette fois ; au fond de la gorge se dresse une montagne superbe.

« C'est le pic du Midi, s'écrie Stanco.

— Il paraît tout proche.

— Oui, mais il est plus loin qu'il ne nous semble, et si nous voulons l'atteindre par le lac Bleu, prenons garde à ne pas manquer notre lac ; cette gorge s'appelle d'*Ardalos*, elle n'est point pour nous la bonne voie.

— Ah çà ! fait le Zouave, qui met à profit ce moment de halte pour essuyer la sueur de son front ; où est donc votre bonne voie ?

— Voyez la carte d'état-major, nous ne sommes qu'à mille six mètres d'altitude : nous détournerons à gauche, à onze cent dix mètres ; c'est clair.

— Oui, ce qui est clair, c'est que je suis éreinté.

— Déjà, brave zouave ! *Avanti, avanti, à la baionnetta !* »

Il fallut encore une demi-heure pour atteindre la bifurcation marquée sur la carte (onze cent dix mètres).

« Attention ! répète Stanco, nous sommes au point décisif. Si nous nous trompions ici, ce serait terrible. Ce sentier qui incline à droite nous perdrait dans des montagnes inconnues. Tenons la gauche : le torrent nous barre le passage, il faut le traverser ; précisément voici une passerelle, deux planches de sapin ; maintenant il n'y a rien à craindre, ce torrent sera notre meilleur guide, c'est l'Adour du lac Bleu ; il sort du lac où nous voulons arriver. »

Nous suivons donc le jeune Adour, d'abord sur sa rive droite, puis sur sa rive gauche, puis de nouveau à droite, et ainsi de suite, au gré de ses caprices rapides. Tantôt ses eaux bondissantes nous rafraîchissent les pieds, tantôt elles forment de brillantes cascades dont les fines gouttelettes caressent nos fronts. Ici et là sont des bouquets de hêtres, des rhododendrons y poussent à l'aventure ; plus haut des pâturages ; au-dessus des pâturages se déroulent des lacets.

« Ces lacets, déclare Stanco, sont l'escalier de la grande ascension ; lisez *Joanne :* « Il faut gravir un formidable escar-
« pement de huit cents mètres. »

— N'allez pas dire des choses pareilles, proteste Raoul ; vous voulez donc nous épouvanter ?

— Huit cents mètres ! répète Paul stupéfait.

— Oui, répond l'obstiné Stanco, treize fois la hauteur de la cathédrale de Nantes.

— Quoi ! gémit le Zouave, grimper si haut avec un sac si lourd ?

— Ce n'est rien du tout, réplique Raoul, on ne monte, si l'on veut, qu'un centimètre à la fois ; d'ailleurs rien n'est sain comme d'*ascendre !*

— Sain peut-être, mais rude assurément, » reprend le Zouave, qui a plus de bonne volonté que de vigueur physique.

Que d'énergie et de persévérance il faut pour triompher du *formidable escarpement !* Le soleil nous brûle sur cette pente sans ombrage ; les lacets, avec leurs mille tours et détours, nous semblent interminables. La sueur coule sur nos fronts, que protègent mal nos mouchoirs blancs ingénieusement étendus sous nos chapeaux. Des quatre ascensionnistes, trois gardent un sombre silence ; ils montent, ils montent, mais lentement, lentement, la pointe en fer de leur bâton se heurtant aux cailloux. Seul, l'infatigable Raoul reste radieux ; il gravit d'un pas leste, sans s'appuyer à rien, poussant parfois un cri joyeux, interpellant les traînards et leur jetant un mot railleur.

« Hé ! Stanco, vous avez encore meilleure figure que le jour où vous montiez ici à cheval. Dans ce temps-là vous n'étiez pas vigoureux, et le guide, vous voyant sur votre bête une mine si allongée, hochait la tête et disait : « Ce
« jeune monsieur-là aurait mieux fait de rester à Bagnères. »
Mais votre ami le *Philosophe* répondit par cette farce : « Ce
« jeune monsieur-là, n'ayez pas peur pour lui ; il a été vingt
« ans dans les gendarmes ! — Lui, dans les gendarmes !
« s'écria le guide naïf, pas possible ! — et vingt ans ! Je ne
« lui aurais pas donné vingt-cinq ans en tout ! »

Pour écouter cette belle histoire, on faisait halte, debout, haletant, les deux mains sur le solide bâton ferré. Tout à coup

Raoul s'élance à gauche; il a vu, sur une pente presque à pic, une touffe de gazon d'où s'élève une fleur bleue; il lui faut cette fleur.

« Comment ! dit le Zouave épuisé, vous avez le courage de vous risquer à une escalade inutile? Vos jarrets sont donc d'acier?

— Il va tomber ! crie Paul.

— Lui, tomber? répond Stanco; il est comme les chèvres, il en a le pied sûr et les goûts aventureux :

> Là, s'il est quelque lieu sans route et sans chemin,
> Un rocher, quelque mont pendant en précipices,
> C'est où ces dames vont promener leurs caprices.
> Rien ne peut arrêter cet animal grimpant.

— Enfin j'ai ma fleur, s'écrie joyeusement Raoul; quel bleu délicat! Étalez-la entre deux pages de votre *Joanne*. Et maintenant que vous êtes reposés, montons.

— Reposés ! » fait le Zouave hochant la tête.

Nous reprenons notre pas d'ascension, pas très lent, mais régulier.

« Il ne faut jamais monter vite, nous disait le vieux guide qui nous conduisait un jour de Saint-Sauveur au col de Lisey, il ne faut jamais monter vite; il faut seulement ne point s'arrêter. »

Le conseil est bon, quand on est assez vigoureux pour le suivre. La dernière partie de l'ascension fut extrêmement pénible, — excepté pour Raoul. — Le soleil était de plus en plus brûlant, le sentier semblait de plus en plus rude. La caravane suait, soufflait, était rendue.

« Voici le lac Bleu, crie tout à coup Raoul, qui a cinquante pas d'avance; venez, venez, c'est admirable ! »

Paul et Stanco font un dernier effort et atteignent la crête. Ils s'arrêtent immobiles et ne peuvent, malgré leur fatigue excessive, retenir aussi eux un cri d'admiration.

Quant au pauvre Zouave, ses forces trahissent complètement son courage. Il se traîne, il se traîne; enfin le voilà ! Sans accorder au lac Bleu ni un regard ni une parole, il laisse tomber à terre et son sac et son gros manteau gris, puis tout de son long il s'abat sur le sol pierreux. Ses yeux se ferment:

« Un verre d'eau ! gémit-il, je meurs de soif ! »

Quelle heure est-il ? — Dix heures. — Nous avons droit au repos jusqu'à midi. Au milieu d'une longue course, l'étape est chose délicieuse. Certains touristes ont trop peur de la fatigue. Ils ne font d'excursion qu'en voiture ou à cheval. Plaignons-les sincèrement. Ils ne soupçonnent pas quels plaisirs procure la marche à pied ; ils ne soupçonnent pas surtout combien, après une ascension pédestre de quatre ou cinq heures, il est doux de s'étendre sur le dos, de se tremper dans l'eau très fraîche les mains, les pieds, la tête, puis de retirer du sac aux vivres les trésors qu'il renferme. Il y a là une suite d'opérations singulièrement agréables. Demandez plutôt à Raoul, il y excelle. Nul ne grimpe comme lui, mais aussi nul comme lui ne sait préparer le festin et y faire honneur. Tout d'abord notre pauvre Zouave, trop surmené, contemple d'un œil morne et le pain et les plats. — Quand je dis les *plats,* c'est par euphémisme ; il ne faut pas prendre ce mot dans le sens rigoureux. Enfin le Zouave s'arme de résolution, et d'un couteau ; mais quand il y aurait là une dinde aux truffes tout entière, il ne se lèverait pas pour la découper ; il ne bouge pas de sa bonne place et se soulève à peine sur le coude ; il faut tout lui mettre en main. Entre chaque bouchée il demande à boire :

« J'avalerais, dit-il, votre lac tout entier. »

On assure qu'en Afrique, au milieu des sables du désert, la soif cause une souffrance indicible. J'ignore ce que peut être la soif en Afrique, mais je sais bien ce qu'est la soif dans les montagnes, après quatre heures d'escalade sous l'ardent soleil du Midi.

Le repas s'achève, les forces renaissent ; l'air si vif des grandes altitudes nous anime d'une vigueur toute nouvelle. Nous sommes à une hauteur d'environ deux mille mètres (mille neuf cent soixante-huit mètres, dit la carte). L'atmosphère a une pureté et une transparence que nos humbles plaines ne connaissent point ; aussi notre œil, faute d'habitude, juge-t-il fort mal des distances. Les objets lointains se dessinent avec une netteté qui nous trompe absolument. Tel sommet, éloigné de vingt à vingt-cinq kilomètres à vol d'oiseau, nous semble à peine à une demi-lieue.

Lors de notre premier voyage, le guide fit cette question au plus jeune d'entre nous :

« Combien vous faudrait-il de temps pour faire le tour de ce lac ?

— Une demi-heure peut-être.

— Eh bien, reprit le montagnard, je vous donne cent francs si vous en faites le tour en six heures. »

Le ciel est d'un azur splendide, mais l'azur du lac fait pâlir le ciel. Cet azur des flots, profond, sombre, velouté, ravit d'enthousiasme notre ami Paul :

« Non, s'écrie-t-il, non, je ne le croirais pas si je ne le voyais pas ; je n'aurais jamais cru que l'eau pût me sembler plus belle que le ciel. Je comprends maintenant que ceci s'appelle le lac Bleu. »

Le temps est tout à fait calme. Les eaux limpides, que ne ride aucune brise, réfléchissent merveilleusement tous les détails des pentes qui les entourent. Ces pentes, jadis couronnées de forêts, aujourd'hui dénudées, forment un vaste cirque, une coupe immense, où le lac repose. Par delà, dans toutes les directions, se dressent des sommets lointains, des pics hardis aux découpures fantastiques.

« Oh ! s'écrie Paul, voyez là-bas, c'est tout blanc, est-ce un nuage ?

— Non, c'est de la neige.

— De la neige ?

— Très certainement. Regardez dans la jumelle. Vous verrez bien d'autres neiges tout à l'heure, et surtout ce soir.

— Midi ! s'écrie Stanco, faisons les sacs et en route. »

La proposition est accueillie avec plaisir. Deux heures de repos, le déjeuner, et, par-dessus tout, l'air incomparable des hauteurs ont fait oublier toutes les fatigues. Chacun s'équipe lestement.

Stanco déploie sa carte d'état-major.

« Et maintenant, dit-il, que tout le monde ouvre l'œil et dise son avis. Voici sur la carte le lac Bleu où nous sommes ; voilà, à l'est, le pic du Midi où nous prétendons coucher. Il nous manque une boussole.

— Pourquoi n'en avoir pas acheté une à Bagnères ?

— Grâce à Dieu nous avons le soleil, qui nous indique le

sud. Mais si le temps se couvrait, si le brouillard nous surprenait, si l'orage survenait, que deviendrions-nous?

— Il n'y aura pas de brouillard, répond Raoul, ni brouillard ni orage.

— Est-ce que vous n'êtes pas déjà venus par ici? demande le Zouave très sérieux.

— Nous sommes venus une fois à cheval, et avec deux guides. Nous devions, du lac Bleu, gagner le col d'Aoube. — Je vois sur la carte la montagne d'Aoube, au sud-est; quant au col?...— Notre guide-chef se trompa; par où nous fit-il passer? Je n'en sais rien. Il y eut de mauvais moments; plus d'une fois le cœur nous battit. En certains endroits il fallut grimper à pied dans les pierres roulantes, et tirer à grande peine nos chevaux par la bride; nos chevaux hésitaient, tremblaient, sentaient d'instinct qu'ils n'étaient pas dans le bon chemin. Aujourd'hui par où irons-nous? Dieu le sait.

— Ce qui est sûr, dit gravement le Zouave, c'est qu'il faut nous diriger vers l'est.

— Tournons donc à gauche, conclut Stanco. Ce petit sentier, au bord du lac, va-t-il à gauche?

— Oui, répond Paul.

— Eh bien, prenons-le sans hésiter. Recommandons-nous à nos anges gardiens, et invoquons Notre-Dame d'Héas. En fin de compte, c'est chez elle que nous voulons aller. »

Et sur-le-champ, de sa meilleure voix, Stanco entonne un de ses refrains chéris :

> Notre bonne Dame d'Héas,
> Dans le péril ne nous oubliez pas;
> Veillez sur nous,
> Et sauvez-nous!
> Si sur nous gronde la tempête,
> Que votre bras puissant l'arrête,
> Et détourne de notre tête
> Son fléau destructeur.
> Ah! protégez les enfants du pasteur!

Avons-nous jamais fait une course pareille? Le sentier est étroit et pierreux; il se continue sur le flanc du vieux mont dénudé, à une immense hauteur. A notre droite, dans le fond, bien bas, on aperçoit le Laquet, puis un ruisseau, puis des pâturages. Nous marchons en file, un à un. Personne n'aura-t-il le vertige? Si l'un de nous faisait un faux pas, il roulerait sur la pente sans gazon et serait mort avant d'être arrêté par le plateau.

« Regardez devant vous, Paul, regardez le ciel si vous voulez, mais ne regardez point le précipice.

— Gare aux entorses, Stanco; tenez-vous mieux qu'un certain jour au col de Balme, en Savoie. Ce serait, il est vrai, votre dernière entorse, et vous n'auriez pas besoin de recourir au rebouteur.

— Ne plaisantez pas, répond Stanco, le moment est trop mal choisi.

— Pas si mal choisi! Est-ce que vous n'êtes pas charmé de voyager ainsi en l'air? Je me figure être en ballon.

— Moi, reprend Stanco, je pense surtout à une chose, au col qu'il s'agit d'atteindre. Où est-il? qui nous le montrera?

— Il est devant vous, puisqu'il n'est ni à droite ni à gauche: à gauche, c'est le rocher presque à pic; à droite, c'est le précipice. Il n'y a donc point à s'égarer.

— Ne riez pas!

— Pourquoi? Tout nous sourit: le beau soleil, l'air vif et pur, les montagnes inondées de lumière, et jusqu'à cette blanche neige que j'aperçois là-bas. La voyez-vous? Quelle nappe éblouissante! N'est-ce pas *Néouvielle?* Regardez sur votre carte. »

La carte est déployée; on s'oriente le mieux possible, non sans dire bien des paroles; la conclusion commune est que ces immenses champs de neige ne peuvent appartenir qu'au massif de Néouvielle.

La caravane se remet en marche. Stanco ne tarde pas à trahir une fois de plus ses préoccupations.

« Cherchez-vous toujours le col d'Aoube? demande Raoul. Ce col-là nous fut si désagréable, que je souhaite fort en rencontrer un moins raide.

— Moi aussi; mais, dans la circonstance présente, le premier col qui se présentera sera bon à prendre. Nous sommes trop haut, et je ne serais pas fâché de me voir à des altitudes moins sublimes.

— Jusqu'ici, dit le Zouave, cela va bien, mais il ne faudrait pas aller ainsi trop longtemps. »

Nous nous trouvons toujours sur le flanc de la montagne, à une élévation énorme au-dessus du ravin. Un moment, sur la gauche, semble se dessiner la trace d'un nouveau sentier. Il y a pour la caravane un arrêt et quelque hésitation.

Touristes.

Mais la trace paraît si effacée, si faible, qu'on ne peut avec vraisemblance la supposer frayée par des pas d'hommes. Personne ne veut s'y risquer. On continue donc dans la direction précédente. Bientôt, à droite, tout au fond, on découvre une prairie, un troupeau et deux bergers. Les brebis ne nous apparaissent que comme des taches blanches sur la verdure. Les bergers nous aperçoivent; l'un d'eux nous lance un cri aigu et prolongé.

« Nous appelle-t-il? demande Paul; nous ne pouvons pourtant pas descendre ici.

— Écoutez, écoutez, » commande le Zouave.

La distance entre les bergers et nous est si grande, qu'il ne nous parvient qu'un cri indistinct. Très inquiets, nous nous arrêtons.

Le berger donne alors à sa voix toute l'intensité qu'il peut, et nous entendons ces mots :

« Où allez-vous ?

— Pic du Midi ! répond Stanco.

— Pic du Midi ! » crient à leur tour ses compagnons.

Les bergers se taisent.

« Quelle chance ! reprend Stanco. Évidemment nous sommes dans la bonne voie ; sans cela ces deux montagnards nous feraient signe de changer de route.

— Je me demande un peu, dit le Zouave, comment nous ferions pour changer de route, à moins de retourner d'où nous venons.

— C'est égal, je suis enchanté de voir que les bergers nous laissent continuer. Ils ont cru sans doute que nous nous égarions ; puisqu'ils restent tranquilles, j'en conclus...

— Que vous devez en faire autant, Stanco.

— Vraiment, ajoute celui-ci, on dirait que notre aventure présente a été célébrée d'avance dans une des jolies chansons du Père Delaporte.

— Comment ?

— Oh ! chantez cette chanson, dit Paul.

— Je ne demande pas mieux, mais sur quel air ? Tant pis, essayons :

> Sur les monts noirs aux têtes blanches,
> Hantés de l'aigle et de l'isard,
> Par le chemin des avalanches,
> Un enfant marchait au hasard.

— Cet enfant, c'est Paul ; il marche bien au hasard !

— N'interrompez pas.

> Sur son front, le vent et l'orage ;
> Sous ses pas, ni fleur, ni gazon ;
> Mais l'enfant, reprenant courage,
> Disait : Là-bas est l'horizon.

— C'est-à-dire le col d'Aoube.

> — Halte-là ! pauvre enfant qui passes,
> Criait le pâtre ou le chasseur... ;

— N'est-ce pas ce qui vient de nous arriver?
— C'est vrai. Mais gardez pour vous vos réflexions.

> Halte-là! pauvre enfant qui passes,
> Criait le pâtre ou le chasseur.
> Où vas-tu dans ces hauts espaces,
> Sans guide, ami, ni défenseur?

— En effet, c'est bien le cas de Paul.
— Laissez donc chanter !

> Viens, ce soir je te ferai fête
> Dans mon chalet, dans ma maison.
> Mais lui, du pic au sombre faîte,
> Disait : Je cherche l'horizon.

— Je cherche le col d'Aoube!
— Raoul, si vous ne voulez pas que je continue...
— Oh! continuez, continuez !

> Et sous les mélèzes antiques
> Montait le hardi voyageur;

— Pas de mélèze ici, malheureusement.

> Et sur les glaciers fantastiques
> Il fixait un regard songeur.

— Fixez donc les neiges de Néouvielle, Paul, et ayez un regard très songeur.

> Les chasseurs dirent : C'est sans doute
> Un pauvre orphelin sans raison.
> Mais l'enfant poursuivait sa route
> Et voyageait vers l'horizon.

— Pourquoi nos bergers auraient-ils pris Paul pour un orphelin?
— Raoul, vous êtes ridicule ! Je ne chanterai pas le quatrième couplet.
— Il y a un quatrième couplet ?
— Oui.
— Eh bien ! ne vous en privez pas.
— Vous êtes ridicule, Raoul, encore une fois ! D'ailleurs, le

quatrième couplet ne s'applique pas du tout à Paul, qui vient d'être reçu bachelier.

— Qu'est-ce que le baccalauréat peut avoir affaire dans cette chanson-là, où il n'est question que de monts noirs, d'avalanches, de pâtres, de chasseurs, de glaciers ?...

— Le baccalauréat est très bien lié à la chanson, car la chanson est chantée, dans une charmante comédie, par un candidat malheureux.

— Je vous en prie, Monsieur, supplie Paul, chantez la fin.

— Ce sera donc à cause de vous.

>Et moi, sur d'autres Pyrénées
>Aux âpres fleurs, aux blancs sommets,
>J'ai couru depuis dix années,
>Je cours et n'arrive jamais.
>En haut, vers un lointain fantôme,
>Grimpent mon cœur et ma raison ;
>Je voyage... vers le diplôme,
>Je voyage... vers l'horizon !

— Bravo ! dit Paul en riant.

— Très bien, répète le Zouave.

— Certainement, c'est très bien, réplique le méchant Raoul ; d'ailleurs, puisque la chanson est de votre ami Victor Delaporte, je n'ai pas envie de la critiquer. Je discute seulement les applications que vous en faites.

— Assez ! je ne vous chanterai plus jamais rien.

— C'est pour rire ; vous chanterez bien ce soir au pic.

— Au pic, si nous pouvons y parvenir. Mais quoi ! une crête de rocher qui nous barre le chemin ?

— Victoire, victoire ! s'écrie Raoul, voici un petit passage ; c'est le col.

— Pas possible !

— Ça, le col d'Aoube ?

— D'Aoube ou d'ailleurs, peu importe.

— Vous rappelez-vous le port de Vénasque, en face de la Maladetta ? C'est un passage singulièrement resserré, mais *ceci* ne mérite ni le nom de port, ni le nom de col.

— *Ceci* mérite tous nos hommages, car il nous tire d'une grande inquiétude. Certainement nous ne sommes point passés par ici avec nos chevaux, aucun cheval n'y grimperait.

— Ni surtout n'on descendrait, » ajoute Raoul, qui, à califourchon sur la crête, examine curieusement l'autre versant.

La crête dressée devant nous est peu haute, étroite, effritée. Une mince échancrure permet de la franchir. Les aspérités de la roche offrent au pied du grimpeur un appui suffisant. Nous grimpons donc, le Zouave prêtant le concours de son bras à Stanco et à Paul. Quant à Raoul, il dégringole déjà sur la pente nouvelle, poussant ses cris joyeux qui surexcitent notre ardeur.

« Hop! hop! crie-t-il, venez vite ; je vois une cabane, des hommes, des chevaux, nous sommes sauvés. »

Nous descendons pleins d'entrain. La pente, parsemée de gazon, est ravinée en cent endroits. Ce sont les eaux qui ont ainsi tout creusé. En ce moment le sol est aride ; mais pendant huit ou dix mois il est couvert de neige, et quand au chaud soleil de juin les neiges se mettent à fondre, des ruisseaux se forment et se précipitent vers la vallée de Barèges, où gronde déjà le gave, le Bastan aux cascades furieuses. Demain nous descendrons aussi nous vers cette vallée de Barèges ; aujourd'hui nous devons *ascendre* vers le pic du Midi.

Plus bas que nous est un plateau, d'où il nous faudra remonter dans une direction nouvelle. Gagnons d'abord ce plateau. Quel bonheur qu'il s'y trouve quelqu'un pour nous indiquer le vrai sentier du pic ! Sans cela notre embarras serait peut-être cruel. Comme nous l'annonçait tout à l'heure la voix de Raoul, des touristes se trouvent là ; ils font une courte halte et viennent du pic du Midi. Nous faisons halte à leurs côtés, le cœur en joie, remerciant la Providence, nos bons anges et Notre-Dame d'Héas. La partie hasardeuse de notre course est très heureusement achevée, du moins nous le croyons. Dans ce sentier perdu et absolument désert que nous suivions depuis le lac Bleu, nous avions sur nos têtes un soleil splendide ; le soleil nous servait de guide. Quel précieux service il nous rendait ! Ce service, nous en apprécions presque aussitôt tout le prix. A peine sommes-nous assis sur l'herbe rare et dure, que se produit un de ces phénomènes atmosphériques si fréquents et si dangereux dans les montagnes : de la profonde vallée du Bastan nous monte un nuage blanchâtre ; ce nuage atteint notre plateau et nous enveloppe. Notre ami

Paul pousse un cri de terreur ; le nuage devient si épais, qu'on un instant il nous dérobe la vue des objets les plus rapprochés : cabanes, touristes, guides, chevaux, tout disparaît.

« J'ai peur, dit la voix tremblante de Paul, je ne vous vois plus. »

Et, en effet, bien que nous ne soyons qu'à un pas les uns des autres, nul d'entre nous ne peut apercevoir ses compagnons.

« Êtes-vous tous là ? demande Stanco gémissant.
— Oui, oui.
— Raoul n'a pas répondu.
— Je suis là.
— Ne bougez pas, pour l'amour de Dieu ; le précipice est tout près à droite, ne bougez pas. »

Par bonheur un courant d'air soulève cette nuée redoutable ; l'ombre devient moins intense, les objets se laissent deviner, les rayons du soleil percent le bas du nuage, puis resplendissent triomphants. Ah ! quelle joie de revoir le soleil !

« Eh bien, dit le Zouave, si un brouillard pareil nous avait enveloppés il y a une heure et ne s'était pas dissipé, que serions-nous devenus ?
— Le cœur me bat, dit Paul.
— J'ai cru, réplique Stanco, que le mien ne battait plus. Le froid humide du nuage me glaçait.
— La peur vous glaçait encore davantage, dit Raoul ; mais je ne vous le reproche pas, car je n'ai jamais été si saisi. »

Un grand montagnard, portant la plaque de guide, s'approche de nous.

« Vous êtes seuls ? nous demande-t-il ; vous n'avez personne pour vous conduire ? Connaissez-vous la montagne ? Où allez-vous ?
— Nous allons au pic du Midi, répond le Zouave, et nous n'en savons pas trop le chemin.
— Le chemin est très facile, reprend le montagnard, il n'y a pas à s'égarer. Voilà le sentier ; il s'efface un peu dans les pâturages, mais vous le retrouverez quelques pas plus haut : suivez-le, il est très bien tracé. Bon voyage !
— Pourvu qu'il ne vienne pas de brouillard, fait Paul.

— Non, dit le montagnard, le temps sera beau toute la soirée. Cette nuit, je ne dis pas. »

Et, sifflant un air de chanson, le guide court vers ses chevaux et aide ses voyageurs à se mettre en selle, puis la caravane s'ébranle. Nous regardons un instant ces cavaliers. Leur descente sur les lacets en zigzag offre un spectacle singulièrement pittoresque.

« En route, nous aussi, commande le Zouave; ne perdons pas le temps. Combien d'heures d'ici le pic?

— Joanne assure qu'en trois quarts d'heure on doit arriver à la *Hourque des Cinq-Ours*, c'est-à-dire à l'auberge du pic; de la Hourque au sommet du pic, il ne faut, d'après lui, qu'une heure. Mais Joanne suppose que nous avons tous le jarret d'acier des montagnards, le jarret infatigable de Raoul. Pour nous, comptons largement un bon tiers en sus; là où Joanne n'exige qu'une heure, mettons une heure et demie, ce sera beaucoup plus près de la vérité. »

Nous reprenons notre ascension. La pente présente d'abord des pâturages, pâturages un peu maigres, où croissent à l'aventure de nombreux iris. Raoul et Paul s'empressent de cueillir les fleurs bleues, non sans s'écrier qu'ils n'ont jamais vu nuances plus délicates. Bientôt, — le guide l'avait annoncé, — toute trace de sentier s'efface sous l'herbe; mais il n'y a pas à se méprendre sur la direction générale : entre les mamelons qui à droite et à gauche nous enferment, un vallon se creuse; le milieu de ce vallon est évidemment notre véritable route. Nous y montons donc à pas lents, car l'inclinaison du sol est assez rapide. Tout à coup nous parvenons à une crête; un horizon splendide se déroule à nos yeux. Devant nous s'étendent d'immenses espaces; çà et là se dressent des pics superbes, séparés par d'effrayants abîmes. Nous admirons quelques instants ce spectacle magnifique, puis nous nous remettons en marche. Les pâturages ont cessé; il n'y a plus que de la terre aride et des roches sauvages, effritées par la neige, la pluie et la foudre. Ici et là une touffe d'herbe; parfois cette touffe solitaire se couronne d'une jolie gentiane aux pétales d'azur. Comment cette fleur gracieuse est-elle venue germer si haut? Quelle main l'a protégée contre le froid glacial des nuits, contre le vent terrible qui trop souvent fait rage sur ces âpres sommets? O fleur mignonne, de quel cri de joie Raoul et Paul te saluent!

« Tenez, Paul, la voici, ne la froissez pas ; donnez-lui asile entre deux feuilles de votre carnet ; quand vous la regarderez plus tard en Bretagne, elle sera pour vous un charmant souvenir. »

Le sentier se continue en lacets, lacets très longs qui se développent sur le flanc d'une montagne dénudée.

« Quoi donc? demande le Zouave, est-ce qu'il faut encore grimper par là? Ceci est-il enfin votre fameux pic?

— Non, répondit Stanco, nous n'avons pas encore aperçu le lac d'Oncet ; vous savez, Raoul, ce lac au-dessus duquel nous avons eu si peur?

— Ne parlez jamais de vos peurs. Le jour où le lac d'Oncet nous fit un effet désagréable, nous étions à cheval et très fatigués ; voilà pourquoi l'impression fut si vive. Aujourd'hui nous sommes à pied, tout ira bien.

— Oui, nous sommes à pied, réplique le Zouave, et je n'en suis pas plus flatté ; à l'heure qu'il est, je m'offrirais un cheval avec la plus entière satisfaction ; j'accepterais même sans honte une antique chaise à porteur.

— Fi donc ! » s'écrie dédaigneusement Raoul.

Nous cheminons par les lacets, et nous nous élevons de plus en plus. En bas est le précipice. Notre œil s'y porte beaucoup trop. Pourquoi cette étrange attraction vers l'abime? Tout à coup notre jeune touriste s'affaisse ; ses mains se cramponnent au rocher, son front se cache dans une touffe de gazon.

« Qu'avez-vous, Paul?

— La tête me tourne. »

Le Zouave s'élance vers lui et le remet sur les jambes.

« Il ne faut pas regarder le précipice ; n'arrêtez les yeux que sur le terrain où vous marchez.

— C'est singulier, dit Paul : quand nous avons le précipice à gauche, je m'en tire ; quand on détourne au bout du lacet, et que le précipice se trouve à droite, je ne sais plus où j'en suis.

— C'est que vous êtes fatigué ; buvez une goutte de cognac.

— Je ne peux pas boire de cognac.

— Vous ne le pouvez pas en plaine, mais à deux mille mètres, ce n'est pas du tout la même chose. Essayez.

— Non, non.

— Voulez-vous coucher ici ? »

Raoul, — c'est lui qui porte la gourde en sautoir, — approche des lèvres du patient le gobelet de cuir; le patient gémit, mais s'exécute.

« Allons, cela va mieux, n'est-ce pas ?

— Un peu mieux.

— Beaucoup mieux. Marchez maintenant sans penser à rien; ne regardez que le sentier, et appuyez-vous solidement sur votre alpenstock. »

La caravane se remet en file. En avant, comme toujours, grimpe lestement Raoul. Bientôt éclate son cri joyeux :

« Le pic du Midi ! Le lac d'Oncet ! »

Devant nous se dresse, majestueux et sauvage, le dernier escarpement du pic si renommé, l'orgueil du pays de Bagnères. A sa gauche, se creuse en entonnoir un gouffre immense. Sur les pentes nues du gouffre se détachent, éblouissantes, trois ou quatre nappes de neige. Tout au fond, miroitent des eaux aux reflets bleuâtres. Il ne nous reste désormais qu'à longer une petite crête. De cette crête, autrefois, cet abîme du lac d'Oncet nous causa un vraie terreur. Aujourd'hui nous contemplons le même spectacle non sans émotion, mais sans vertige. Pourquoi ? C'est que nos pieds reposent sur le terrain solide. En selle, au contraire, chacun de nous se disait : Ma vie ne tient qu'à un fil; si ma bête fait un faux pas, tout est fini, et ces eaux glaciales et sombres m'engloutissent à jamais !

Stanco et Raoul rappellent ces vieux souvenirs.

« Moi, fait Paul, je ne passerais point ici à cheval, quand on m'offrirait cent mille francs.

— Donnez-moi le bras, » dit le Zouave.

Et le Zouave complaisant, se plaçant entre le précipice et son jeune compagnon, sert à celui-ci d'appui protecteur. Nous franchissons vite ce mauvais pas, nous affectons même un certain air gaillard, car nous sentons qu'on nous regarde. La vanité humaine se trahit encore à deux mille trois cents mètres d'altitude. Pourtant il n'y a là, à l'extrémité de la

crête, que deux ou trois montagnards qui ne nous connaissent
guère ! Derrière ces hommes sont bâtis quelques logements
d'apparence très modeste ; ces logements nous abriteront la
nuit prochaine. Nous sommes à la Hourque des Cinq-Ours.
Aurons-nous assez de vigueur pour gravir ce soir jusqu'à la
pointe du pic ?

III

LE PIC DU MIDI

Jeudi soir, 3 août. — Aurons-nous assez d'énergie pour monter ce soir au sommet du pic ?

Voilà ce que se demande Stanco en franchissant le seuil de l'auberge de la Hourque des Cinq-Ours. Lui seul songe à se poser une pareille question. Paul et le Zouave n'y pensent pas le moins du monde. Enfin, disent-ils, nous allons nous reposer. Assez marché aujourd'hui, et même un peu trop !

Ils sont loin de compte avec leur ami Raoul.

L'auberge des Cinq-Ours n'offre pas de vastes et luxueux salons. On dirait une humble taupinière, se dissimulant dans un pli de l'énorme montagne. Depuis quelques années la taupinière s'est augmentée d'une petite annexe et d'une petite véranda. De l'annexe et de la véranda nous reparlerons. Le toit principal abrite deux chambres. La chambre où l'on entre d'abord, la plus spacieuse, sert de salon et de cuisine. Au mur, à gauche, près de la porte, est suspendue une affiche indiquant le prix exact des consommations.

« Tant mieux, fait le Zouave ; les consommations coûtent un peu cher, mais le consommateur en est averti d'avance. »

De cette première chambre on passe dans une seconde, aussi longue, mais moins large, où se dressent deux tables avec leurs bancs. A ces tables dînent de préférence messieurs les touristes. Au fond, sur un retrait de mur, sont debout trois barillets de métal, munis chacun de sa clef.

Ceci surexcite la curiosité du jeune Paul.

« Qu'y a-t-il là dedans? demande-t-il.

— Voyez, répond Raoul.

— Je ne vois rien.

— Tournez la clef.

— Je n'ose pas.

— Quel poltron! Je la tournerai bien, moi. »

Et, sans s'inquiéter de personne, Raoul saisit un verre, et tourne la clef d'un des barillets.

« De la bière! c'est bien.

— Et toi, second barillet, que verses-tu? Du café! Parfait. »

Le troisième barillet fournit du vin.

Tout à coup apparaît l'aubergiste.

« Ces messieurs veulent-ils dîner? »

Nos quatre pèlerins se regardent.

« Mais oui, certainement, répondent en chœur le Zouave et Paul.

— Comment! se récrie Stanco, vous n'y pensez pas; il est trop tôt. Que feriez-vous ce soir?

— On se coucherait, répond le Zouave.

— Se coucher! proteste Raoul; à cette heure-ci, à quatre heures! Mais c'est le meilleur moment pour monter au pic.

— Monter au pic? riposte le Zouave; est-ce que nous n'y sommes pas?

— Mais point du tout, réplique Raoul indigné; le plus beau est là-haut, au sommet. C'est du sommet seulement qu'on peut admirer l'horizon immense, incomparable. Vous ne vous imaginez pas ce que c'est. Puis nous assisterons au coucher du soleil. Nous ne pouvons pas manquer cela, ce serait une abomination.

— Ah! dit le Zouave piqué, vous tenez à grimper là-haut pour voir le soleil se coucher? Et pour le voir se lever, grimperez-vous encore demain matin?

— C'est bien mon intention.

— Ce n'est pas du tout la mienne, et vous pourrez monter tout seul, ou du moins sans moi. Je n'aspire qu'à trouver un matelas pour m'allonger; mais je n'aperçois pas l'apparence d'un lit.

— Des lits? fait vivement Stanco ; il n'y en avait pas autrefois, mais je crois qu'il y en a maintenant ; attendez, ceci est à voir, et tout de suite. »

Et Stanco, peu pressé d'ordinaire de se mettre en rapport avec les gens, disparaît aussitôt et va interpeller l'aubergiste. Celui-ci déclare qu'un petit logement voisin contient six couchettes.

« Sont-elles arrêtées pour ce soir?
— Non.
— Nous en arrêtons quatre. »

Et Stanco revient triomphant annoncer cette heureuse nouvelle.

« Tenez, disait à ce moment Raoul, mettons-nous d'accord ; commençons par manger un morceau et boire un coup : après quoi on verra. »

La proposition est acceptée, bien que le Zouave murmure des réserves. Stanco ne peut s'empêcher de sourire ; il connaît si bien son Raoul! Il ne peut douter de ce qui arrivera ensuite.

L'aubergiste apporte un reste de gigot froid et une bouteille de vin.

« Et une carafe? dit Paul.
— Une carafe! Pour quoi faire? L'eau ne manque pas dans le lac d'Oncet. Mais pour aller la prendre, la descente est bonne; d'ailleurs, cette eau est glaciale; mieux vaut arroser le gigot d'un verre de vin. »

Cette collation ranime singulièrement notre vigueur. A peine est-elle terminée, que le Zouave s'écrie :

« J'étouffe dans cette baraque, sortons.
— C'est vrai, ajoute Paul, je ne respire plus.
— Rien d'étonnant, dit Stanco. Depuis ce matin nous sommes en pleine montagne, et à une belle altitude. Aussi quel air pur nous avons respiré! Comme nos poumons se dilataient! Ici, dans ce réduit étroit, nous nous sentons mal à l'aise; la transition a été trop brusque. Sortons. »

Une fois dehors, l'air est si vif, qu'il nous est impossible de rester en place. Raoul lève aussitôt les yeux vers la pointe du pic.

« Combien d'ici là-haut? demande-t-il.

— Cinq cents mètres, répond Stanco.

— Cinq cents mètres, ce n'est rien.

— Ce n'est rien? Pardon, il ne s'agit pas de cinq cents mètres en plaine, mais de cinq cents mètres d'altitude, c'est-à-dire d'une grande heure d'ascension, — pour nous, d'une heure et demie.

— Allons donc ! je parie arriver avec Paul en trois quarts d'heure. »

Paul paraît être tout à fait du même avis. Stanco réprime un sourire.

Le Zouave affecte de ne pas entendre la conversation, il arpente le terrain pour ne pas se refroidir trop promptement; mais comme le terrain est en pente, sa promenade manque de charme.

A ce moment, par le sentier de Barèges, débouche sur notre Hourque une caravane à cheval : quatre touristes et deux guides; l'un des touristes porte l'uniforme, c'est un lieutenant de hussards.

Les six cavaliers sautent à terre.

« Maintenant, dit l'un d'eux, nous allons continuer à pied, nos chevaux se reposeront; ils seront plus frais pour nous descendre ce soir à Barèges.

— Eh bien, ajoute le guide-chef, montons tout de suite, afin d'être là-haut pour le coucher du soleil; nous aurons un coucher magnifique.

— L'entendez-vous? dit Raoul ; partons avec eux.

— C'est insensé, proteste le Zouave, nous marchons depuis ce matin six heures.

— Monsieur, dit au Zouave un des guides, mon cheval et celui de mon camarade vont monter derrière nous, car peut-être quelques-uns de nos voyageurs trouveront l'ascension pénible. Enfourchez ma bête, elle a le pied sûr.

— C'est cela, s'écrie Raoul, tout s'arrange ainsi. Vite à cheval ! »

Le Zouave hésite, hoche la tête, puis se décide brusquement. Le voilà en selle.

Paul le regarde d'un œil d'envie.

« Mon jeune monsieur, dit le second guide, ma bête aussi est excellente; elle est à votre disposition. Holà, *Bijou !*

— Bijou ? » dit Paul émerveillé.

Bijou, gracieux tarbais gris-pommelé, broute déjà une touffe de gazon ; son maître en profite pour lui jucher sur le dos notre ami Paul.

« Parfait ! s'écrie Raoul triomphant ; je savais bien que nous grimperions ce soir au pic ! »

La caravane tout entière enfile de raides et étroits lacets. En tête s'avancent les quatre touristes de Barèges, puis Raoul, puis Stanco, et enfin nos deux cavaliers suivis de leurs guides. Pendant trois quarts d'heure tout va bien. Parfois Raoul invite Stanco à entreprendre ce que Topffer appelle une *spéculation* : en d'autres termes, quand le lacet à parcourir semble trop long, l'impatient Raoul escalade en ligne droite vers le lacet supérieur. Cette spéculation abrège beaucoup, — en un sens, — mais comme elle est extrêmement pénible, le résultat obtenu est-il très avantageux ? Stanco en doute, surtout après quelques essais héroïques, qui lui causent de violents battements de cœur. Il s'assied un instant pour reprendre haleine.

« Accrochez-vous à la queue de mon cheval, lui dit le guide du Zouave.

— J'en aurais honte.

— Honte de quoi ? dit Raoul ; rappelez-vous comment un jour notre grand Auguste réussit à atteindre le port de Vénasque.

— Oui, mais je me rappelle aussi quels lazzis vous lui décochiez ; je ne me pendrai pas à la queue d'une bête.

— Du moins, pas à la queue de Bijou, ajoute le second guide.

— Pourquoi ? dit Paul étonné.

— Parce que Bijou n'entend pas qu'on lui tire sur les crins ; aussi n'a-t-il qu'une queue très courte, comme vous voyez. Du reste, s'il a les crins sensibles, il a le jarret solide ; jamais son sabot ne glisse, jamais son genou ne fléchit. Sur son dos, je me crois dans mon lit, et je m'y endormirai cette nuit en descendant vers Barèges.

— Ce n'est pas moi, dit Paul effrayé, qui descendrais par ici, la nuit, à cheval ! »

Précisément, à cet instant même, Bijou arrivait à l'extrémité d'un lacet ; il se détourne par un mouvement très brusque, penchant le cou et allongeant le pas. Paul, qui ne s'attendait à rien, est ébranlé par la secousse ; il se voit comme suspendu sur la pente presque à pic, au-dessus de l'affreux précipice ou fond duquel miroite l'eau sombre du lac d'Oncet.

« Maman, maman ! » s'écrie-t-il, terrifié par l'épouvante.

Et, fermant les yeux, tendant les bras, il se laisse tomber sur le cou du guide.

La caravane entière s'arrête, effrayée.

« Il n'y a pas de mal, crie le guide, couchons-le à terre. »

Le pauvre Paul est donc étendu tout de son long sur le dos. Raoul se verse dans le creux de la main quelques gouttes de cognac, et en humecte les tempes et les narines du malade. Celui-ci aspire avidement l'arome énergique ; bientôt il rouvre les yeux, nous regarde et sourit.

« Courage, dit Raoul, ce n'est rien du tout, et nous n'aurons pas besoin d'aller chercher votre maman. »

Paul rougit, et de ses mains se cache la figure.

« Ne le plaisantez pas, dit le bon Zouave, qui a prestement sauté à bas de son cheval, et s'est élancé pour porter secours ; n'est-il pas très naturel que cet enfant appelle sa mère ?

— Sans doute, sans doute, répond Raoul le rieur ; mais puisque la maman ne vient pas, allons-nous-en.

— Voulez-vous remonter à cheval ? demande le guide.

— Oh ! non, non, proteste Paul, je veux aller à pied ; à pied je n'aurai pas peur. »

Et il s'accroche au bras du guide.

Seul, le Zouave remonte en selle, et il y reste jusqu'à cette petite esplanade où s'arrêtent les chevaux des ascensionnistes.

De là, en quelques minutes on touche au but. Comme toujours, Raoul est en avant :

« Ah ! venez, venez, crie-t-il, c'est magnifique, c'est splendide ! »

Son appel nous stimule, nous voici enfin sur la crête. Tout d'abord, à droite, se dresse une construction toute neuve : c'est l'Observatoire du pic ; nous passons outre, et, par une pente inégale et raboteuse, en vingt pas nous atteignons le dernier sommet.

« Oh ! s'écrie Paul, comme c'est beau ! »

Du pic du Midi, l'horizon que l'œil embrasse n'a guère de rival dans toute la chaîne des Pyrénées. A nos pieds s'étend le pays de Bagnères, la gracieuse vallée de Campan avec ses pelouses de velours, ses cultures aux teintes diverses, ses bouquets d'arbres et ses montagnes, les unes couronnées de bois, les autres dénudées et arides ; puis la longue et large vallée de l'Adour, la luxuriante plaine de Tarbes parsemée de ses nombreux villages. Là-bas se montrent le château de Lourdes, la plaine du Béarn et la ville de Pau aux toits brillants. Les guides, aux yeux de lynx, prétendent distinguer à l'ouest le blanc reflet de l'Océan, et à l'est la grande cité de Toulouse. Mais ce qui surexcite notre enthousiasme, c'est cet incomparable panorama de montagnes de toute sorte, montagnes qui ne peuvent ni se compter ni se décrire. Quels aspects multiples ! quelles découpures fantastiques ! quelles nuances infinies, heurtées, adoucies, fondues, sombres, lumineuses, éclatantes ! Parmi ces montagnes, les unes sont hardies et fières, les autres humbles et modestes ; celles-ci se prolongent en lignes harmonieuses, en croupes arrondies et molles ; celles-là se coupent brusquement dans l'azur et menacent le ciel de leurs arêtes vives, de leurs pointes hérissées. Ici des masses énormes : Néouvielle, Caplongue et leurs blanches neiges; le Vignemale, le Marboré et ses tours, les glaciers étincelants de la Maladetta, des Posets, de Clarabide, des monts d'Espagne ; là des pics élancés, aigus, effrayants : pic de Gabisos, pic d'Ossau, pic de Cambiel, le Mont-Aigu, le Monné, le Mont-Perdu, etc.

Longtemps, silencieux, nous contemplons ces merveilles : nos yeux ne peuvent s'en rassasier ; ils jouissent, ils s'enivrent, ou plutôt c'est notre âme qui s'enivre et qui jouit.

Victor Hugo, avec son imagination exubérante, essaye de décrire ce qu'il prétend avoir *entendu*, un jour, *sur la montagne*. Mais comment dépeindre ce qu'une âme chrétienne peut vraiment, sur un haut sommet, voir, entendre, comprendre, sentir ? Si « les cieux racontent la gloire de Dieu », les monts sublimes, eux aussi, exaltent le *Très-Haut;* ils en célèbrent surtout la majesté, la grandeur, l'immensité, la force, la puissance. Puis, que de souvenirs bibliques ils rappellent ! Sur les montagnes se passent tant de scènes fameuses de l'Ancien et du Nouveau Testament ! Le Dieu d'Israël aime les montagnes. Sans cesse il fait chanter par ses prophètes les beautés du Carmel et les magnificences du Liban. La terre qu'il promet à son peuple est une terre où les monts s'enchaînent aux monts. A son tour, Notre-Seigneur foule si volontiers de ses pieds divins les pentes ou les cimes des montagnes de Juda ! Pour prêcher son Évangile ou pour répandre son âme dans la prière, il préfère les hauteurs et la solitude de la montagne. C'est sur le Thabor qu'il se transfigure, sur le Calvaire qu'il consomme son sacrifice, c'est du sommet des Oliviers qu'il monte aux cieux.

« Oui, vraiment, s'écrie enfin Raoul, s'arrachant tout à coup à sa longue contemplation, oui, vraiment les montagnes élèvent l'âme bien au-dessus des choses terrestres ; et, si je savais chanter, je chanterais de tout mon cœur : *Benedicite, montes, Domino; benedicite, glacies et nives, Domino:* « Bénissez « le Seigneur, ô montagnes ; bénissez-le, neiges et glaciers. » — O montagnes, tressaillez, et faites retentir la louange du Seigneur : *Jubilate, resonate, montes, laudationem.*

— Vous rappelez-vous notre Bourguignon ? dit Stanco.

— Quel Bourguignon ? demande Paul étonné.

— A notre premier voyage en Suisse, ce Bourguignon s'était joint à nous, à Genève, pour aller à Chamonix. Nous gravissions ensemble la Forclaz et le col de Balme, et il restait toujours un peu en arrière.

« — Êtes-vous fatigué ? lui dit-on.

« — Assez, répondit-il ; mais je sens le besoin de m'isoler afin de mieux admirer ces imposants spectacles des Alpes. Je ne suis pas très dévot, et pourtant, je ne sais comment, ces grandes montagnes me forcent de penser à Dieu. »

« Ce Bourguignon était un riche bourgeois, bon homme au fond, mais en religion d'une ignorance pitoyable. Entre autres naïvetés, il me demanda si, à chaque messe qu'il célèbre, le prêtre fait la communion.

« Je n'ai pas oublié, ajoute Stanco, une autre de ses naïvetés. Une fois déjà il avait voyagé par là, et il se vantait de connaître parfaitement le chemin. A l'en croire, les pentes du col de Balme étaient fort douces, et la journée devait être, tout au plus, de sept heures de marche. Étranges illusions! L'escalade du col fut extrêmement rude, si rude que, partis de Martigny à sept heures du matin, nous ne pûmes arriver à Chamonix qu'à huit heures du soir.

« — Cependant, répétait ce brave bourgeois, la route, il y a trois ans, me semblait bien plus facile et bien moins longue.

« — Avec qui faisiez-vous cette excursion?

« — Avec ma mariée; c'était notre voyage de noces.

« — Ah! tout s'explique. Vous voyagiez dans les étoiles, les sentiers vous paraissaient semés de fleurs, et les heures s'écoulaient trop rapides. Aujourd'hui ce n'est pas tout à fait la même chose. »

Ce récit de Stanco est brusquement interrompu par un cri d'épouvante, un cri qui nous fait bondir. Sur notre étroit plateau, à nos pieds, trois hommes s'enlacent et se débattent.

« Qu'y a-t-il? demande le Zouave.

— J'ai peur! gémit Paul.

— Ah! mon Dieu, dit Stanco, ils vont rouler dans le précipice! »

Ce sont les deux guides qui semblent aux prises avec l'officier de hussards. La lutte est courte. Les guides se redressent vivement, le genou sur la poitrine du hussard, et les mains sur ses épaules. Pour lui, le dos au sol, pâle et livide, il pousse de profonds soupirs.

« Mais qu'a donc ce lieutenant?

— Hé! répond un guide, il a le vertige. S'il avait été plus fort que nous, il était perdu.

— Comment, perdu?

— Oui, il se précipitait. Regardez, là, jusqu'en bas, mais n'approchez pas trop près du bord; le précipice n'est pas mignon. »

Le pic du Midi n'est accessible que par son versant sud, versant que nous avons gravi. Les autres côtés, le côté nord surtout, présentent des escarpements effroyables. Notre officier s'était risqué à jeter les yeux sur ces escarpements; son œil avait un instant sondé l'abîme, mais l'abîme avait aussitôt produit son effet terrible, et sa force invincible attirait l'imprudent.

« Asseyons-nous tous les deux sur lui, dit le guide-chef

à son compagnon ; il ne faut pas qu'il puisse bouger. Et vous autres, Messieurs, regardez encore le pays, et quand vous voudrez descendre, nous descendrons l'officier. »

Mais les touristes de Barèges sont trop inquiets pour jouir du panorama pyrénéen.

« Ne restons pas ici, disent-ils, on ne peut laisser ce malheureux dans un tel état.

— Eh bien, reprit le guide, mettons-le debout ; entre nous deux il arrivera en bas sans accident. »

Le pauvre hussard est donc relevé ; ses deux protecteurs lui font tourner le dos aux escarpements, puis, le saisissant vigoureusement chacun par un bras, ils l'emmènent tout chancelant vers le premier lacet. De ce côté la pente n'est pas à pic, mais elle est bien raide ; elle a de quoi troubler une tête peu solide. Le lieutenant ferme les yeux pour ne rien voir, et il s'en va ainsi, comme un misérable aveugle, traîné plutôt que conduit.

« C'est grande pitié, murmure le Zouave ; et pourtant, en plaine, ce hussard au galop chargerait hardiment un escadron prussien. Le vertige est vraiment une chose redoutable. »

A ce moment arrivaient au sommet deux montagnards ; ils nous saluent de leurs bérets, puis poussent des exclamations bruyantes.

« Nous sommes tout joyeux, et cela vous étonne, dit l'un ; c'est que nous n'avions pas revu notre pic depuis cinq ans. Nous travaillons maintenant de l'autre côté de Montréjeau ; nous avons pu nous échapper, et nous sommes venus au pic en pèlerinage.

— En pèlerinage ? dit Paul très surpris.

— Oui, mon jeune monsieur, et nous sommes si contents que nous chanterons toute la nuit.

— Oh ! regardez ces nuages blancs, s'écrie l'autre montagnard ; c'est beau ! c'est beau ! Il faut monter au pic pour voir pareille chose. »

Nos yeux se tournent aussitôt vers la direction indiquée, et nous sommes témoins d'un spectacle que nous n'oublierons jamais. Du fond des vallées s'est élevée une brume épaisse qui, à cinq cents mètres au-dessous de nous, se condense en nuées compactes. Ces nuées se rejoignent peu à peu, et bientôt forment une immense surface, surface blanche et immobile. Cependant le soleil s'abaisse vers l'ouest, et il va disparaître sous la nappe nuageuse. De ses derniers rayons il illumine cette incommensurable étendue, et il la fait resplendir d'un éclat éblouissant. Au-dessus de ces nuages aussi blancs que la neige, se dressent çà et là les pics géants ; et les ombres de ces pics grandissent et s'allongent sur le blanc manteau des nues. Pour achever le tableau, la lune se lève à l'orient, une lune superbe ; et sur les nuées comme sur les cimes sa douce lumière jette des reflets chatoyants, des teintes argentées.

« Non, s'écrie Raoul, non, je n'ai jamais rêvé rien d'aussi merveilleux. Quels fantastiques effets produisent ces pics, au milieu et au-dessus de cet océan de nuages ! Ne dirait-on pas l'Océan avec des caps, des promontoires, des îles émergeant des blanches vagues ? »

Les deux montagnards, comme enivrés, dansent et chantent de toutes leurs forces. Notre Paul, grisé à son tour, bondit de joie, crie bravo, bat des mains.

« Oui, dit le Zouave, on croirait voir la mer, les flots, l'écume et les rochers entourés par les flots. Ceci surpasse tout ce que j'aurais imaginé.

— Et quel calme ! ajoute Stanco, quel silence sur cet océan sans limites ! Les nuages nous cachent absolument la plaine ; aucun bruit terrestre n'arrive ici d'en bas. Nous pourrions croire qu'il n'y a plus que nous en ce monde. Le genre humain semble englouti tout entier ; nous restons seuls, debout sur notre montagne, seuls sous le ciel et en présence de Dieu ! »

Tel fut pour nous, ce soir-là, le coucher du soleil au pic du Midi. Jamais, dans toute notre vie, nous n'avons rien vu de comparable. Pourtant nous sommes plus d'une fois remontés là-haut ; plus d'une fois, de ce sommet ou d'autres, aux Pyrénées, aux Alpes, en Suisse, en Savoie, du Righi, de la Furka, du Simplon, du Thabor, du Semnoz, nous avons contemplé des horizons splendides. Mais jamais il ne nous a été donné d'assister à un aussi prodigieux spectacle. Toujours nous espérions recommencer notre rêve, mais notre rêve avait été trop beau, il s'était évanoui pour jamais.

4

« Allons, dit enfin Stanco, il est temps de regagner notre gîte.

— Quel dommage, fait Paul ; je resterais ici jusqu'à demain.

— Vous auriez trop grand froid, dit en souriant un de nos montagnards ; dans deux heures vous gèleriez tout vif. »

Nous nous arrachons donc à notre contemplation, mais avec quel regret ! Nous repassons devant l'Observatoire.

« Entrons-nous ? demande Raoul.

— Non, » dit Stanco.

Protestation inutile. La porte est ouverte ; Raoul la franchit, suivi de Paul, puis du Zouave. Stanco va, en murmurant, s'asseoir sur la pente. Quand nos trois curieux le rejoignent, ils se vantent d'avoir vu d'étonnantes choses, des instruments extraordinaires, des appareils aussi singuliers qu'ingénieux. Paul surtout triomphe ; il vient d'envoyer un télégramme à sa mère. Quelle surprise pour la chère maman ! Un télégramme du pic du Midi !

Nous commençons à descendre par les lacets. Raoul et Paul s'amusent à gagner de l'avance par des *spéculations*. Deux cents mètres plus bas, Paul se retourne ; il a entendu derrière lui le son argentin d'une clochette. C'est un troupeau, il descend à la suite de son berger.

« Un mouton qui s'en va ! » s'écrie Paul.

Le berger regarde à son tour :

« C'est un agneau, dit-il, il est perdu.

— Perdu ? fait Paul, et pourquoi ?

— Parce que la nuit vient, et je ne puis le rattraper ce soir.

— Vous le reprendrez demain.

— Demain il ne sera plus là ; les aigles l'auront emporté. Tenez, en voici deux ! »

Toutes les têtes se dressent, et dans l'azur profond qui déjà s'assombrit, nous apercevons deux points noirs.

« Ces oiseaux-là sont très forts, ajoute le berger d'un ton triste ; quand l'agneau sur lequel ils s'abattent est trop lourd, ils le frappent d'un coup d'aile et le précipitent dans l'abîme. Là ils le retrouvent bien.

— O mon pauvre petit agneau, gémit Paul, toi qui bondis si joyeux ! »

Les deux aigles s'abaissent avec lenteur ; ils se rapprochent, nous distinguons leurs moindres mouvements.

« Ne vous avais-je pas dit que nous verrions des aigles? s'écrie Raoul enchanté. Vous rappelez-vous le pauvre aigle enchaîné de Bagnères, avec sa mine misérable? Ceux-ci sont vraiment les rois du ciel. Comme ils s'élancent dans l'espace! Quel vol superbe! Mais les voilà immobiles, leurs ailes semblent ne pas remuer, ils planent, avec quelle majesté! Chantez-les donc, Stanco. »

Stanco ne se fait pas prier :

— L'aigle, c'est le génie, oiseau de la tempête,
Qui des monts les plus hauts cherche le plus haut faîte;
Dont le cri fier du jour chante l'ardent réveil;
Qui ne souille jamais sa serre dans la fange,
Et dont l'œil flamboyant incessamment échange
    Des éclairs avec le soleil.

Son nid n'est pas un nid de mousse; c'est une aire,
Quelque rocher creusé par un coup de tonnerre,
Quelque brèche d'un pic épouvantable aux yeux,
Quelque croulant asile aux flancs des monts sublimes,
Qu'on voit, battu des vents, pendre entre deux abîmes :
    Le noir précipice et les cieux!

« Bravo, Stanco, vous donnez toute votre voix; l'air est-il improvisé? Peu importe! Je parie que vous ne songez plus à vos dix heures de marche d'aujourd'hui? Et vous, mon cher Zouave, regrettez-vous votre ascension?

— Non, certainement.

— Cependant j'ai cru, un moment, que vous alliez refuser de monter à l'assaut; ce n'eût pas été digne d'un brave. Mais réparation d'honneur! Tout le monde a été héroïque. Il est vrai que sans deux bons chevaux...

— Raoul, Raoul, interrompt Stanco, serez-vous toujours moqueur?

— Je ne suis pas moqueur, et j'offre au contraire mes sincères félicitations. Il n'a pas fallu pour vous entraîner autant de diplomatie que pour entraîner un jour notre ami, le grand Auguste.

— Oh! Monsieur, fait Paul, racontez-nous cette histoire-là.

— Une bonne histoire, assurément, et très vraie, mais un peu longue. Sachez seulement que notre Auguste monta au pic du Midi sans se douter de rien, et en refusant énergiquement de faire l'ascension.

— Vous plaisantez !

— Je raconte.

— Eh bien, racontez donc.

— Puisque vous le voulez, voici. Un jour, avec Auguste X., nous venions ici par le chemin de Gripp. Dès la veille au soir, du fond de la vallée de Paillole, nous avions admiré notre fameux pic. Vu de Paillole, il se dressait comme une masse énorme, effrayante, inaccessible. D'un air indifférent je dis à Auguste :

« — Voici le pic du Midi.

« — Je lui fais mon compliment, répondit-il, mais j'aime à croire qu'il n'entre pas dans notre itinéraire ; vous ne prétendez pas, je pense, me contraindre à escalader une pareille montagne. Ce serait absurde. Je m'y refuse absolument.

« — Calmez-vous, cher Auguste ; on ne vous hissera pas là de force, ce ne serait pas un petit poids.

« — Où me conduisez-vous demain ? reprit-il soupçonneux.

« — A Barèges. »

« C'était vrai ; nous allions à Barèges, mais par le pic du Midi.

« Le lendemain matin, dès quatre heures, Stanco nous réveille, alléguant que de Gripp à Barèges la distance est longue. On rechigne, puis on se lève, on s'apprête. Nous voilà en route. Je décide mes compagnons à se détourner un peu pour visiter les cascades de Gripp, ou chutes de l'Adour. Ceci nous prend une heure, que Stanco déplore comme perdue. Je le console, nous pressons le pas et nous atteignons des prairies (prairies de Tramesaigues). Alors le pic nous apparaît de nouveau dans sa majesté superbe ; mais il ne présente de ce côté qu'une muraille gigantesque, le long de laquelle ne saurait gravir un pied humain.

« — Heureusement, dit Auguste, que personne ne peut monter là, sans quoi vous voudriez l'essayer. »

« Cependant nous approchons de plus en plus de la base du pic formidable. Auguste s'en inquiète.

« — Par quel chemin me menez-vous ? demande-t-il. Où allons-nous donc ?

« — Vous le savez, nous allons à Barèges.

« — Oui, mais nous grimpons toujours, et tout près de ce pic.

« — Sans doute; c'est que pour atteindre Barèges il faut d'abord franchir un petit col qu'on appelle la Hourque des Cinq-Ours. A ce col se trouve une auberge; nous y déjeunerons.

« — Si vous me parlez de déjeuner, j'en suis. »

« Nous continuons l'escalade. Le sentier forme des lacets très raides; quelques flaques de neige se rencontrent : cette neige distrait notre Auguste, car son imagination est vive. Enfin, après bien des soupirs, des plaintes, des gémissements, épuisé de fatigue et couvert de sueur, il atteint avec nous la Hourque, et se précipite dans l'auberge. Mais quelle déception amère! L'hôtelier n'a rien de prêt, et il déclare qu'avant de déjeuner il faut achever l'ascension :

« — Il est trop tôt, dit-il, pour prendre votre repas; d'ailleurs en sortant de table vous ne pourriez plus monter, vous auriez trop envie de dormir un somme. »

« Auguste proteste. Pour le calmer, l'aubergiste fait une concession : il accorde un morceau de pain et un verre de vin. Après quoi je dis :

« — Restez là, si vous y tenez; mais Stanco et moi nous allons au pic.

« — Vous m'avez trompé indignement, s'écrie le malheureux Auguste; mais je l'atteste, vous ne me ferez pas faire un pas de plus! »

« Il s'allonge sur un banc et nous tourne le dos. Nous essayons de l'apaiser, nous lui répétons qu'il a une occasion unique de contempler la chaîne des Pyrénées; qu'il regrettera toute sa vie l'incomparable spectacle dont nous allons jouir.

« — Encore une fois, s'écrie-t-il, je ne bouge pas. C'est fini, laissez-moi. »

« Nous le laissons, et nous commençons à gravir les lacets. Une demi-heure plus tard nous regardons au-dessous de nous. O surprise! Quatre mules grimpent, chargées de provisions pour l'Observatoire; elles sont suivies de deux muletiers. Avec ces muletiers marche et bavarde notre Auguste. C'est un bon causeur, il s'est ennuyé tout seul; ayant trouvé à qui parler, et touché sans doute d'un secret remords, il enfile à son tour lacets sur lacets et finit par atteindre la crête.

« — Bravo, lui crions-nous, bravo ! Admirez cet horizon splendide.

« — Non, répond-il, toujours exaspéré, non, je ne regarderai rien. Je suis monté ici malgré moi ; j'ai commis la plus grande sottise de ma vie, je ne me le pardonnerai jamais. »

« L'excellent Auguste ! Aujourd'hui il est très heureux et très fier d'avoir fait l'ascension du célèbre pic du Midi. Pensez donc : 2877 mètres d'altitude ! »

L'histoire est terminée et nous arrivons à la Hourque. Avec quel plaisir nous franchissons le seuil de notre auberge !

« Ah ! pourtant, dit le Zouave, nous allons finir par dîner. Je meurs de faim. Et comme j'aspire à m'allonger ensuite sur n'importe quel matelas ! »

Le repas est joyeux. Dès qu'il est achevé, nous prenons sous la véranda vitrée *le quart d'heure de béatitude,* comme disait jadis notre ami le *Philosophe*. Le quart d'heure de béatitude dure une bonne heure. De cette véranda bien close, à l'abri de l'air glacial du soir, nous contemplons, rêveurs, les grandes montagnes à demi entrevues dans la nuit. Le spectacle est étrange. Les nuages ne peuvent plus se comparer à des nappes de neige ; ils roulent des flots sombres sur les flancs des pics, et, chassés par le vent, ils dessinent mille formes bizarres qui grossissent, s'amincissent, s'enfuient. Parfois une nuée s'entr'ouvre et laisse percer un rayon de lune ; ce rayon éclaire brusquement le gouffre sur lequel notre véranda surplombe ; et le gouffre apparaît béant, affreux, insondable, avec son lac au fond, lac dont la surface, un instant, nous renvoie un jet de lumière. Sans les deux montagnards descendus avec nous du pic, nous n'oserions pas rester là. Mais nos montagnards en sont toujours à la joie de leur *pèlerinage*. Ils ont juré de chanter la nuit entière ; de tout cœur ils répètent leurs chansons. Stanco donne la réplique. Paul lui-même se laisse entraîner : il redit de sa gracieuse voix deux ou trois romances de Bretagne. A ces romances, toutes nouvelles pour eux, nos montagnards trouvent un charme singulier ; elles semblent leur apporter comme un vague parfum de senteurs âcres et inconnues, parfum de genêts, de bruyères, de mer sauvage. Et ils applaudissent avec enthousiasme, et les yeux de Paul brillent de fierté.

Mais voici qu'un éclair jaillit de la nue. Pendant une seconde, le gouffre, les monts, les pics s'illuminent d'un éclat terrible.

« L'orage ! dit Stanco.

— Oui, répond un montagnard, l'orage va commencer, mais n'ayez pas peur, le pic nous protège ; si le tonnerre tombe, il tombera sur lui. »

Et, voyant Paul pâlir :

« Allez vous coucher, jeune homme, et dormez sur les deux oreilles.

— Je ne pourrai jamais dormir, murmure Paul effrayé.

— Et moi encore moins, » ajoute Stanco tout bas.

Les ascensions de montagnes sont assurément une fort belle chose, mais on ne sait jamais comment cela peut finir. Ce n'est guère moins risqué qu'une excursion en mer.

L'annexe de notre auberge, avons-nous dit déjà, renferme six couchettes. Nous nous réfugions dans notre dortoir, et Stanco se réserve le lit le plus voisin de la porte.

« Voilà, dit-il, un important progrès. La première fois que nous avons passé la nuit à la Hourque, on ne connaissait point un tel confortable. La petite chambre où nous avons dîné se transformait en asile de nuit.

— Vous dormiez donc sur les tables ? dit Paul.

— Les tables étaient mises à la porte. Des panneaux de sapin, dressés le jour contre le mur, s'abaissaient jusqu'au plancher ; sur ces panneaux en pente se posaient des matelas ; chaque voyageur recevait une couverture de laine, s'y enroulait à sa guise, et s'étendait sur le lit commun. Quand les voyageurs étaient trop nombreux, les places manquaient. Les plus vigoureux touristes se contentaient d'une chaise dans l'autre chambre, avec les guides, et ils s'en dédommageaient en buvant et en chantant.

— Mais si l'on chantait dans une chambre, comment dans la chambre voisine pouvait-on dormir ?

— Le froid gênait encore plus que les chansons. Ceci me rappelle un bon trait. Deux excellents Nantais se trouvaient là un beau soir, côte à côte, s'enveloppant de leur mieux. Bientôt l'un d'eux semble endormi.

« — Bon, pense son compagnon, puisqu'il dort, il ne s'apercevra de rien. Débarrassons-le doucement de sa couverture ; il n'en a pas besoin, et moi je grelotte. »

« Et le charitable apôtre, d'une main délicate, de soulever la chaude étoffe. Le voisin rouvre l'œil, comprend la manœuvre, et sans s'émouvoir :

« — Mon cher, dit-il, vous réussirez en ce monde, car vous saurez très bien tirer à vous la couverture. »

« La prophétie s'est parfaitement réalisée.

— J'aurais voulu voir cela, dit Paul ; ce devait être drôle.

— Un peu trop drôle. Quand vers trois heures du matin on sonna la diane pour nous envoyer là-haut saluer le lever du soleil, notre jeune ami Constantin, ne sachant plus où il était, eut la sotte idée de cracher en l'air.

« — Quoi ! dit un des coucheurs, est-ce qu'il pleut ce matin ? Il n'y aura rien à voir au pic. »

Un terrible coup de tonnerre interrompt le narrateur. Paul pousse un cri d'épouvante. Au même moment une pluie torrentielle se précipite sur notre toiture, toiture bien légère et singulièrement rapprochée de nos têtes. A la pluie se mêle la grêle, et quelle grêle !

« Toutes nos ardoises vont être brisées, gémit Stanco, et alors quelle douche !

— Je parie qu'il tombe de la neige, dit Raoul enfoui sous son drap ; Stanco, vous qui êtes tout près de la porte, allez donc voir.

— Pour attraper une fluxion de poitrine ? » répond aigrement Stanco.

En ce moment, des hurlements lamentables retentissent.

« Qu'est-ce que c'est ? demande Paul tremblant de peur.

— C'est un chien, répond le Zouave ; laissez-moi dormir.

— Un chien de berger, ajoute Raoul ; je l'ai vu ce soir, avec sept ou huit chèvres. »

Les hurlements recommencent, si rapprochés de nous que le chien évidemment n'est qu'à deux pas. O comble d'horreur ! des coups violents ébranlent notre porte.

Paul et Stanco, sans s'attendre, jettent un cri perçant.

« Taisez-vous donc ! gronde le Zouave.

— Ce sont les chèvres qui veulent entrer, dit Raoul.

— Ce sont plutôt des diables, » murmure Stanco.

Les coups redoublent, et la grêle aussi, et le tonnerre.

« M. de Buffon, dit Stanco, assure pourtant que « la chèvre ne s'effraye point des orages et ne s'impatiente pas à la pluie ».

— Voilà bien la preuve du contraire, réplique le Zouave : mais qui pensait à M. de Buffon? Êtes-vous sûr que ce sont des chèvres?

— Oui, affirme Raoul; d'ailleurs il faut que Stanco aille voir.

— Allez-y vous-même, riposte celui-ci. Quoi! par un temps pareil, j'irais mettre le nez dehors!

— Mon bon Stanco, répond Raoul d'un ton pathétique, vous ne pouvez pas laisser ces pauvres bêtes sous la grêle; d'ailleurs, si vous ne leur ouvrez pas la porte, elles vont la défoncer. »

Nouveau coup de tonnerre. Le fracas de la foudre ébranle tout notre logis, et chacun se recache sous sa couverture. Le chien hurle, les chèvres bêlent; on les entend se précipiter on ne sait où.

« Toutes ces bêtes se sauvent, dit Stanco; qu'elles se réfugient où elles pourront.

— Je vous croyais plus de cœur, déclare solennellement Raoul.

— Et vous, riposte Stanco, qui vous empêchait de vous lever et de courir au secours des biques? »

IV

DU PIC DU MIDI A GAVARNIE

Vendredi 4 août. — BARÈGES. — L'orage d'hier soir n'a guère duré qu'une heure. La nuit s'est achevée sans dommage. Mais ce matin, au réveil, une brume épaisse enveloppe tout le sommet du pic. Il ne faut pas songer à contempler le lever du soleil. Ce contre-temps ne chagrine que Raoul; ses compagnons n'ont qu'un très médiocre désir de recommencer l'ascension de la soirée précédente.

« Puisqu'il en est ainsi, dit le Zouave, prenons le café.

— Et mettons-nous en route pour Barèges, ajoute Stanco; il n'y a qu'à descendre.

— Tant mieux, répond le Zouave, nous avons assez grimpé hier.

— Oh! réplique Raoul, descendre est plus fatigant que vous ne pensez; dans deux heures vous regretterez de n'avoir pas devant vous une bonne petite escalade.

— J'en doute. Arrangeons les sacs et n'oublions rien.

— N'oubliez rien, vous surtout, riposte Raoul. Vous rappelez-vous notre voyage de Savoie? Dès le premier matin, à Genève, vous laissiez une chemise et un mouchoir. Six heures après, à la première halte, vous perdiez dans l'herbe une cravate. A ce compte, nous espérions qu'à la fin de la semaine, votre sac étant vide, vous nous aideriez à porter le nôtre.

— Oui, ajoute Stanco, et je me souviens de sa réflexion sur la cravate :

« — Celui qui la trouvera, l'aura pour récompense. »

Le Zouave se borne à hausser les épaules.

Du pic du Midi à Barèges la descente a lieu, pendant plus d'une heure, par des sentiers où les cailloux sont trop nombreux. De là une fatigue rapide, aussi rapide au moins que la descente. Stanco et le Zouave gémissent sur leurs ampoules attrapées la veille ; ils n'ont pas pu, assurent-ils, leur donner les soins nécessaires. Raoul se moque des ampoules et des gens qui en sont honorés ; il rit, plaisante, ramasse çà et là des pierres curieuses, cueille cinq ou six fleurettes. Le temps n'est pas mauvais ; par malheur, la brume nous dérobe les hauts sommets. Le Néouvielle n'étale donc pas à nos yeux ses éblouissantes nappes de neige que le soleil, hier, faisait resplendir. Il dresse toujours sa masse énorme, mais sa couronne de glaces se voile tristement. Aux majestueuses montagnes il faut l'éclatante lumière.

En une heure et demie nous arrivons au petit plateau des cabanes de *Toue*. De ce plateau on aperçoit en face, sur les flancs de la montagne, l'interminable ruban de la route si renommée du Tourmalet. A partir des cabanes de Toue, le chemin est moins pierreux ; mais parfois il n'est guère large, et il serpente sur des escarpements trop raides. Jusqu'où irait rouler le touriste assez mal avisé pour se permettre un faux pas ? Le sentier s'élargit ensuite, s'adoucit, se développe en longues lignes ; il nous conduit enfin jusqu'au gave. Ce gave, le Bastan, est franchi sur un modeste pont, et nous voici sur la route du Tourmalet. Nous ne la quitterons plus aujourd'hui. C'est plaisir d'abord de marcher sur une voie si large, si savamment tracée, entretenue à si grands frais. Comme le pied s'y pose à l'aise et avec confiance ! Et cependant, chose étrange, nous ne sommes pas longtemps à regretter les étroits sentiers et les sauvages lacets de là-haut ; lacets et sentiers ont un charme, un imprévu qu'une grande route n'aura jamais.

« Je l'avoue, dit le Zouave, je ne voudrais pas avoir à faire sur cette route macadamisée les dix heures de marche que nous avons faites hier, de Lesponne au lac Bleu et au pic du Midi. Parlez-moi des jolis chemins que le cantonnier ignore !

— Des maisons ! crie Paul.

— Maisons de Barèges, » répond Stanco.

Barèges n'est qu'une longue rue en pente, où rien ne flatte l'œil. Une centaine de maisons d'apparence fort commune, puis des baraques en bois qui peuvent se démonter en octobre pour se remonter en mai ou juin. L'hiver, cette station est

Luz.

inhabitable ; tout est enseveli pendant six mois sous la neige, et la neige atteint jusqu'à cinq mètres. Dès le milieu de septembre les baigneurs s'envolent ; avant la fin d'octobre, les Barégeois eux-mêmes émigrent vers un pays moins glacé. Sept ou huit montagnards seulement se résignent à rester là, comme gardiens ; ils doivent surveiller les avalanches. Mais les avalanches tombent quand elles sont prêtes, et sans prévenir les gardiens.

Ami lecteur, accueillez ce souhait : Puissiez-vous n'être jamais condamné à passer une saison à Barèges ! Même au mois d'août, Barèges n'est point un lieu plein de charmes.

Suppliez votre médecin de vous envoyer à Bagnères ou à Luchon, ou tout au moins à Saint-Sauveur ou aux Eaux-Bonnes.

Nous ne nous arrêtons à Barèges que le temps nécessaire pour déjeuner. Le déjeuner à peine fini :

« Allons faire la sieste dehors, dit le Zouave, vous me trouverez bien quelque pelouse à l'ombre. »

Au sortir du village, à cent pas des habitations, la pelouse désirée se rencontre; un arbre en protège un coin contre le soleil, qui a triomphé des brumes et lance de brûlants rayons. Devant nous bondit le Bastan aux eaux grondantes. Le Zouave s'endort; Paul et Raoul croquent la silhouette des montagnes; Stanco prend des notes. La halte se prolonge jusqu'à quatre heures. Rien ne nous presse; nous devons coucher à Luz, or de Barèges à Luz il n'y a que sept kilomètres; ajoutons que la route descend toujours.

A quatre heures Stanco, absorbé jusque-là par ses notes, se redresse brusquement, jette un coup d'œil sur le ciel, et s'écrie :

« Dépêchons-nous, il y aura de l'orage !

— Bah! répond Raoul, c'est l'orage d'hier soir qui vous frappe l'imagination.

— Vous ne voulez pas me croire? réplique Stanco; eh bien, vous verrez!

— Allons-nous-en, » dit Paul, qui ne se rappelle pas sans émotion la tempête de la veille.

Voilà notre caravane en marche. Hélas! vingt minutes à peine s'écoulent, et un roulement de tonnerre ébranle les échos de la gorge.

« Je l'avais dit !

— Oui, Stanco, vous triomphez.

— Je ne triomphe pas du tout, au contraire.

— Avouez que vous êtes un triste prophète. »

Second coup de tonnerre, suivi d'un troisième. Les nuages se sont-ils formés sur place, ou accourent-ils on ne sait d'où? Ils couvrent la vallée entière, s'abaissent, s'accrochent aux flancs des montagnes, deviennent de plus en plus épais et sombres. Quels torrents tout à l'heure ils vont verser!

Un immense éclair jaillit en zigzag; la foudre retentit avec un horrible fracas. A droite, à gauche, devant, derrière, auprès, au loin, les rochers nus se renvoient le bruit épouvantable ; ils le renforcent, le redoublent, le prolongent. Les cœurs les plus résolus en seraient troublés. Paul ne peut retenir un cri d'effroi. Mais ce coup de tonnerre a ébranlé les nues ; les nues aussitôt s'épanchent en cataractes.

« Au pas gymnastique, commande le Zouave.

— Il est défendu de courir sous l'orage, objecte Paul.

— C'est ordonné aujourd'hui, » répond Raoul déjà envolé.

Paul voit fuir ses compagnons ; ses scrupules s'évanouissent, car il n'a point envie de rester en arrière. De toute son ardeur il s'élance. Et c'est ainsi que nous franchissons la distance trop longue qui nous sépare de Luz, — cinq ou six kilomètres ! Quelle course effrénée ! Ah ! Stanco, gare aux entorses et aux ampoules ! Malheureux Stanco, il s'arrête parfois, à bout de forces, pour reprendre haleine un instant ; il crie qu'il n'en peut plus, qu'il demande grâce. Personne ne l'écoute, personne ne l'attend. Et, fouetté par cette pluie furieuse, il se précipite en avant, dans le vain espoir de rattraper les rapides coureurs.

Enfin voici Luz, voici notre vieil *Hôtel des Pyrénées*. Trempés de sueur, inondés de pluie, nous nous jetons sous le porche, à la stupéfaction des gens qui sont là. Ébahis, ils ont l'air de croire que nous venons, tout habillés, de prendre un bain dans le gave. La bonne dame Cazaux nous accueille de son mieux et nous entoure de soins maternels.

Samedi 5 août. — Luz. — Repos bien gagné. Le matin, visite à la curieuse église de Luz, construite jadis par les Templiers. Avec ses deux tours carrées, ses créneaux, ses meurtrières, cette église a tout l'air d'un château fort. Dans l'une des tours, un petit musée nous étale ses antiques et modestes trésors : une urne romaine, des tombeaux ou débris de tombeaux, des armures du moyen âge, des mousquets de remparts du temps des ligueurs.

Après midi nous nous promenons dans le délicieux vallon de Luz, à l'ombre des grands arbres dont le feuillage tremble à la brise, auprès des belles eaux bleuâtres que le gave fait écumer contre les galets et les rocs. C'est le gave de Pau ;

il tombe des glaciers du Marboré et forme tout d'abord la fameuse cascade de Gavarnie, — nous la verrons dans deux ou trois jours; — puis, tantôt grondant furieux au fond des gorges, tantôt calmant sa colère dans les espaces plus larges, il court vers Argelès, Lourdes, Pau, Orthez, jusqu'à l'Adour, qui l'emporte à l'Océan. — Oh! quelles luxuriantes pelouses le gave caresse dans ce frais vallon! Nulle part nos yeux ne se reposeront sur une verdure plus douce. Ces gazons sont si abondamment arrosés! Mille ruisselets y font entendre leur murmure; ici ils se glissent sous l'herbe, là ils bondissent par-dessus les touffes, et rejaillissent en gouttelettes d'argent.

Au retour de cette promenade, Raoul nous entraîne sur l'autre rive, vers les ruines pittoresques du *château Sainte-Marie,* ancien repaire de routiers anglais : murailles écroulées, pans de murs suspendus, tour carrée à meurtrières, tour ronde d'un jet si hardi, tout cela se dresse sur un monticule escarpé, monticule qu'il faut gravir à travers les pierres éboulées, les broussailles et les ronces. Mais c'est précisément ce qui fait la joie de Raoul : s'il n'avait rien escaladé aujourd'hui, il serait tout dolent ce soir.

Dimanche 6 août. — SAINT-SAUVEUR. — Nous ne *travaillons* pas le dimanche; la journée se passe donc à Luz, ou du moins Luz reste notre quartier général. Excursion à Saint-Sauveur; la distance est courte (quatorze cents mètres) et la route est superbe. Saint-Sauveur, comme Barèges, ne forme qu'une longue rue, mais quelle différence! Comme tout ici a un air riant! Quel site, quelle montagne!

Devant l'*Hôtel des Princes,* rencontre imprévue.

« Quoi! s'écrie le Zouave, c'est toi, vieux Pol?

— Moi-même. »

De chaudes poignées de mains s'échangent. La conversation s'engage. Le *vieux* Pol a trente ans à peine. C'est un savant homme, sinon un vieux savant. Il est licencié ès sciences naturelles et presque docteur en médecine; enfin la Sorbonne lui conférera, dans six mois, le diplôme de docteur ès sciences mathématiques. Hélas! dans six mois sera-t-il de ce monde? On peut en douter, à voir son incroyable maigreur et sa pâleur de cire. Que n'a-t-il depuis longtemps laissé le calcul infinitésimal, la zoologie, l'anatomie et le reste, pour dormir la grasse matinée et se reposer l'après-midi! Au lieu de tant de diplômes, mieux vaudrait qu'il eût le teint rosé et les bonnes joues de notre ami Paul. — Ne pas confondre *Paul* avec *Pol.* — *Primo vivere, deinde*

Pont Saint-Sauveur.

philosophari. — Les yeux du mathématicien sont vifs, intelligents, brillants, trop brillants. Seuls ils animent cette figure distinguée, mais émaciée, presque blanche, presque transparente. Pol déclare qu'il est à Saint-Sauveur pour sa santé, déclaration fort inutile; évidemment il est malade, et très malade. Il prend les eaux, ajoute-t-il, et surtout il prend l'air, l'air salubre et fortifiant de la montagne. Sa conversation pétille d'esprit. Si on pouvait l'écouter sans remarquer sa maigreur, on ne soupçonnerait pas la gravité de son état. Avec lui, nous nous en allons tout doucement jusqu'au célèbre pont de marbre jeté à deux cents pieds au-dessus du gave.

« Regardez bien, dit Raoul, voici une merveille, le fameux *pont Napoléon*.

— Ton patron, ajoute en riant le Zouave.

— Je proteste, dit Pol.

— Tu t'appelles pourtant Napoléon.

— Nom abhorré depuis la guerre ! J'en ai retranché la tête (*Na*), et la queue (*éon*); je ne garde que le milieu du mot, ce qui me donne le nom d'un saint de mon pays de Bretagne : saint Pol de Léon.

— Arrangement ingénieux, réplique le Zouave.

— Oui, ajoute Raoul souriant. Mais voici une jolie allée pour nous mener jusqu'au fond de la gorge, jusqu'à l'eau du gave. C'est d'en bas qu'il faut admirer l'incroyable légèreté de cette arche. Dépêchons-nous.

— A d'autres ! répond Stanco. J'ai déjà joui de ce spectacle cinq ou six fois. Je reste en haut avec M. Pol. »

Le jeune Paul n'aspire qu'à dégringoler; mais le prudent Zouave hoche la tête :

« Venez donc, lui dit Raoul, c'est une descente; vous aimez beaucoup descendre.

— Sans doute, répond le Zouave, mais il faudra remonter.

— Qu'importe ! D'ailleurs ces rampes sont très douces, gazonnées, fleuries; on y trouve même des fraises. »

Le Zouave se résigne, il suit Raoul et Paul; un quart d'heure plus tard il reparaît, essoufflé et enchanté.

Pendant ce quart d'heure d'attente, Pol, le futur docteur, a donné gratis une consultation à Stanco. Pol, le poitrinaire, trouve que Stanco a chétive mine.

« Croyez-moi, lui dit-il, mangez des rognons en brochette. Rien de pareil pour vous refaire l'estomac. Point de drogues, grand air, exercice modéré, rognons en brochette. Voilà mon ordonnance. »

Adieu, monsieur Pol. Tâchez vous-même de suivre une ordonnance si sage. Puissiez-vous, à notre retour d'Héas, n'avoir plus cette apparence d'outre-tombe, ce visage frère de la mort!

Le pont Napoléon nous permet de passer sur la rive droite du gave. Pour revenir à Luz, au lieu de suivre la grande route, la route directe, nous grimpons par le sentier qui gravit vers la chapelle de *Solférino*. Charmant sentier, agréables ombrages, buissons parfumés de fleurs. Au bord d'un versant gazonné, rencontre de deux bambines bambinettes : l'ainée n'a pas deux ans, l'autre sort des langes. Tête nue, cheveux bouclés, pieds nus, — quels petits pieds! — elles se tiennent par la main et nous regardent avec de grands yeux. Elles sont debout, sur l'extrême sommet de la pente, pente très rapide; si elles glissent, où rouleront-elles?

« Quelles géantes! s'écrie Paul ravi. Pourvu qu'elles ne tombent pas!

— Prenez garde, les toutes petites, dit Raoul, n'allez pas par là. »

Mais les deux mignonnettes n'ont encore entendu que l'idiome de leur maman; elles s'imaginent sans doute que Raoul leur parle un patois barbare, et elles s'épanouissent dans un joyeux éclat de rire. De peur de les épouvanter, nous sommes obligés de les laisser là, au bord du précipice, sur leurs petits pieds nus, se tenant par la main.

Notre sentier s'élève jusqu'à un mamelon. Sur ce mamelon est construite la chapelle de Solférino; elle remplace un antique ermitage où vécut plus d'un saint ermite. En face, à l'extrémité du mamelon, se dresse une pyramide funéraire; sous ce monument reposent les restes d'un vénérable capucin, le père Ambroise de Lombez, mort à Saint-Sauveur, au siècle dernier, et enterré d'abord dans l'église de Luz. Son corps a été transporté ici par ordre de Napoléon III. A la porte de la chapelle, une vieille vend des cierges et des images; Stanco achète le portrait du père de Lombez.

« C'est six sous, dit la vieille.

— Six sous? A deux sous, ce serait moitié trop cher.

— Six sous! »

Stanco paye; il paye toujours. Sur ce marché il perd au moins cinq sous; il y gagne une douzaine de plaisanteries que ses compagnons lui octroient *gratis*.

Du mamelon de Solférino, la vue est ravissante. A gauche, la belle montagne de Saint-Sauveur, avec ses prairies, ses cultures, ses bois, ses pentes multiples, les unes inondées de lumière, les autres noyées dans l'ombre. A droite, la vallée du Bastan et ses montagnes aux flancs sauvages; en bas, le vallon de Luz, ses riches pelouses, ses hauts peupliers, ses noyers touffus, au pied desquels court le gave, dont la voix sonore monte vers nous; en face, à l'horizon, des crêtes dentelées, des sommets au manteau de neige, des pics audacieux, se perdant jusque dans la nue.

Lundi 7 août. — Le chemin de Gavarnie. — En route pour Gavarnie! Gardons pour le retour l'ascension du Bergons. Cinq lieues de Luz à Gavarnie. Pour des marcheurs si bien entraînés, c'est une bagatelle. La route n'a qu'un défaut à nos yeux, elle est trop savamment tracée, trop large, trop aplanie; les voitures y roulent à l'aise.

« Ah! gémit Stanco, quelle différence avec mon premier voyage! De Luz à Gavarnie on ne pouvait aller qu'à pied ou à cheval, encore fallait-il un cheval de montagne : une bête des plaines eût refusé de se risquer à travers cette gorge perdue; jamais elle n'eût osé franchir le *pas de l'Échelle*, le pont de *Sia*, les *Spelungues*, le pont *Desdouroucat*, l'abrupt couloir de *Gèdre*, les formidables éboulements du *Chaos*. Aujourd'hui les touristes vont à Gavarnie en calèche!

— C'est un grand progrès, disent les hôteliers.

— C'est un grand malheur, » répondent les vrais amants de la montagne.

En dépit de la *civilisation*, le chemin actuel offre de magnifiques et sauvages beautés : des gorges, des défilés, des abîmes, un torrent qui mugit, des rocs suspendus, des monts menaçants; d'autres monts fendus, brisés, renversés; et au milieu de tout cela des eaux bondissantes, des ruisseaux étincelants, des cascades retombant en gerbes splendides et en poussière de vapeur, des cascatelles glissant mollement sur la roche polie : on dirait des rubans d'argent qui ondulent à la brise.

A Gèdre, halte d'une demi-heure. Raoul et Paul vont visiter la grotte *Palasset*. Stanco et le Zouave prétendent avoir vu déjà assez de grottes ; ils se reposent. Stanco discute une question grave : c'est à Gèdre que débouche la vallée d'Héas ; faut-il prendre cette vallée et arriver ainsi sans plus de circuits au but de notre pèlerinage ? Nous irions ensuite d'Héas à Gavarnie. — Irons-nous, au contraire, à Gavarnie tout d'abord, puis de Gavarnie à Héas ? Des deux côtés il y a certains avantages. Quand Raoul et Paul reviennent de leur grotte, la proposition est mise aux voix. La majorité vote pour Gavarnie. Nous verrons donc ce soir la fameuse cascade, le Marboré et la Brèche de Roland.

En marche ! Vingt minutes plus loin, nous entrons dans le *Chaos*. Un contrefort du Coumélie s'est effondré là autrefois. La masse de la montagne s'est précipitée en avalanche, et nous en contemplons les débris : un affreux chaos vraiment ! Roches broyées, fracassées ; blocs monstrueux, épouvantables, dans la plus effrayante confusion. En face, l'immense escarpement morne, triste, nu, qu'on nomme si justement le *mont Sinistre*. Quelles horreurs ! aujourd'hui surtout qu'un brouillard gris voile le soleil, jette sur ces ruines gigantesques un manteau sombre, et, nous cachant les sommets, nous laisse nous imaginer qu'ils sont sans limites. Le cœur se resserre et l'âme frissonne : « Une montagne ruinée est plus désolée que toutes les ruines humaines. »

« Passons vite, dit Stanco. Regardez pourtant ce rocher, ami Paul, voyez-vous ces creux dans la pierre ?

— Oui.

— Eh bien, assurent les montagnards, c'est l'empreinte des pieds du cheval Bayard, le célèbre coursier du paladin Roland. Bayard, s'élançant du glacier de la Brèche, a sauté jusqu'ici. Notez que d'ici à la Brèche de Roland il y a, en ligne droite, quatre bonnes lieues, et une différence de hauteur d'au moins dix-sept cents mètres.

— C'est cette brèche que Roland tailla à coups d'épée ?

— Oui, avec sa bonne épée Durandal, un acier bien trempé !

— J'aime cette légende-là, ajoute Paul ; je l'ai lue et relue avec un vrai plaisir. J'étais content d'entendre Roland, blessé à mort, et ne pouvant briser Durandal, s'écrier qu'il ne la laisserait pas tomber aux mains des mécréants. Il la lança dans un abîme sans fond. »

Du Chaos à Gavarnie la distance n'est pas longue. Avant de gagner l'hôtel, nous jetons un premier coup d'œil sur le cirque, les tours et les glaciers du Marboré. Une rafale vient d'enlever le brouillard, et sous les derniers rayons du soleil neiges et glaces resplendissent. C'est féerique. Demain matin nous irons jusqu'à l'extrémité du cirque, nous foulerons sous nos pas les ponts de neige, et la célèbre cascade nous rafraîchira de son embrun. Après quoi, nous partirons pour Héas.

V

GAVARNIE

Mardi 8 août. — Ce matin, excursion à travers le cirque. Le soleil est radieux; la lumière se joue sur les glaciers du Marboré et dans les eaux étincelantes de la célèbre cascade, « beau voile aérien aux ondulations si gracieuses. » La chute est de quatre cents mètres. Ceux qui n'ont pas vu le cirque de Gavarnie ne s'en feront jamais qu'une idée très imparfaite. Ceux qui l'ont vu seulement d'en bas, du sol, n'en soupçonnent ni la prodigieuse immensité, ni la magnificence sublime. Pour l'admirer dans sa beauté incomparable, il faut le contempler du sommet du Piméné. Le Piméné est ce pic escarpé qui se dresse à l'entrée du cirque, à gauche.

« Voici le Piméné, dit Raoul, regardez-le bien, mon cher Paul; il a été le théâtre d'un des brillants exploits du signor Stanco.

— Comment?

— Oui, ajoute Stanco, je suis monté avec Raoul sur cette pointe aiguë, et je ne comprends rien à mon audace.

— Étiez-vous seuls? demande le Zouave.

— Nous avions pris un guide à Gavarnie, et, comme nous montions très lentement, nous fûmes rejoints bientôt par un autre guide et son touriste, — un monsieur très aimable, membre de l'*Alpine-Club*. La pente est extrêmement raide; par moments il faut gravir en ligne droite. Au sommet c'est bien une autre affaire; on arrive à une longue crête très étroite, toute déchiquetée, toute fendillée, sur laquelle chacun doit se traîner à califourchon ou à genoux.

— C'est-à-dire, interrompt Raoul, que vous ne vous traîniez pas du tout; vous restiez là, transi de peur, vous accrochant au rocher et jetant de beaux cris.

— J'avoue que je n'étais pas fier; mais aussi je me trouvais perché à deux mille huit cents mètres, avec l'abîme à droite et l'abîme à gauche. Bon emplacement pour l'aire d'un aigle, mais fâcheuse position pour un chrétien.

— Si le guide n'était pas revenu vous donner la main, vous y seriez encore.

— Ce n'est pas probable. Enfin, avec le secours du guide, j'atteignis le seul endroit où il est possible de s'asseoir. Une fois solidement installé, je repris cœur et je pus tout à mon aise regarder le cirque. C'était pour le mieux voir que nous avions risqué cette rude escalade.

— Étrange idée, fait le Zouave, idée qui ne me serait jamais venue.

— Elle était bonne cependant, car vous ne pouvez vous imaginer quel effet prodigieux produit de là-haut le cirque avec sa couronne de glaciers. D'ici sans doute, du fond de la vallée, vous apercevez le Marboré et ses tours, le Cylindre, le Casque, la Brèche de Roland. Certainement c'est très beau. Mais de ce tableau grandiose une partie seulement vous apparaît, et non pas la partie principale. Montez à deux mille huit cents mètres et vous serez ravi d'admiration. Ces gigantesques parois du cirque, s'élevant du sein d'énormes profondeurs, vous sembleront avoir démesurément grandi. Après quatre longues heures d'ascension, vous serez à peine de niveau avec la Brèche de Roland. Les tours du Marboré, le Casque, le Taillon, vous dépasseront encore de deux cents mètres; le pic même du Marboré, le Cylindre, et enfin, par derrière, le Mont-Perdu, vous domineront majestueusement de cinq cents mètres au moins. Devant ces sommités altières, comme vous vous sentirez petit, d'autant plus petit que vous aurez conscience d'être juché très haut! En outre, devant vos yeux s'étaleront, se développeront dans toute leur éblouissante blancheur, d'immenses nappes de neiges et de glaces, neiges et glaces mal entrevues de la vallée, et d'où vous verrez jaillir et s'épancher toutes ces gracieuses cascades qui se détachent, comme des banderoles d'argent, sur le fond sombre des parois rocheuses. Et que d'autres merveilles non soupçonnées d'en bas, les cols, les ports, les cirques, les pics d'Espagne, les massifs lointains!

— Vous aperceviez donc, demande Paul, plusieurs cirques à la fois?

— Oui, nous avions devant nous celui-ci, le cirque de

Cirque de Gavarnie.

Gavarnie; tout auprès, à gauche, est le cirque d'Estaubé; à gauche, ensuite, est le cirque de Troumouse.

— Je voudrais surtout, reprend Paul, voir très bien le Mont-Perdu.

— Ah! s'écrie Raoul, nous allions y monter au Mont-Perdu; mais Stanco manqua de cœur.

— Quoi! dit le Zouave, vous auriez commis cette folie?

— C'était bien tentant. Notre monsieur de l'*Alpine-Club* partait le lendemain pour le Mont-Perdu, et il voulait absolument nous emmener. C'est une course de deux jours; les guides emportent des cordes, des pics, des provisions; un fagot et une marmite ; on s'en va d'abord par le fond du cirque, d'où l'on grimpe à la Brèche de Roland ; de là, à la base du Mont-Perdu. Quel dommage que Stanco ait eu les pieds en sang à la descente du Piméné ! Il avait pourtant donné sa parole à l'alpiniste. Jamais nous ne retrouverons une occasion si belle.

— Stanco, dit le Zouave, n'avait donc plus son bon sens ?

— Je serais mort en route, déclare modestement Stanco, mort de fatigue ou mort de peur.

— Bah ! reprend Raoul, vous êtes nerveux et vous vous traînez quand même. Ainsi aujourd'hui...

— Aujourd'hui, dit Stanco, je serai très prudent, si prudent, que je me contenterai d'aller au pied de la cascade. Et je prétends même ne pas m'y rendre sur mes jambes.

— Quoi ! vous prétendez...

— Ce soir, il faut arriver à Héas. D'ici jusqu'à Héas la route est longue. Ménageons nos forces.

— Vous voulez louer un cheval ?

— Je ne méprise pas une monture plus humble. Voyez-vous ces ânes fringants tout harnachés ? J'en arrête un.

— Moi aussi, dit Paul enchanté.

— Moi de même, fait le Zouave.

— C'est une honte, s'écrie Raoul ; la traversée du cirque n'est qu'un jeu.

— Il y a six kilomètres, reprend Stanco froidement.

— Vous exagérez.

— Six bons kilomètres, répète Stanco, et autant pour revenir ; total : trois lieues de marche que je m'épargne.

— Oui, mais vous prélasser ainsi, ballant sur un âne ! Vous devriez rougir ! »

Stanco ne rougit point. Il enfourche un aliboron, et son exemple est aussitôt suivi par le Zouave et par Paul. Raoul proteste encore et s'entête à marcher à pied, gourmandant l'un, grondant l'autre. Au milieu du cirque l'âne de Stanco rencontre de fraîches touffes d'herbes et trouve bon d'y goûter. Stanco n'est pas du même avis. L'âne s'opiniâtre. Ce que voyant, Raoul vient au secours, et de son bâton stimule la bête. Celle-ci trotte vingt pas, s'arrête brusquement et se remet à brouter.

« Quelle pitié ! crie Raoul. Vous n'y entendez rien du tout. Laissez-moi monter, et vous verrez comment on donne une leçon à un âne. Ce n'est pas de vous que je parle. »

Stanco a la simplicité de mettre pied à terre. Lestement Raoul saute à sa place. L'âne reçoit, en effet, une bonne leçon. Pour que la leçon soit tout à fait profitable, Raoul la prolonge ; il la prolonge tant, que le pauvre Stanco en est réduit à faire sur ses jambes la moitié du parcours. Encore doit-il souvent se mettre au pas gymnastique, pour ne point perdre de vue sa bête devenue trop ardente.

Au retour, second acte de la même comédie.

Quand, à l'entrée du village, Stanco à pied rejoint ses trois compagnons :

« Vraiment, dit-il, j'ai été bien mal avisé ; j'aurais dû louer deux ânes, un pour le cavalier Raoul, l'autre pour moi. »

Devant l'hôtel, spectacle à peindre. Le beau temps vient d'amener de Luz quarante ou cinquante touristes, parmi lesquels une douzaine d'Anglais et Anglaises. On ne voit que calèches, chevaux, ânes, postillons, guides, loueurs et loueuses de montures. Confusion inexprimable. Tout ce monde crie, appelle, gesticule. Les messieurs s'emparent des chevaux, les dames et les *misses* réclament des ânes. Une lady énorme est, à grand renfort de bras, juchée sur sa bête. Celle-ci, peu flattée, s'impatiente et part.

« Pas si vite, pas si vite ! » gémit avec son accent d'outre-Manche la respectable lady.

Sa loueuse d'âne comprend mal, et d'un vigoureux coup de fouet cingle les jambes d'Aliboron. L'âne s'élance, et la matrone épouvantée disparaît en criant plus fort :

« Pas si vite, pas si vite ! »

VI

LA TRAVERSÉE DU COUMÉLIE

« Déjà midi, remarque Stanco. Déjeunons sans retard, car d'ici jusqu'à Héas, l'étape est forte. »

A une heure, départ. L'excellent curé de Gavarnie veut nous mettre en bon chemin. Nous lui sommes très reconnaissants ; pourtant nous ne pouvons soupçonner quel service il va nous rendre, quelle fatigue il s'imposera pour nous.

L'unique route qui permet de sortir de Gavarnie est la route de Luz. Bientôt nous la laissons pour grimper à droite, en file, un à un, par un étroit lacet. Il s'agit d'atteindre le plateau du Coumélie. Le Coumélie est cette vaste montagne dont hier nous avons, de Gèdre à Gavarnie, longé la base.

« Quand vous serez sur le plateau, déclare le bon curé, je vous dirai adieu, mais je ne vous quitterai qu'après vous avoir confiés à quelque berger. Les bergers, là-haut, ne manquent pas, ni les troupeaux non plus ; le Coumélie est couvert d'immenses pâturages. »

L'escalade est rude. Le sentier en zigzag se déroule très raide, interminable, sans aucun ombrage et sous l'ardent soleil. Une demi-heure d'ascension suffit pour nous faire perdre haleine. Nous ne sommes pourtant qu'au tiers de cette redoutable échelle. Le brave curé, en tête de la colonne, donne l'exemple, encourage, conseille :

« Faisons de petites haltes, dit-il ; montons lentement, sans nous presser. Nous ne sommes pas rendus. »

Ce fils des montagnes est de petite taille, trapu, d'assez forte corpulence; une pareille escalade doit lui être singulièrement pénible. Ses efforts, sous ce soleil brûlant, lui mettent le visage en feu; de grosses gouttes de sueur perlent sur son front. Ce que voyant, le Zouave lui dit :

« N'allez pas plus loin, monsieur le curé; nous abusons de votre complaisance. Le sentier est si guère large que nous ne pouvons nous égarer.

— Du moins, ajoute Raoul, nous ne sommes pas tentés de trop incliner à gauche, car à gauche c'est le précipice à pic. A droite, rien à craindre, c'est le rocher nu.

— Non, non, réplique l'excellent homme, je ne vous laisserai pas ici. Il faut que là-haut je vous trouve un guide; sans guide, que deviendriez-vous? »

Nous ranimons notre énergie, et notre ascension continue. Les haltes sont fréquentes, mais très courtes : deux ou trois minutes. Pendant ces haltes, chacun reste à sa place, sur son échelon, debout, les deux mains serrant l'alpenstock. Personne ne s'asseoit; plusieurs pourtant en auraient bonne envie :

« Regardez, dit notre conducteur, regardez ce fond de vallée d'où nous sommes partis; voyez comme il se creuse à mesure que nous nous élevons. Admirez une dernière fois ces masses énormes qui forment le Cirque, le Marboré, le Casque, la Brèche de Roland, la Fausse Brèche, le Taillon, et enfin, à droite, le Vignemale et ses grands glaciers. »

Après une heure et demie d'escalade, notre lacet raboteux aboutit à un large plateau.

« Nous sommes sur le Coumélie, dit le curé : *Deo gratias*.

— Amen, » répond Stanco.

Halte de cinq minutes. Nouvelle contemplation des montagnes magnifiques. D'ici apparaît dans sa gloire le Mont-Perdu, roi sublime de cette partie des Pyrénées. Son pic se dresse fièrement par-dessus le Marboré, qui en bas nous le cachait.

Notre généreux conducteur s'essuie le front; puis, tournant le dos à Gavarnie, interroge minutieusement, de son œil de montagnard, chaque détail de ce plateau dont nos pieds foulent un point. Nos yeux à nous ne découvrent que des espaces solitaires, des pelouses succédant aux pelouses, ici aplanies, là se plissant et se redressant à droite entre les rocs sauvages sur lesquels s'élève, bien loin en arrière, le sommet du Coumélie.

« Ah! dit tout à coup le curé, je vois là-haut un pastour. Holà, houp! »

Aussitôt, d'un pas leste, descend sur la pente un jeune homme, balançant un long bâton. Il nous rejoint et salue.

« Tiens, c'est toi, Jean Pérès, dit le curé, très bien. As-tu le temps de conduire ces voyageurs? Ils vont en pèlerinage à Notre-Dame d'Héas.

— Je peux les conduire un bon bout de chemin, répond Jean Pérès. Il faut seulement que je sois ici au coucher du soleil.

— Oui, à cause de ton troupeau. Pourtant il n'est pas possible de laisser ces messieurs-là se perdre.

— Soyez tranquille, je ne les quitterai qu'en face de Notre-Dame, quand ils seront en vue de la chapelle.

— Parfait. Messieurs, bon voyage, adieu. Que Notre-Dame d'Héas vous garde! Ne m'oubliez pas auprès d'elle. »

Et l'excellent curé nous tend la main. Nous le remercions de tout notre cœur; nous conserverons fidèlement son souvenir.

« Partons, dit le berger.

— Partons. »

Nous voici donc à la suite de ce nouveau guide, et nous l'examinons avec un curieux intérêt. Il nous devance d'abord à grands pas et nous pouvons, sans qu'il nous entende, échanger à demi-voix nos réflexions. Ces réflexions prouvent que déjà nos sympathies lui sont acquises.

« Il est gentil, dit Paul, tout à fait gentil.

— Un charmant pastour, ajoute Raoul.

— Figure franche et ouverte, dit le Zouave, et quel gaillard découplé pour la marche! »

Dans une idylle, Théocrite dépeint le berger Lycidas :

« C'est un jeune chevrier, joyeux compagnon des Muses; ses épaules sont couvertes de la peau fauve et velue d'un bouc, épaisse toison exhalant l'odeur du lait fermenté; une tunique lui serre la poitrine, une ceinture lui entoure les reins. Il tient à la main un bâton recourbé en bois d'olivier sauvage. Il a un air franc et gracieux, l'œil brillant, le sourire aux lèvres. »

A ce Lycidas de Théocrite ressemble par plus d'un trait notre Jean Pérès du Coumélie. Il lui ressemble surtout par « son air franc et gracieux, son œil brillant, sa lèvre souriante ». Ses vêtements ont bien aussi l'odeur trop forte de l'étable. Si son bâton est en merisier, c'est que l'olivier ne pousse pas de Gavarnie à Luz. Bientôt nous aurons le plaisir d'entendre ses jolies chansons, et nous pourrons croire qu'il est, comme Lycidas, « un joyeux compagnon des Muses. » Sa chaussure, avouons-le, manque de poésie; ses pieds nus sont prosaïquement logés dans des sabots de bois, — ainsi faisait notre duchesse Anne de Bretagne. — Les sabots, toutefois, n'ôtent rien à la souplesse de son allure et à la sûreté de son pied. Nous le verrons, au passage des ruisseaux, bondir d'une pierre sur l'autre avec l'agilité de l'isard.

Pendant une heure, le voyage se continue sans incident très remarquable. Notre plateau domine de six à sept cents mètres la vallée suivie hier. Quand le sentier nous amène, à gauche, tout au bord du plateau, l'abîme où roule le gave nous donne le frisson. A un certain endroit un bloc énorme attire notre attention; d'autres blocs, au-dessous, semblent suspendus sur le précipice.

« En bas, c'est le Chaos, » dit le guide.

Nous regardons une dernière fois cet affreux Chaos que nous avons traversé hier. De la hauteur où nous sommes, les blocs gigantesques du fond n'ont plus que des dimensions modestes.

Bientôt sur notre droite nous voyons plusieurs enclos rectangulaires, formés de sapins bruts.

« Qu'est-ce que cela? demande Paul.

— C'est pour les brebis, répond le guide; on les y enferme le soir. »

Paul s'approche d'un de ces parcs, et y jette un coup d'œil :

« Il est certain, dit-il, que des moutons sont restés là; ils y ont laissé assez de traces. »

Nous passons ensuite devant des cabanes; elles sont

d'une construction tout à fait rustique, sans aucune fenêtre ; l'unique ouverture est une porte.

« Ces cabanes sont-elles habitées ? demande Raoul.

— Celles-ci, non, répond Jean Pérès.

— A quoi servent-elles ?

— A ramasser le lait et les fromages.

— Peut-on en voir une ?

— Oh ! oui. Marchons encore un petit quart d'heure, et je vous en montrerai une où les bergers travaillent aux fromages. »

Cette promesse réjouit Raoul et Paul ; Stanco fait la grimace.

Le *petit quart d'heure* dure une bonne demi-heure. Nous atteignons alors les cabanes annoncées.

« Ohé ! oh ! » crie Pérès en prolongeant le son de la dernière note avec une modulation toute particulière.

Un pastour de haute taille se présente sur le seuil, et, surpris, nous regarde.

Jean Pérès lui adresse quelques mots en basque.

Le pastour s'incline ; son salut ne manque ni de dignité ni de grâce.

« Puisque vous allez en pèlerinage à Notre-Dame, dit-il, vous goûterez à notre lait frais.

— Oui, oui, » répondent ensemble Paul et Stanco.

Paul et Stanco n'ont pas le même âge, mais ils ont le même goût pour le lait savoureux de la montagne.

« Peut-on entrer ? demande le curieux Raoul.

— Oui, répond le pastour en souriant, mais vous ne verrez pas grand'chose de beau. »

Raoul entre, suivi de Paul. Le Zouave et Stanco se contentent de mettre le pied sur le seuil. Une odeur très forte s'exhale de ce réduit mal éclairé et mal aéré.

Dans le logis sont trois ou quatre bergers, assis à terre ou sur de petits escabeaux de bois. Devant eux de vastes jattes contiennent un lait très blanc et très mousseux. Autour de la cabane, à différentes hauteurs, des claies en sapin soutiennent des jattes, des écuelles, des fromages et de vastes pains qui n'ont point la mine de sortir du four.

« Vous serez mieux dehors, » dit le premier pastour, nous présentant une jatte pleine d'un lait écumant.

Le conseil est sage. Nous nous installons sur l'herbe. Quatre escabeaux sont mis à notre disposition, sièges tout à fait primitifs; pour s'y maintenir en équilibre, il faut une certaine adresse. Paul chancelle sur le sien, ce qui le fait rire et fait rire aussi les bergers. Le lait est excellent. Le pain, quoique un peu noir et un peu sec, nous paraît agréable; nous avons si bon appétit! Cette collation improvisée restaure nos forces; elle a un singulier charme dans cette solitude pyrénéenne, à une telle altitude, et en face de si sauvages montagnes! Les pastours, assis sur l'herbe, répondent à nos questions et nous donnent d'intéressants détails sur la vie qu'ils mènent loin des hommes. Notre guide Jean Pérès se régale d'une écuellée de lait, puis, sans y penser, fredonne un air. Sur quoi Raoul lui réclame une chanson. Jean Pérès rougit comme une jeune fille, une flamme illumine ses yeux, et, sans se faire prier davantage, il entonne un chant montagnard. Sa voix de ténor est fraîche et souple. Immédiatement une autre voix l'accompagne; c'est un second berger qui se met de la partie et fait la basse.

Le morceau s'achève, et nous applaudissons.

« A votre tour, dit Jean Pérès, se tournant vers nous.

— Stanco, répond Raoul, c'est le moment ou jamais de chanter votre cantique bagnerais à Notre-Dame d'Héas. »

Stanco s'excuse, fait des façons, puis cède à de nouvelles instances. Une chose l'étonne. Son cantique de Bagnères n'est point connu de ces pastours du Coumélie.

> Entendez-vous, là-haut sur la montagne,
> Mugir au loin l'aquilon en fureur?
> Depuis trois jours la neige l'accompagne
> Et dans nos champs vient semer la terreur.
>   Vous dont la grâce est infinie,
> Vous du pauvre pasteur l'espérance et la vie,
>   Notre bonne Dame d'Héas,
> Dans le péril ne nous oubliez pas;
>   Veillez sur nous,
>   Et sauvez-nous.
>   Si sur nous gronde la tempête,
>   Que votre bras puissant l'arrête
>   Et détourne de notre tête
>   Ce fléau destructeur.
> Ah! protégez les enfants du pasteur!

Les Basques ont d'étonnantes aptitudes musicales. A ce refrain qu'ils entendent pour la première fois, nos pastours improvisent instinctivement, à demi-voix, un accompagnement en accord. Dès que Stanco a fini :

« S'il vous plaît, dit Pérès, recommencez ceci : *Notre bonne Dame d'Héas,* et nous partirons avec vous. »

Stanco recommence donc :

> Notre bonne Dame d'Héas,
> Dans le péril ne nous oubliez pas...

Et Pérès et les bergers *partent,* en effet, et très bien, vraiment.

« Bravo, bravo! s'écrie Paul battant des mains ; je ne pensais pas entendre un concert sur le Coumélie. »

Brusquement Jean Pérès lève la séance :

« Partons, dit-il, le soleil a fait du chemin et nous avons du chemin à faire. Voici des brouillards qui montent du gave ; ne nous amusons pas plus longtemps. »

Adieu, bergers du Coumélie ; vous avez été hospitaliers pour les pèlerins, les pèlerins n'oublieront ni votre aimable accueil ni vos jolies chansons.

La halte a reposé nos jambes ; nous arpentons le terrain d'un pas rapide. Le guide nous devance. Bientôt Stanco et le Zouave ont peine à le suivre. Pourquoi Jean Pérès va-t-il si vite ? Sans cesse il regarde à gauche, du côté de l'abîme dont nous ne pouvons voir le fond qu'en nous rapprochant du bord. Là, sur le gave, se forment des brouillards légers. Quand ils arrivent à la hauteur de notre plateau, ces brouillards s'enfuient repoussés par un courant d'air.

Quelques minutes plus tard, ces vapeurs ascendantes prennent une teinte grisâtre, elles s'épaississent et tourbillonnent autour de nous.

« Allons-nous être pris par le brouillard? demande Stanco.

— Oui, tout à l'heure, répond Jean Pérès ; mais la brume ne durera pas, l'air est trop vif. »

Cinquante pas plus loin, nous sommes en plein nuage.

« Ah ! gémit Stanco, si nous n'avions pas de guide, où irions-nous ?

— Mais nous avons un guide, grâce à Dieu, répond le

Zouave. Le bon curé de Gavarnie nous a rendu un fameux service; il nous a remis en bonnes mains. »

Notre montagnard, en effet, semble aussi sûr de lui que s'il marchait en plein soleil. On dirait que sa vigueur s'accroit et que son énergie se développe. Sa vue acquiert une acuité étrange. A deux pas nous ne distinguons rien du tout; lui, au contraire, il aperçoit à distance des cabanes et même des hommes. Quels yeux a-t-il donc? De temps en temps il pousse un cri aigu, avec une inflexion bizarre. Un cri du même genre lui répond de l'ombre; d'où il conclut que notre direction est la bonne.

« Vraiment, dit le Zouave, ceci me rappelle le jour où dans le *Météore* de Paul, surpris par le brouillard à une lieue du Croisic, nous nous en allions sans boussole, au hasard, comptant atteindre Belle-Ile. Dès que le brouillard commença à s'éclaircir, Léon, aux yeux perçants, déclara que Belle-Ile était devant nous; il en reconnaissait les grandes roches, il discernait même les bastions de la citadelle. Nous étions donc fort rassurés et tout joyeux. Le *Météore* avançait toujours et la brise dissipait la brume.

« — Ce n'est point Belle-Ile, cria Paul tout à coup; où sommes-nous? Est-ce Hœdic? Est-ce Houat? »

« Avec le youyou, Léon et moi nous partons à la découverte; nous nous approchons du rivage et un pêcheur interpellé nous répond :

« — Vous êtes devant Sucinio, et la pointe là-bas est la pointe de Saint-Gildas-de-Rhuys. »

« Quelle chance d'avoir été poussés vers la terre! Si le *Météore*, à notre insu, avait pris le large, il filait vers l'Amérique! La Providence, ce jour-là, sauva toute seule les imprudents; aujourd'hui elle nous sauve par les yeux de lynx de notre guide. »

Cette fois, sur le Coumélie, le brouillard intense ne dure guère qu'une demi-heure. Un coup de vent le divise, l'éparpille, et enfin le chasse vers le massif du Marboré. Le soleil reparaît brillant, quoique déjà incliné vers l'ouest.

« Dieu soit béni, dit Stanco avec un soupir de soulagement, j'ai horreur des ténèbres. »

Une demi-heure encore, et nous sommes arrêtés par un

fort ruisseau qui se précipite sur la pente. Il tombe des hauts sommets du Coumélie et bondit vers la vallée. D'autres ruisseaux déjà se sont rencontrés, mais ils n'offraient pas d'obstacle sérieux. Celui-ci est extrêmement rapide, et il se développe en deux nappes écumantes, que partagent des blocs battus par les eaux.

En deux bonds le guide est sur l'autre rive. Raoul et le Zouave s'élancent et le rejoignent. Paul et Stanco souhaitent obtenir le même succès ; ils s'approchent du bord, pleins de bonne volonté, mais le courant est d'une violence singulière : l'eau se brise, blanche d'écume, contre la pierre glissante sur laquelle il faut sauter. Ceci refroidit l'ardeur de nos deux timides pèlerins. En vain Raoul les raille, en vain le Zouave les exhorte.

Le guide les regarde, tout étonné :

« Qu'est-ce qu'il y a? dit-il, ce n'est pas difficile du tout. »

Et pour en donner une preuve convaincante, il revient en deux bonds vers nos trembleurs.

« Êtes-vous lâches ! crie Raoul, vous n'avez pas honte ! Quoi ! ce montagnard saute si bien, malgré ses sabots, et vous ne sauteriez pas, vous autres ! »

Quand la peur commande, reproches ou conseils sont de petit effet. Le guide avisé imagine une manœuvre. Il s'élance de nouveau sur le bloc central qui partage le torrent. Là, il se maintient en équilibre et tend à Paul son bâton. Paul saisit le bâton ; rassuré par ce point d'appui, il risque le saut périlleux.

C'est enfin le tour de Stanco.

Nous voici tous sur la rive droite. Le guide nous montre alors la vallée qui se creuse devant nous :

« Voici la vallée d'Héas, dit-il ; maintenant regardez là-bas, au fond. Voyez-vous un clocher? »

Au pied d'une immense pente gazonnée que domine le flanc à pic d'une haute montagne, un humble clocher se détache dans la verdure. Deux ou trois habitations l'avoisinent.

« C'est la chapelle de Notre-Dame-d'Héas, reprend le guide ; vous voilà rendus, ou du moins vous ne pouvez plus vous égarer. Je vous laisse, il faut que je m'en retourne. Remarquez bien une chose. Descendez maintenant tout droit devant vous, il n'y a pas de sentier, cela ne fait rien. Vous arriverez à un fort gave qui tombe du cirque de Troumouse (le cirque est là, au fond, à droite). Ce gave ne peut se passer que sur un pont; il s'agit d'arriver à ce pont, car il n'y en a qu'un. Pour ne pas le manquer ne vous écartez ni à droite ni à gauche; descendez tout droit.

— Et quand nous aurons traversé ce pont? demande Stanco mal rassuré.

— Vous serez sauvés. Vous vous trouverez sur un chemin tracé, le chemin d'Héas; il n'y aura qu'à le suivre.

— Ainsi, après le pont on tournera à droite?

— Bien entendu, autrement vous descendriez vers Gèdre. Adieu.

— Adieu et merci, mille fois merci. »

Des poignées de mains s'échangent, et Jean Pérès nous quitte. Quel pas de course il prend! Si nous pouvions détaler avec cette vitesse, nous serions dans une heure à Héas.

Dans une heure! quelle illusion! Nous oublions que nous sommes à dix-sept cents mètres d'altitude, et qu'à cette hauteur l'extrême pureté de l'atmosphère nous trompe singulièrement sur les distances. Nous en aurons la preuve! Par malheur notre fatigue n'est pas petite. Il est sept heures du soir; voilà six heures que nous marchons depuis Gavarnie, — sans compter la course de ce matin dans le cirque. En outre, à sept heures du soir, le 8 août, le soleil est bien près de se coucher. Les grands sommets nous le cachent déjà; avant une demi-heure il sera plongé dans l'Océan. Or, quand arriverons-nous à Héas?

« Suivez-moi, dit Raoul, qui prend vaillamment les fonctions de guide. N'ayez pas peur, voici une belle pente gazonnée, dégringolons. Ferme sur les talons et serrons bien l'alpenstock. »

Et, donnant l'exemple, Raoul s'élance sur la pente, comme pour gagner le prix du galop. Ses trois compagnons rivalisent d'ardeur.

Nous descendons ainsi à toute vitesse; mais il est bientôt nécessaire de changer d'allure. Parfois des têtes de rochers nous font obstacle, il faut les contourner; parfois le terrain se creuse brusquement, il faut se laisser glisser dans le creux. Cela va bien tant qu'il fait jour. Mais quand les dernières lueurs du soleil ne blanchissent plus les crêtes et s'éteignent dans le ciel, quand il n'y a plus pour nous diriger que « cette obscure clarté qui tombe des étoiles », notre situation cesse absolument d'être riante. Les glissades deviennent dangereuses, les faux pas se multiplient, les pieds se heurtent sans cesse à des pierres cachées dans l'ombre. Stanco gémit, se lamente, demande grâce. Paul pousse des cris de détresse. La fatigue dépasse nos forces. Nous sommes brisés, rompus, épuisés, surmenés. Les jambes tremblent et refusent le service. Raoul seul tient bon. Toujours en avant, il appelle, exhorte, stimule, encourage. Quand la pente devient à pic, il crie :

« Halte ! sondons le terrain. »

Et chacun, allongeant son alpenstock, sonde à tâtons pour trouver le sol. Si le bâton ne rencontre que le vide, celui qui le tient crie :

« Ne venez pas par ici. »

Terrible descente d'Héas, terrible pour nous dans ces ténèbres et à la suite d'une pareille marche !

« Arriverons-nous jamais ? soupire Stanco ; faudra-t-il errer ainsi, sans savoir où, la nuit entière ? Laissez-moi ici, je ne peux plus me tenir debout.

— Non, non, proteste Raoul, demain matin vous seriez mort, mort de froid. Encore un effort ! »

Un peu plus bas Stanco s'arrête de nouveau ; un bruit sourd frappe son oreille :

« Écoutez, écoutez, dit-il.

— Quoi ?

— C'est le gave, l'entendez-vous mugir ?

— Ah ! enfin, dit Raoul, nous en sommes tout près.

— Mais le pont pour le passer, l'unique pont, où est-il ?

— Pas si vite, Raoul, prenez garde, n'allez pas tomber dans le gave, ce serait fini. »

Raoul avance toujours.

« Voici une cabane, dit-il ; s'il s'y trouvait seulement un berger ! »

Le gave gronde, il gronde si bruyamment qu'il roule sans aucun doute un fort volume d'eau.

Raoul, cependant, vient d'atteindre la cabane.

« Elle est vide, je pense, dit-il ; mais il fait trop noir, on ne distingue rien. Qui a des allumettes?

— Moi, répond le Zouave.

— S'il est possible de se coucher dans cette masure, dit Stanco, vous ne me ferez pas faire un pas de plus. »

Deux allumettes partent à la fois ; la lumière soudaine qu'elles jettent nous montre le plus misérable réduit, abominablement sale et infect. Vaches et moutons ont séjourné là. Impossible d'y poser le pied, Stanco, malheureux Stanco !

« Quelle heure est-il ? demande le Zouave.

— Regardez à votre montre. »

Deux autres allumettes s'enflamment :

« Il est neuf heures et demie.

— Ce n'est pas tard, dit Raoul.

— Pas tard ? Voilà plus de huit heures que nous marchons. »

Le gave est à deux pas, il nous attire.

« Le pont, voici le pont! crie Raoul tout joyeux. Notre-Dame d'Héas nous sauve, vive Notre-Dame d'Héas ! »

Ce pont n'est qu'une chétive passerelle ; trois ou quatre troncs de sapin grossièrement recouverts et jetés sur le torrent. Si Paul et Stanco voyaient clair, ils hésiteraient à s'y risquer, car le torrent bondit furieux et se brise avec fracas. Mais la nuit est sombre ; nos pèlerins traversent vite et sans regarder. Demain, quand ils descendront vers Gèdre, ils examineront cette passerelle, ils considéreront aussi cette pente sans fin par laquelle ils se sont aventurés en pleines ténèbres, pente abrupte, sauvage, hérissée de rocs, coupée à pic en cent endroits. Cette vue les fera frissonner. Et encore, s'ils n'étaient pas providentiellement arrivés juste à cette passerelle, ils n'auraient jamais pu, de toute la nuit, franchir le gave.

« Oui, se diront-ils, Notre-Dame d'Héas a eu pitié de nous ; nous lui devions chacun un beau cierge ! »

De l'autre côté de la passerelle apparaît la trace grisâtre du chemin dont le guide nous a parlé. Sans balancer, nous prenons ce chemin, et nous remontons la rive droite du gave. Sauf Raoul toujours énergique, les autres pèlerins ne marchent plus que par un instinct machinal, par l'instinct de la conservation : s'ils tombent, ils ne se relèveront pas, ils en ont vaguement conscience, et mornes, muets, alourdis, chancelants, ils se traînent.

« J'entends des voix, dit tout à coup Raoul, je crois voir une maison.

— Ah ! » murmure le Zouave.

Une maison, en effet, est là ; deux hommes sont sur le seuil.

« Vous allez chez les Pères? demande l'un d'eux.

— Oui, répond Raoul.

— C'est en face, je vais vous conduire. »

Ce brave pastour nous précède, s'arrête presque aussitôt et frappe à une porte.

La porte s'ouvre. Deux Pères se présentent. Un regard sur nous suffit pour les toucher de compassion, et ils nous accueillent avec la plus charitable hospitalité.

« Il vous faut souper tout de suite, dit le plus ancien ; pendant ce temps-là on s'occupera de vous loger. Nous regrettons de n'avoir plus qu'un lit disponible ; vous serez donc obligés de vous séparer ce soir. Trois d'entre vous coucheront chez l'aubergiste ou chez le voisin, car il n'y a dans ce hameau que trois habitations, et plusieurs Anglais sont arrivés pour chasser l'isard. En attendant, venez vous mettre à table.

— Je ne pourrai rien prendre du tout, dit Stanco ; j'ai mal au cœur.

— Et moi aussi, murmure Paul.

— Les pauvres ! fait le Père avec un accent de pitié ; ils ont le mal des montagnes, c'est-à-dire quelque chose comme le mal de mer. La course a été trop rude pour vous. Vous vous souviendrez de votre pèlerinage à Notre-Dame d'Héas. »

VII

NOTRE-DAME-D'HÉAS

Mercredi 9 août. — Nous n'avons eu qu'une demi-nuit pour réparer nos forces. C'était bien trop peu. Les quatre pèlerins, dispersés hier au soir, se retrouvent ce matin. Voici ce qu'ils se racontent.

« Vous aviez eu la charité, dit Stanco, de me concéder ici, chez les Pères, l'unique lit disponible. Grande charité, assurément, car j'étais hors d'état de faire un pas de plus. Je me couchai donc le premier, bien avant vous et sans souper, comme vous savez, avec le mal de cœur et la fièvre. Agité, tourmenté par cette fièvre, la tête en feu, je me tournais et retournais sur mon matelas. Impossible de dormir. Devant moi se représentaient, avec une lucidité cruelle, toutes les misères, toutes les angoisses des dernières heures. Toujours je me voyais sur cette sauvage montagne, glissant, trébuchant, me heurtant aux pierres, vous appelant au secours, implorant grâce et pitié. A la pointe du jour, je finis par m'assoupir. Mauvais sommeil qui ne me délivra point du cauchemar. Je continuais de rêver rochers, précipices, torrents, éboulis, glissades et faux pas. Un rayon de soleil me fit rouvrir les yeux et me rendit à la réalité.

« La réalité n'était pas brillante. Je me sentais brisé, rompu. Quels efforts pour me tirer du lit ! Ah ! *povero Stanco !* Je ne parvenais pas à me remuer : tous les membres raides, les jambes lourdes comme du plomb, les pieds en sang.

Quand j'essayai de me tenir debout, mes genoux fléchirent, ma tête retomba pesante; devant mes yeux tout semblait tourner. Il fallut me cramponner à un meuble pour ne pas m'étendre tout de mon long.

— Je ne suis guère plus solide, dit Raoul, car je n'ai pas eu un aussi bon lit que le vôtre. Hier soir je fus conduit chez un pastour, dans le logis à gauche, près du torrent. Pauvre chambre! pour plancher, la terre battue; pour meubles une vieille chaise boiteuse et un lit grossier ne contenant qu'une paillasse, et quelle paillasse! Je la regarde, déconcerté. Le pastour s'en aperçoit :

« — Coucherez-vous là-dessus? me demande-t-il.

« — Il le faudra bien.

« — C'est qu'il y a ici un Anglais.

« — Un Anglais? où cela?

« — Dans la chambre à côté; deux autres Anglais sont chez les Pères; ils veulent chasser l'isard.

« — Oui, je sais; mais que me fait votre Anglais?

« — Rien, seulement on lui a donné le matelas.

« — Il y avait donc un matelas ici?

« — Oui.

« — Ah! je comprends, je coucherai sur la paillasse. »

« Mon brave homme a l'air un peu confus; il hoche la tête.

« — Aimez-vous mieux, ajoute-t-il, qu'on ferme la fenêtre?

« — Comment, la fenêtre est ouverte? Mais je gèlerais cette nuit, fermez-la.

« — Voulez-vous aussi qu'on ferme les volets?

« — Les volets? non, je n'aime pas les ténèbres.

« — C'est que, si vous avez peur du froid...

« — Quoi donc? »

« Je m'approche de la fenêtre, et je constate qu'elle est absolument dépourvue de carreaux. Je ne puis m'empêcher de rire et j'ajoute :

« — Fermez les volets! »

A peine sur ma paillasse je m'endormis comme un sourd; je ne pris pas le temps de rêver. A je ne sais quel moment, je fus réveillé par des voix qui appelaient. On venait secouer l'Anglais, mon voisin. Les chasseurs d'isard partirent, et je me rendormis aussitôt.

— Quel heureux caractère! dit à son tour le Zouave. Notre ami Paul dort aussi comme un loir; moi, je n'ai pas la même chance.

« Tous deux, Paul et moi, nous étions logés à l'auberge, dans une espèce de grenier à deux lits. Cela valait, à peu près, le grenier de Lesponne. La porte ne fermait qu'au loquet. Ce genre de clôture me semblait insuffisant.

« Quelles gens sont par ici? me disais-je. Je n'en sais rien. Si cette nuit on me volait mon sac, je serais demain très vexé.

« Je voulus donc consolider la porte : contre elle j'appuyai une méchante table trouvée là, et sur laquelle était une large écuelle de bois. Auprès de l'écuelle je déposai mon sac.

« — Maintenant, dis-je à Paul, nous pouvons dormir tranquilles; la porte ne s'ouvrira pas sans que nous l'entendions. »

« Au-dessous de notre grenier, dans l'unique chambre du rez-de-chaussée, causaient quatre ou cinq pastours. Jouaient-ils aux cartes? Je l'ignore. Je tâchais de ne pas les écouter, et les yeux bien fermés j'essayais de m'endormir. Tout à coup, *vlan! patatras!* le sac tombe, l'écuelle roule, la table gémit, la porte grince.

« — Quoi! qu'est-ce? que voulez-vous? »

« Ainsi crions-nous, Paul et moi, en même temps et de concert.

« Je saute en place, je me précipite contre la porte et je la repousse violemment. Elle résiste. Des bras vigoureux la secouent, de grosses voix grommellent. Je redouble d'énergie et d'efforts. Les cris de Paul s'unissent aux miens. Enfin, victoire! L'ennemi se décourage. Déconcerté, il renonce à forcer nos barricades. Nous entendons l'escalier de bois craquer sous des sabots pesants.

« — Voulaient-ils nous assassiner? demande Paul.

« — Ils voulaient tout bonnement se coucher. Ce sont deux pastours, — deux des pastours que nous avons vus en bas. Ils croyaient, sans doute, qu'il y avait encore un lit à prendre. »

« Une telle secousse ne contribua guère à me calmer l'esprit. En vain je me retournais sur ma paillasse, en vain j'entendais dormir le bienheureux Paul; le sommeil pour moi ne venait pas. Ce matin seulement l'excès de fatigue m'a assoupi ; mais je ne demande qu'à me recoucher. »

Ces récits de Stanco, de Raoul, du Zouave nous montrent que nous ne sommes pas dans la meilleure disposition pour offrir nos hommages et nos vœux à *Notre bonne Dame d'Héas*. Nous franchissons néanmoins l'humble seuil de la vénérable chapelle, chapelle modeste assurément, sans riche architecture et sans luxueuse décoration. Mais qu'importe ! N'est-ce pas dans l'étable de Bethléem que la douce Mère de Jésus reçut les bergers et les rois Mages ? La pauvreté de l'étable n'empêcha ni les bergers ni les rois d'être ravis d'admiration, de tressaillir de bonheur. Dans son sanctuaire d'Héas, Notre-Dame fait toujours un maternel accueil aux pastours ; pour nous aussi elle aura un sourire. A genoux sur le rustique plancher, nous prions de tout notre cœur :

« O Notre-Dame des neiges et des montagnes, vous ne nous avez pas exclus des lieux aimés où se répandent vos bénédictions les plus abondantes. Vous nous avez vus à vos pieds à Lourdes et à Chartres, à Roc-Amadour et à Fourvière, à la Garde et à Einsiedeln, à Lorette et à Burgos. Aujourd'hui nous sommes vos pèlerins d'Héas, et nous vous remercions de nous avoir conduits jusqu'ici par de si rudes sentiers, par des pentes si raides, des sommets si hauts, des monts si magnifiques. Grâces vous soient rendues pour cette journée d'hier, pour cette nuit où, à bout de forces, nous devions tomber épuisés et succomber en chemin. Une fois encore, bénissez-nous, bénissez-nous, nous et les nôtres, et pour le jour qui commence, et pour les jours à venir.

Notre bonne Dame d'Héas,
Dans le péril ne nous oubliez pas,
Veillez sur nous,
Et sauvez-nous.
Si sur nous gronde la tempête,
Que votre bras puissant l'arrête
Et détourne de notre tête
Ce fléau destructeur.
Pour nous garder, ouvrez-nous votre cœur. »

Est-ce bien à genoux que se fait notre prière ? Que Notre-Dame nous le pardonne, mais la fatigue d'hier nous a tellement brisés que nos genoux ont aussitôt fléchi. Bon gré mal gré, il nous faut imiter ces braves chrétiennes qui nous faisaient un peu sourire à Bagnères et à Luz. Elles s'agenouillaient, mais à leur manière. Si cette manière-là ne semble pas rigoureusement correcte, n'a-t-elle pas son naïf cachet d'humble simplicité et de filial abandon?

Dans l'église de Luz, l'autre jour, chaque pieuse personne avait devant elle son petit cierge allumé, posé à terre, et se tenant debout tout seul. A notre tour nous offrons nos cierges de pèlerinage; nous n'osons pas les planter ainsi

Notre-Dame-d'Héas.

devant nous, comme le ferait sans fausse honte une fille des montagnes.

Nos dévotions s'achèvent. Nous considérons à loisir notre chapelle. Elle a la forme d'une croix; un petit dôme la surmonte. Les murs sont ornés de peintures. Fresques sans renommée, elles n'éclipseront point les chefs-d'œuvre de Raphaël. Néanmoins elles charment l'œil des pastours et raniment la dévotion de ces âmes à la foi vive. L'artiste inconnu travaillait pour Notre-Dame; son but était très noble, et il l'a atteint. Combien de peintres célèbres ne pourraient pas en dire autant!

Une statue de la céleste maîtresse d'Héas attire tout particulièrement notre attention. Cette statue est en bois; le sculpteur l'a parée comme une princesse, — comme une princesse des vallées pyrénéennes. Un riche manteau la décore ; sa tête est coiffée du gracieux capulet montagnard, capulet d'un rouge éclatant.

Une autre statue de la sainte Vierge nous est montrée. Elle est en faïence et très petite; les fidèles l'honorent d'un culte tout spécial ; on ne l'expose qu'aux jours de fête, ou dans les circonstances solennelles.

C'est un fait digne d'attention : les images saintes les plus en renom, les madones miraculeuses les plus vénérées ne sont point des chefs-d'œuvre de l'art humain. Pourquoi ? Tynnichos de Chalcide n'était qu'un poète très médiocre ; cependant, dit Platon, on lui doit un hymne d'une merveilleuse beauté, un hymne que n'égale aucun chant lyrique. Et ceci, ajoute le grand philosophe, est la preuve que les poèmes sublimes ne sont pas des œuvres purement humaines ; ils ont pour source une inspiration divine.

Si les plus illustres sanctuaires conservent avec tant de religion des images, des statues où un génie d'artiste n'a pas marqué son empreinte, n'est-ce pas pour nous mieux démontrer combien est surnaturelle la puissance dont ces imparfaits symboles rappellent le souvenir ?

Est-ce à cette modeste statue de faïence que remonte l'origine du pèlerinage ? D'après les vieux récits, la statue miraculeuse, que personne n'avait jamais vue, se trouva posée un jour sur le plus énorme bloc de la vallée d'Héas : c'est le bloc qu'on nomme le *caillou de l'Arrayé;* il ferait bonne figure dans le Chaos de la route de Gavarnie. D'où venait cette statuette inconnue ? Qui l'avait mise là ? A ces questions, nul ne pouvait répondre. Les pastours se dirent que la Reine des anges avait elle-même placé son image sur le *caillou;* après quoi ils décidèrent qu'il ne convenait pas de laisser sans abri, sur un rocher, cette statue tombée du ciel. Il fallait lui bâtir une chapelle. Trois maçons du pays se mirent à l'œuvre. Notre-Dame se chargea de les nourrir; elle leur envoya tous les matins trois belles chèvres, autour desquelles bondissaient trois gentils chevreaux. Pendant trois mois, avec une exactitude parfaite, les chèvres apportèrent leur lait chaud et gras aux ouvriers de la sainte Vierge. La chapelle était presque finie quand un beau soir nos maçons eurent une idée malheureuse :

« Ces petits chevreaux ont bonne mine, se dirent-ils, si nous en faisions rôtir un? Cela nous changerait. »

Et le lendemain matin ils s'apprêtèrent à mettre à exécution leur barbare projet. Mais ils comptaient sans Notre-Dame. Les chèvres ne revinrent plus. Pour ne pas mourir de faim, les trois stupides maçons durent redescendre tout penauds à Gèdre, puis à Luz, où les gens ne leur épargnèrent ni reproches ni railleries.

La chapelle s'acheva plus tard, et un prieuré fut bâti tout auprès pour la desservir. Les pèlerins affluèrent. Il en venait des vallées d'Argelès, d'Azun, d'Aure, de Bielsa, de Campan. Et par quels sentiers! au prix de quelles fatigues! On en voyait arriver même du pays des plaines, des Landes, de l'Armagnac, du Bordelais. La Révolution bouleversa tout. Elle ne respecta pas plus Notre-Dame d'Héas que Notre-Dame de Paris. Quand la tempête se fut calmée, les pèlerinages recommencèrent. Deux fêtes surtout, l'Assomption et la Nativité, attirent les pèlerins. Ces jours-là le modeste sanctuaire est bien trop étroit. Les montagnards y passent la nuit en prières. Le lendemain matin, leurs dévotions terminées et le cœur joyeux, ils prennent le chemin du retour. Les uns descendent vers le gave de Pau, les autres escaladent les rudes et dangereuses pentes de Cambielle, des Aiguillons, de la Canaou.

Nous aussi nous disons adieu à Notre-Dame d'Héas et aux excellents Pères qui nous ont accordé une hospitalité si cordiale. Les Pères nous exhortent à monter au cirque de Troumouse. Troumouse, assurent-ils, vaut au moins Gavarnie. Ce sera pour un autre voyage. Aujourd'hui nos jambes se refusent absolument à une excursion supplémentaire. Pourront-elles seulement nous descendre jusqu'à Gèdre? Elles sont raides, elles chancellent; à leur manière elles réclament du secours. Oh! si nous avions ici de bons petits ânes comme à Gavarnie! Mais Héas n'est qu'un lieu sauvage où la mode n'amène ni Anglaises ni touristes. On ne réussit à réquisitionner qu'un vieux cheval, dépourvu de tout harnachement. Un pastour lui passe au cou une corde et lui met sur le dos une méchante couverture.

« Très bien, dit Raoul, voici Rossinante équipée ; qui aura les honneurs de Rossinante ? »

Chacun s'excuse. Est-ce par vanité? Est-ce par générosité? Ce dernier sentiment domine, car les quatre pèlerins fourbus regardent Rossinante d'un œil d'envie.

« Convenons d'une chose, reprend Raoul : nous monterons tous les quatre, mais non tous les quatre à la fois. De quart d'heure en quart d'heure cette noble bête changera d'écuyer. Allons, Stanco, vous semblez le plus défait; à vous l'avantage de commencer ; sautez en selle, comme le paladin Roland, sans mettre le pied à l'étrier.

— Il n'y a ni étrier ni selle, répond Stanco, et quand il y en aurait...

— Vous n'auriez guère envie de sauter. Laissez-nous faire. »

Aussitôt Stanco est saisi, soulevé, poussé, hissé, tant et si bien que malgré ses gémissements il se trouve enfin assis sur Rossinante. Pauvre Stanco ! Avec ses deux jambes pendantes, il pose vraiment en chevalier de la Triste Figure ; il a l'air si misérable, qu'aucun de ses compagnons n'osera le réduire au rôle de fantassin, et il s'en ira ainsi, dolent, jusqu'à Gèdre, suivi des trois autres pèlerins, qui se traînent clopin-clopant. Notre pèlerinage d'Héas n'a pas une conclusion très brillante. En ceci, il ressemble beaucoup à des pèlerinages plus célèbres. Combien de braves chrétiens, au temps des croisades, s'en revinrent de terre sainte en piteux état! De Jérusalem, néanmoins, ils gardaient au fond de leur cœur un souvenir éternel, très glorieux d'y être allés, très heureux de n'avoir pas succombé en chemin et de voir luire enfin, comme dit Homère, « le jour fortuné du retour. »

NOTRE TOUR DE SAVOIE

(NOTES DE VOYAGE)

I

LE CHEMIN DE SIXT

Jeudi 22 juillet. — DE GENÈVE A VIUZ. — Nous allions sortir de l'*Hôtel de Genève*, — à Genève, — où nous avions eu la veille l'honneur de descendre.

Il n'y avait plus qu'à régler les comptes.

« La note est-elle prête? demanda Stanco.

— *Pâdfaitement,* » répondit en s'inclinant avec une condescendance très digne un personnage extrêmement majestueux.

Ce personnage, de belle taille, de forte prestance, gras, dodu, épanoui, se prélassait dans un habit à la française d'une coupe irréprochable. Son triple menton contrastait avec ses yeux trop petits. Peut-être, après tout, ces yeux-là avaient-ils la dimension ordinaire mais, éclipsés par des joues si larges et si pleines, ils semblaient, à l'ombre de telles joues, se rétrécir, s'amincir, se noyer. Les plis rosés du menton, encadrés d'un superbe col blanc, reposaient sur une cravate très blanche qui, à son tour, rehaussait un devant de chemise aussi empesé qu'un doyen de faculté. Des voyageurs novices auraient cru sans doute qu'un monsieur si bien nourri et d'une toilette si correcte devait être, pour le moins, le propriétaire de l'hôtel. Stanco et ses compagnons n'étaient pas précisément des voyageurs novices. Du premier coup d'œil ils virent qu'ils avaient devant eux non le maître, mais le valet; le premier des valets, le majordome.

Ce majordome, s'il l'eût voulu, aurait montré qu'il savait à fond la langue française ; il jugeait plus convenable de ne point s'abandonner à un flux de paroles ; il ne disait qu'un seul mot : *parfaitement*, mais il prononçait ce mot d'une manière *parfaitement* distinguée, supprimant la consonne *r* comme trop rude, et, en revanche, allongeant d'une bonne mesure la syllabe *a*, qui s'enrichissait en outre d'un accent circonflexe : *Pââfaitement*. De là, le petit dialogue que voici :

« Pour la note, dit Raoul, présentant un billet de banque.
— Pââfaitement.
— Vous pouvez me rendre la monnaie ?
— Pââfaitement.
— Nous laissons nos sacs au garçon de l'hôtel.
— Pââfaitement.
— Il les remettra au bureau de la diligence de Chamonix.
— Pââfaitement.
— Notre adresse est sur chaque sac.
— Pââfaitement.
— Bien le bonjour !
— Pââfaitement. »

Et nous voilà dehors, riant de bon cœur. Nous prenons le quai du Rhône, et nous admirons une dernière fois le fleuve rapide comme une flèche, qu'on ne se lasserait pas de contempler. Du lac Léman aux flots si bleus, il s'élance en torrent d'azur.

« Ah ! s'écrie Raoul, regardez ce cygne !
— Le pauvre ! reprit Stanco, il recule, il va se noyer !
— Allons donc, dit le Zouave, un cygne se noyer ! Mais que fait-il là ?
— Il veut remonter le courant, répond Olivier, mais il ne le peut pas, le courant est trop fort. »

Raoul, le Zouave et Stanco sont connus des lecteurs qui nous ont suivis dans notre pèlerinage d'Héas. Olivier, le quatrième voyageur, se fera connaître à son tour. C'est un ami des trois autres pèlerins. Depuis du temps déjà il rêvait, lui aussi, une course aux montagnes. Son rêve s'accomplit enfin cette année. Et afin que cet alpiniste novice ne se plaigne pas ensuite de n'avoir aperçu que des monts modestes, ses compagnons l'entraînent vers la cime la plus altière des Alpes, vers le mont Blanc. A la vérité il n'y est pas tout à fait rendu. Pour le moment, et bien qu'il ne soit pas encore en marche, le nouveau touriste se plaint d'une soif inextinguible; il en gémit depuis deux jours. Il faut avouer que ce mois de juillet est torride, et que depuis deux jours nous traversons la France en wagons brûlants et sous une poussière suffocante.

« Si je nageais avec ce cygne, reprend-il, je commencerais par boire un fameux coup; cette eau-là paraît fraîche.

— Allez donc un peu plus bas vous baigner dans l'Arve.

— Dans l'Arve?

— Oui; l'Arve, dont nous verrons la source à Chamonix, vient ici se jeter dans le Rhône, et les Genevois y ont installé un établissement de bains. C'est une eau extrêmement froide. Lors de notre premier voyage, un Bourguignon, brave bourgeois qui voulut faire route avec nous, était allé prendre un bain d'Arve. Le baigneur lui attacha sous les bras une forte corde, puis le trempa dans l'eau. Le baigné devint instantanément blanc comme linge et s'évanouit.

— Pourquoi cette eau est-elle si froide?

— Parce que l'Arve court si vite, qu'elle met à peine dix-huit heures à descendre de son glacier jusqu'ici. Dans cette folle course, elle ne prend pas le temps de se réchauffer.

— On aurait bien dû m'offrir une carafe de cette eau-là la nuit dernière.

— La nuit dernière?

— Oui; la gorge en feu, je me levai vers onze heures et demie afin d'implorer le secours du garçon veilleur.

— Et il vous servit des rafraîchissements?

— Il m'apporta un carafon de vin et une carafe d'eau, et je bus le tout le plus lentement possible, jusqu'à la dernière goutte.

— Malheureux Olivier! Et vous avez encore soif ce matin?

— Je l'avoue; aussi je voudrais être ce cygne pour me plonger dans cette eau bleue.

— Assez causé, fait le Zouave; si nous perdons le temps à regarder l'eau couler, nous ne serons pas rendus à l'étape avant midi. Or, ne l'oubliez pas, il est convenu et arrêté que nous ne devons jamais marcher au milieu du jour.

— Sans doute, sans doute, réplique Raoul; mais il n'est que huit heures.

— Partons, » dit Stanco.

Les quatre pèlerins tournent le dos au Rhône, traversent plusieurs rues et parviennent sur une place.

« La route de Chêne? demande Stanco.

— La voici, répond un passant; et vous voyez l'omnibus de Chêne; il partira dans dix minutes.

— Un omnibus! fait le zouave, si nous le prenions?

— Quoi! se récrie Raoul, nous sommes venus de si loin afin de faire un voyage à pied dans la montagne, et pour ce voyage à pied nous débuterions par nous installer en omnibus? ce serait ridicule.

— Pas si ridicule, riposte le Zouave. D'abord nous sommes encore en ville et non en montagne; puis le soleil est brûlant, la route est pleine de poussière et elle commence par une montée dont on ne voit pas le bout.

— Précisément, réplique l'ardent Raoul, cette montée vous dégourdira les jambes et vous préparera aux ascensions prochaines. Vous sortez de maladie, le médecin vous a ordonné beaucoup d'exercice. »

Le Zouave hoche la tête; il regarde Olivier. Celui-ci a bien l'air de préférer l'omnibus, mais il n'ose l'avouer tout haut. Raoul saisit Stanco par le bras et l'entraîne. Le Zouave et Olivier cèdent malgré eux à un si bel exemple; la caravane se met décidément en marche.

Cette route de Genève à Chêne ressemble d'abord à une très large rue, car des deux côtés s'élèvent des habitations, de longs murs blancs qu'interrompent des ouvertures plus ou moins larges, portes cochères ou simples portes, grilles de fer surmontées généralement d'enseignes offrant ces mots : *Pension du lac.* — *Pension de Genève.* — *Pension anglaise*, etc.

A travers les grilles, on entrevoit des pelouses, des arbres, de l'ombre. C'est tentant; ne vaudrait-il pas mieux aller s'étendre à l'ombre sur ces fraîches pelouses? N'est-il pas dur, sous ce soleil de juillet, de cheminer par cette route si poudreuse, si éblouissante, sans aucun abri?

Vingt minutes à peine s'écoulent, et déjà les quatre pèlerins sont haletants. Stanco se plaint de n'apercevoir que des murailles et des maisons; le lac Léman est pourtant là, à gauche, mais les murs des *Pensions* nous le cachent. Quels murs désagréables !

« Si cela continue, gronde le Zouave, la chose manquera de charme.

— Un peu de courage, dit Raoul. Si vous voyiez quel bel effet vous produit sur le dos votre sac neuf !

— Oui, parlons-en du sac ! Si vous voulez que je vous le passe ?

— Pas encore; ayez au moins l'honneur de le sortir de Genève. »

Ce matin, en effet (détail omis plus haut), nous avons acheté rue du Mont-Blanc un sac noir de toile vernie, du vernis le plus luisant. Comme nos valises, nous l'avons dit, doivent se rendre à Chamonix sans nous, un tel sac était indispensable pour renfermer divers menus objets. Une bricole permet de le suspendre en bandoulière. Cette bricole est large et ne blessera pas l'épaule; en outre, elle est d'un très beau vert, d'un vert à la vérité très tendre, et qui se ternira vite sous les averses d'orage et sous les rayons du soleil.

Pour le moment, le vernis noir et la bricole verte resplendissent sur le dos du Zouave.

« Une vraie décoration, dit le rieur Raoul, et vous devez en être flatté !

— Vous vous moquez, réplique le porteur, ce n'est qu'un poids dont je compte me débarrasser avant peu. J'ai déjà trop de mon gros manteau. »

Il faut noter que les quatre touristes ont chacun un manteau sur le bras. Plus loin, dans la pleine campagne de Savoie, ils auront recours à des procédés de suspension plus commodes que luxueux; mais nous ne sommes pas sortis de la banlieue genevoise; le respect humain impose ses lois gênantes, et nous gardons nos manteaux sur le bras, comme si pour gagner notre gîte nous n'avions que quelques pas à faire.

Un bruit de grelots nous invite à tourner la tête. Olivier, aux yeux perçants, reconnaît le véhicule.

« L'omnibus ! dit-il.

— Que ne l'avons-nous pris là-bas! » murmure le Zouave.

La lourde voiture nous atteint, nous couvre de poussière, puis nous dépasse. Des quatre touristes, trois au moins la regardent d'un œil de regret.

« Serons-nous bientôt rendus à Chêne? demande Olivier.

— *Parfaitement*, répond Stanco. Chêne, assure le guide *Joanne,* n'est qu'à trente-cinq minutes de Genève.

— Eh bien, répond Olivier tirant sa montre, voilà précisément trente-cinq minutes que nous nous éreintons à cette montée. Votre *Joanne* vous renseigne mal.

— *Joanne* suppose, riposte Raoul, que ses touristes marchent d'un pas sérieux : ce n'est point notre cas. »

Dix minutes encore de patience. Ouf! voici Chêne, ses habitations et ses omnibus. Le conducteur de l'omnibus, debout près de ses chevaux, nous regarde d'un air dédaigneux. Nous prenons une allure un peu plus dégagée, afin de laisser croire que nous nous promenons tranquillement par pur plaisir. Chêne est bientôt traversé.

« Enfin, soupire Stanco, nous voilà délivrés des murs et des maisons; nous entrons vraiment dans la campagne, et par là même en Savoie, car la frontière est par ici.

— Deux routes! remarque Olivier. Laquelle prenez-vous? »

La route, en effet, se bifurque. Stanco ouvre son *Joanne,* examine la carte, et voit que si nous allions à gauche, nous irions vers *Thonon.* Ce n'est pas notre chemin. Il faut continuer tout droit jusqu'à *Annemasse.* Sur notre gauche se dressent les Voirons, et sur notre droite le Salève ; leurs escarpements ne manquent point de mérite, mais nous ne devons pas les gravir, et nous ne pouvons que les considérer à distance. Sauf cet aspect un peu lointain des Voirons et du Salève, le plateau que nous venons d'atteindre n'offre aucun des charmes que présentent les pays de montagnes : ni torrents, ni eaux limpides, ni frais sentiers. On est condamné à suivre prosaïquement une grande route aussi plate que poudreuse et dévorée par le soleil. Fuyez les grandes routes, ô touristes, la marche à pied y est sans plaisir. Aussi notre Zouave gémit-il, inondé de sueur et blanc de poussière. Depuis une demi-heure il réclame une halte; mais où s'arrêter?

Un petit arbre chétif apparaît à droite.

Genève.

« Je ne vais pas plus loin, » déclare le Zouave, et d'un tour de main se débarrassant du sac noir, il s'étend tout de son long au pied de l'arbre malingre.

Pauvre abri cependant, car le feuillage est si rare et si maigre, qu'à peine donne-t-il assez d'ombre pour nous protéger la tête ; mais quand on n'a rien de mieux ! Le Zouave exténué s'éponge ; la sueur ruisselle sur ses tempes et transperce ses vêtements. Raoul lui-même en a compassion.

Survient une voiture publique se dirigeant comme nous vers Annemasse. Dans cette voiture trop étroite sont entassés des voyageurs. Infortunés voyageurs, perdus de poussière et la figure aussi rouge qu'un homard cuit ! Ils nous regardent d'un air d'envie. Ils semblent se dire : « Sont-ils heureux, ceux-là, d'être au large, à l'aise, les jambes allongées et presque à l'ombre ! »

Chose bien inattendue, la pitoyable mine de ces malheureux voiturés nous fait comprendre que notre sort n'est point tant à plaindre. Notre courage renaît, Stanco reprend cœur et entonne une barcarolle :

> La matinale aurore
> Chasse l'obscurité,
> Notre Saint-Marc se dore
> D'une douce clarté.
> Abandonnons la rive,
> Profitons du beau temps,
> Que notre rame active
> Accompagne nos chants.

Nos chants sont accompagnés, non par la rame, mais par Olivier, le plus fort musicien de la compagnie. Raoul cependant roule avec adresse son manteau, puis l'enserre avec de légères courroies.

« Maintenant, dit-il, je le suspendrai en bandoulière, ce sera bien plus commode ; imitez mon exemple, croyez-moi. »

L'exemple est imité. Nos manteaux, étroitement roulés et ficelés, seront moins embarrassants et sembleront moins lourds.

En marche !

Bientôt nous traversons Annemasse, le premier village de Savoie. Le Zouave voudrait bien y vider une chope. Raoul allègue qu'on vient déjà de faire halte, et qu'on ne peut s'arrêter à tous les bouchons.

Vingt minutes plus tard nous apercevons un vrai bouchon, une toute petite auberge, flanquée d'une toute petite tonnelle. Le Zouave proteste que cette tonnelle a pour lui un attrait irrésistible ; il s'y réfugie, les autres le suivent. Le Zouave, une fois encore, s'étend tout de son long. L'aubergiste apporte des rafraîchissements ; les rafraîchissements s'absorbent vite, mais le repos se prolonge.

Stanco, l'inquiet, ne tarde pas à émettre un scrupule :

« Nous sommes trop près de la route, dit-il, s'il passe du *monde*...

— Que le *monde* passe, murmure le Zouave, et qu'il me laisse dormir. »

Trois des pèlerins s'assoupissent ; mais Raoul, dont les pieds frétillent, s'en va fureter dans le jardin voisin en quête d'un fruit ou d'une fleur. Quand il a tout visité, tout inspecté, il revient :

« Eh quoi ! dit-il, allons-nous hiverner dans cette Capoue ? Songez qu'il faut coucher à *Saint-Jeoire*.

— Oui, dit Olivier, c'est marqué sur l'itinéraire dressé par Stanco.

— Combien d'ici Saint-Jeoire ? demande le Zouave mal réveillé.

— De Genève à Saint-Jeoire, répond Stanco, on compte cinq lieues et demie.

— C'est bien du chemin, reprend le Zouave.

— Comment ! riposte Raoul, bien du chemin pour une journée entière : cinq lieues !

— Et demie !

— Soit ! cela fait pour la matinée trois lieues, et pour l'après-midi deux lieues et demie. Est-ce là une étape de soldat ?

— Je ne suis plus soldat, répond le Zouave, je suis seulement fatigué.

— Moi aussi, dit Olivier, et je ne tiens pas à coucher à Saint-Jeoire.

— Cependant, objecte Stanco, il serait fâcheux de ne pas observer le programme. Un retard aujourd'hui, un retard demain, et que deviennent nos plans ?

— Ce qu'ils pourront.

— Soyez raisonnables, reprend Raoul. Est-ce que vous ne voulez pas déjeuner ?

— Je voudrais être à table, répond le Zouave.

— Eh bien, nous ne pouvons pas déjeuner ici, cette pauvre auberge n'a rien. »

L'argument est péremptoire. La caravane se remet en marche. Bientôt, à gauche, s'ouvre un chemin plus étroit et plus agreste que la grande route. Nous le prenons avec plaisir. Mais le soleil est tout à fait haut. Le Zouave donne un coup d'œil à sa montre.

« Midi ! s'écrie-t-il. Nous avions juré de ne jamais manœuvrer en plein midi.

— Oui, dit Olivier, c'était bien convenu. Dès le premier jour on manque aux engagements.

— A qui la faute ? riposte Raoul. Pourquoi vous traînez-vous comme des tortues ? »

Le Zouave et Olivier gémissent.

« J'avais pourtant calculé toutes les distances, dit Stanco, mais je ne pensais pas qu'il nous faudrait quatre heures pour faire trois lieues. Depuis une heure nous devrions être à *la Bergue*.

— A la Bergue ? demande Olivier, est-ce un fort village ?

— C'est un village ; j'ose croire qu'il possède une *posada* quelconque.

— J'aperçois des maisons, s'écrie Olivier.

— Maisons de la Bergue, évidemment. »

La Bergue a une auberge ; nous y entrons sans frapper. Rien de moins imposant. Une chambre plus longue que large, au fond la cheminée ; de chaque côté une table avec bancs de bois. A la table de droite sont six moissonneurs devant une vaste soupière ; dans cette soupière ils puisent tour à tour.

Notre arrivée imprévue suspend un instant la manœuvre.

« Bonjour ! » dit Raoul ; et, sans autre discours, nous nous emparons de la table de gauche.

Sur les bancs vides, nous nous jetons si brusquement, que les moissonneurs stupéfaits nous contemplent cuillers en l'air. Le Zouave surtout attire leur attention, car, au mépris de tout décorum, il ne s'assied pas sur son banc, il s'y couche en poussant de longs soupirs. Du reste les moissonneurs ne prononcent pas une parole, ils recommencent à manger leur soupe dans le plus profond silence et avec la plus grave lenteur.

Cependant accourt du dehors la patronne du logis, une Savoyarde vive, alerte, empressée. Quel contraste avec ses hôtes si muets, si mornes! Elle nous sert en hâte un copieux repas, soupe, grosse viande, omelette, salade, puis un artichaut si gros que, partagé en quatre, il fournit quatre parts notables, le tout arrosé d'un agréable petit vin blanc. Le dessert succède : noix, noisettes, amandes, et en outre un objet énorme, arrondi, grisâtre, qu'on ne soulèverait pas sans effort.

« Qu'est-ce que c'est que ça?
— Ça, dit-elle, c'est un *thome!*
— Un *thome?*
— Du fromage, s'écrie Raoul émerveillé, et quel fromage! »

Ce gigantesque produit de l'industrie indigène nous apparaît pour la première fois. Dans toutes les auberges savoisiennes nous retrouverons ces thomes démesurés qui feront toujours faire la grimace à Stanco. Stanco ne peut sentir le fromage que chez Virgile ou chez Théocrite, en vers latins ou en vers grecs.

Thome compris, ce festin de roi nous coûte vingt-cinq sous. Ce n'est pas cher. Par-dessus le marché, nous avons un spectacle gratis : sous nos yeux passent et repassent des types singulièrement pittoresques ; d'abord ces moissonneurs silencieux, qui font à l'autre table un repas si frugal. Thestylis, je veux dire la Savoyarde, leur a servi simplement une soupe fumante et une salade d'herbes parfumées d'ail.

> Thestylis et rapido fessis messoribus œstu
> Allia serpyllumque herbas contundit olentes.

Ces moissonneurs cèdent bientôt la place à d'autres, puis à d'autres encore. Les nouveaux venus ne sont pas plus causeurs que les précédents.

Tout à coup entrent en scène deux personnages qui ne se ressemblent guère, un enfant de trois ans, nu-pieds, nu-bras, nu-tête, pour tout vêtement une chemise qui ne lui descend pas aux genoux. Derrière ce tout petit se dresse un grand vieillard, costume étrange et grande carabine. Est-ce un chasseur de chamois? Est-ce un contrebandier? Une immense barbe blanche lui retombe sur la poitrine; il s'appuie au mur, lui et sa carabine, et sans mot dire se délasse en caressant sa barbe argentée. L'enfant à la chemisette le contemple comme fasciné par cette barbe prodigieuse.

Nous nous levons enfin de table. A peine sur le seuil :

« Si l'on faisait la sieste? dit le Zouave.

— Faisons la sieste, répondent ses compagnons.

— Voici l'heure, dit Stanco, où les troupeaux eux-mêmes cherchent l'ombre et la fraîcheur, où le vert lézard se cache sous les buissons :

> Nunc etiam pecudes umbras et frigora captant,
> Nunc virides etiam occultant spineta lacertos.

— Oh! fait Raoul, laissez dormir votre Virgile, et tâchez vous-même de dormir un somme. »

Une prairie voisine, couronnée de hêtres superbes, nous offre sa tranquille hospitalité; chacun s'étend sur l'herbe épaisse et goûte à l'aise un doux repos.

Peut-être le repos est-il goûté trop longuement.

« Quatre heures et demie! s'écrie brusquement Stanco ; l'étape de l'après-midi ne sera pas sérieuse. Si les autres journées ressemblent à celle-ci, il nous faudra trois mois pour arriver au terme. »

On se secoue, on part. La chaleur est encore très forte. Pour comble, de grosses mouches s'acharnent après nous ; les mouches et la chaleur mettent notre patience à rude épreuve. Subitement le Zouave s'arrête.

« Pas de chance, dit-il, j'ai laissé ma cravate.

— Où?

— Là-bas, dans la prairie.

— Voulez-vous aller la chercher?

— Non certes, elle est déjà trop loin; tant pis pour la cravate. Celui qui la trouvera l'aura en récompense.

— Bah! dit Raoul, vous avez assez chaud pour vous passer de cravate.

— En ce moment sans doute, mais il ne fera pas toujours aussi chaud.

— Si vous ne perdez que cela dans tout le voyage...

— Hélas !

— Quoi ?

— Je songe que ce matin j'ai oublié une chemise à l'hôtel de Genève.

— *Pâdfaitement*, dit Raoul, et voilà qui promet. A ce compte, dans trois semaines il ne vous restera pas lourd bagage, et vous m'aiderez à porter mon sac. »

Les grosses mouches mettent fin à ce bavardage ; leurs piqûres aiguës nous stimulent énergiquement.

« Ces mouches nous rendent service, affirme Raoul, elles nous empêchent de dormir.

— Utiles, mais vexantes, » répond Olivier.

Voici un bourg ! — *Bonne*, sept à huit cents habitants, assure le guide *Joanne*. Nous ne vérifions pas l'affirmation du livre.

Le Zouave aperçoit une boîte aux lettres, il y glisse vivement trois missives.

« Trois lettres ! s'écrie Raoul, comment avez-vous pu les écrire ?

— Hier soir, à l'hôtel de Genève.

— Vous êtes un fécond écrivain. Mais pourquoi apporter vos lettres jusqu'à ce village ?

— Ne soyez pas si moqueur, seigneur Raoul, interrompt Stanco. Rappelez-vous que vous-même, un jour, vous avez mis à la poste à Genève une lettre qu'on vous avait confiée pour mettre à Nantes. »

Au delà de Bonne tombe des pentes, à notre gauche, un ruisseau si limpide, que chacun veut s'y rafraîchir les pieds. — Le bain de pied est une des exquises jouissances de l'excursionniste. — Stanco néanmoins soulève une objection intempestive.

« Si près de la route, murmure-t-il.

— C'est vrai, riposte Raoul, que dira le *monde* ? »

Afin de rassurer Stanco, la caravane s'éloigne un peu de la route par un petit sentier qui grimpe à gauche le long du ruisseau. On s'installe, le bain de pieds se prend avec délices.

« Du *monde !* » dit tout à coup Raoul.

Le *monde* apparaît sous l'aspect peu redoutable d'un pacifique curé qui descend des hauteurs. Le sentier trop étroit oblige les baigneurs à se ranger pour livrer passage. Stanco très vexé rougit de honte. Il n'y a pas de quoi. Ses compagnons le consolent et l'exhortent à se rafraîchir aussi la gorge, car le Zouave et Olivier ne s'en iront point sans profiter de cette eau limpide pour calmer un instant leur soif toujours tenace.

Le camp est levé. Cinquante pas plus loin, rencontre inattendue. Une longue construction sur laquelle s'étale en grosses lettres cette affiche : *Fabrique de limonade.*

« De la limonade ici, pas possible !
— Lisez l'affiche.
— Si nous avions su, nous aurions gardé notre soif. »

Une demi-heure plus tard la soif est revenue, mais non pas la limonade. Les forces s'épuisent; trois des pèlerins se lamentent, ils veulent à tout prix se reposer. Raoul proteste.

« Un peu d'énergie, dit-il, et allons jusqu'à Saint-Jeoire.
— Saint-Jeoire, fait le Zouave, ce sera pour demain. »

La discussion s'échauffe. Heureusement on arrive près d'un modeste chalet placé en contre-bas, à droite. Sur le seuil est assis un brave Savoyard.

« Avez-vous quelque chose à boire?
— J'ai du cidre *friss*.
— Goûtons le cidre *friss* ! »

Dans le chalet, ameublement sans luxe : un banc, un pichet et trois verres. Les trois verres tiendront lieu de quatre. Charmé de nous voir les vider si prestement, l'excellent Savoyard vante les mérites de son cidre, et hochant la tête :

« Il est *friss*, dit-il, mais pas trop *friss*. »

Puis, heureux de notre approbation, il exalte sa commune. Elle s'appelle *Viuz-en-Sallaz.*

« Quelle commune ! dit-il. On y voit une école de bonnes sœurs, jugez ; une école de bons frères, jugez ; et même une mairie, une mairie toute neuve, jugez ! Dans cette mairie se trouvent quantité de salles pour la justice. Ah! quelle mairie ! Elle a coûté vingt-quatre mille francs, jugez !
— Y a-t-il aussi une bonne auberge?
— Je vous crois, tout à fait bonne.
— Est-ce loin ?

— Vous y êtes : à deux pas.

— Quelle chance! fait le Zouave, je sais où nous coucherons ce soir. »

Et la caravane coucha à Viuz-en-Sallaz.

Vendredi 23 juillet. — DE VIUZ A TANNINGES. — Le bonhomme au *cidre friss* n'avait pas tort de nous chanter la gloire de sa commune ; Viuz-en-Sallaz est à peine indiqué par notre guide *Joanne*, et son nom ne se lit pas sur notre carte. Quel déni de justice! hôtes accueillants, gens honnêtes, bon souper, bon gîte et le reste, le tout à prix minime, voilà ce que nous procure l'humble Viuz-en-Sallaz. Allez donc en chercher autant dans l'orgueilleuse et rapace Normandie qui, certaines vacances, nous étrilla si rudement!

Viuz cependant, avouons-le, a eu sa journée terrible. Au siècle dernier, en 1715, sa montagne se précipita tout à coup, engloutissant forêts et taillis, champs et pâturages, hommes et troupeaux. Trente maisons disparurent, trente-quatre personnes périrent. Un misérable ruisseau avait causé le désastre. Ce ruisseau, depuis des années, minait sourdement le sol; nul ne se défiait, et soudainement tout s'effondra.

De l'affreuse catastrophe, grâce au Ciel, il ne reste plus qu'un lointain souvenir. Aussi, l'âme tranquille, nous disons ce matin un adieu très cordial à Viuz l'hospitalière.

La nuit a réparé nos forces, chacun se sent alerte et joyeux. La matinée est riante, l'air pur et vif. Notre vallée longe les pentes adoucies et bien cultivées de belles montagnes qui se relèvent plus loin en sommets majestueux. Les quatre pèlerins admirent le pays, babillent à qui mieux mieux : qu'ils ont bien fait de venir en Savoie !

Une heure de marche, et voici là-bas le pignon de *Saint-Jeoire*.

« Est-ce un gros bourg?

— Voyons le guide *Joanne*, dit Stanco; c'est Raoul qui l'a?

— Non.

— C'est donc le Zouave?

— Non.

— Vous l'avez donc, Olivier?

— Pas du tout.

— Malheur ! le livre sera resté à Viuz ! »

Stanco se lamente, se frappe le front. Pauvre Stanco ! sur lui seul repose tout le plan du voyage ; l'itinéraire a été confié à son unique sollicitude. Comment conduira-t-il la caravane, s'il n'a plus ni livre ni cartes ?

Raoul plaisante et raille. Moment bien choisi pour rire !

« Comment avez-vous pu, dit-il, oublier votre précieux volume ? Ne devez-vous pas, jour et nuit, le presser sur votre cœur ?

— C'est vous qui l'aviez hier soir, riposte Stanco ; je le vois d'ici sur la table de votre chambre de Viuz.

— Eh bien, suggère le sage Olivier, achetons un autre exemplaire.

— Achetons, où ? Pensez-vous rencontrer des libraires à Saint-Jeoire ?

— Le plus simple, dit le Zouave, serait de retourner à Viuz.

— Vous auriez le courage de retourner là-bas ?

— Pas moi, certes ; mais Raoul l'infatigable rebroussera chemin, les autres l'attendront ici. »

En ce moment nous atteignons les premières maisons de Saint-Jeoire. A droite, une auberge d'agréable apparence nous promet bon accueil.

« Entrons, fait le Zouave ; une fois assis on tiendra conseil. »

Le conseil se tient. L'hôtelier et l'hôtelière y sont admis avec voix consultative. Ils ouvrent un avis excellent : « Ils ont cheval et carriole ; que l'un de ces messieurs les voyageurs monte dans la carriole, le cheval d'un bon trot le portera à Viuz, puis le rapportera promptement. De cette façon, messieurs les voyageurs s'épargneront de la fatigue, abrégeront le retard et auront le temps de se rafraîchir. »

Adopté. Raoul, à l'unanimité, est désigné pour la course.

Le cheval s'attelle. Quand il se présente avec son véhicule, les quatre touristes partent d'un éclat de rire. Ils ont lu autrefois le conte de cet Anglais qui fit le tour du lac de Genève sans jamais apercevoir un coin du lac. La faute en était à sa carriole. Dans cette carriole, d'une construction très spéciale, le voyageur, encadré, emboîté, se trouve voituré non en avant, non à reculons, mais de côté (genre omnibus) ; il tourne donc constamment le dos à l'un des bords de la route; l'autre bord, en revanche, passe sans interruption devant ses yeux.

Autre détail réjouissant : notre véhicule de Saint-Jeoire n'a pas de *cocher*, il a une *cochère*. Une vigoureuse montagnarde de vingt ans grimpe lestement sur le siège, fouet à la main. Voyant que nous ne pleurons guère, elle ne pleure pas davantage :

> Quand un gendarme rit
> Dans la gendarmerie,
> Tous les gendarmes rient
> Dans la gendarmerie.

Hue ! Le fouet claque, le cheval dresse la tête et part de son meilleur train. « Au revoir, Raoul, et à bientôt ! »

Olivier, Stanco et le Zouave s'installent à l'auberge, dans une chambre proprette au premier étage, d'où ils admirent à l'aise Saint-Jeoire, son frais vallon, ses montagnes et son château de Beauregard. Le château s'élève sur le coteau en pente, avec ses tourelles un peu lourdes, ses toits diversement étagés, son gracieux parc aux vertes pelouses qu'encadrent de grands arbres du plus noble effet. Derrière le château si riant se dresse, comme un fond de tableau, une montagne énorme aux rochers nus, taillés à pic, et plus loin encore, dominant le tout, se prolonge une immense chaîne de monts sourcilleux.

« Raoul n'est point ici, fait le Zouave, et je m'en félicite.
— Pourquoi ?
— Parce qu'il voudrait absolument voir le château de plus près, et ce serait une course de surcroît. Je me réserve pour l'étape obligatoire. »

Une heure à peine s'écoule, et Raoul revient de Viuz, inséré dans son étrange calèche.

« Victoire ! triomphe ! »

La main de Raoul agite en l'air le guide *Joanne* retrouvé là-bas. Puis, l'œil radieux, le messager raconte que son voyage a été charmant. Sur sa route, fréquentes rencontres d'indigènes, villageois et villageoises. Tous ces braves gens connaissaient la *cochère*, aucun ne manquait de l'interpeller :

olà! Françoise, tu parais bien pressée, ce matin; où donc si vite? »

lemment Françoise n'avait point coutume de remplir e muet; mais dans cette circonstance spéciale, préoccu- son *monsieur de France*, elle n'osait faire la causette. h! oui, » se bornait-elle à répondre.

u bout de son fouet elle stimulait légèrement son coursier. uoi donc? » disaient les gens surpris.

t à coup ils apercevaient le *monsieur de France*, et plus s encore ils se taisaient, saluaient, et le *monsieur* souriait.

rès bien, conclut Stanco, mais dix heures sont sonnées sées; partons tout de suite si nous ne voulons pas, e hier, marcher en plein midi.

Non, non, proteste Olivier, ne soyons point à midi sur te; c'est décidé, arrêté, stipulé. »

eu, Saint-Jeoire!

minutes plus tard, un pont étroit nous permet de fran- petite *Risse* aux eaux bondissantes. La Risse court vers rrent furieux, le *Giffre*, qui va bientôt faire entendre outable voix. La vallée s'embaume des senteurs alpestres. e resserre au pied des monts qui grandissent. En face, asse gigantesque, le *Chounaz*, semble fermer absolu- tout passage. Est-ce donc le bout du monde? Quelques es encore, et voici la plus sauvage des gorges, la gorge l're. Le Giffre, aux flots furieux, s'est creusé là une Quelle issue effrayante! A travers une sombre fissure s affreux qu'il a fini par entr'ouvrir de force, le torrent et retombe avec un horrible fracas; puis, d'un bond éré, s'élance dans un abîme dont l'œil ne peut sonder fondeur. C'est un bond de deux cents mètres.

ul s'avance au bord du gouffre. Ses trois compagnons ent un cri de terreur:

[alheureux! pas si près.

Êtes-vous fou?

e voudrais voir, » dit le téméraire Raoul.

Zouave le saisit par le bras et l'entraîne.

delà de cette gorge s'élève un plateau boisé, *la Sarraz*. gravir la pente. Sous le soleil devenu trop ardent l'ef- st pénible. Olivier se plaint; il a presque aussi soif qu'hier. Le Zouave s'éponge, gémit, puis d'un ton énergique déclare qu'il serait temps de déjeuner.

« On déjeunera à *Mieussy*, répond Stanco.

— Mieussy ? où est-ce ?

— Devant nous.

— Quand serons-nous rendus ?

— Vers midi.

— A midi juste je m'arrête, dit le Zouave.

— Moi aussi, répond Stanco, mais à une condition.

— Laquelle ?

— A condition que nous ayons atteint l'auberge.

— Et s'il n'y a pas d'auberge ?

— Il y en aura.

— Allons, ce sera jusqu'à la fin la même chose.

— Quoi ?

— Vous nous forcerez à marcher tous les jours en pleine chaleur.

— Non, non. Est-ce ma faute si nous avons perdu une heure à Saint-Jeoire ? Sans cette heure perdue, la course de ce matin serait achevée.

— Ne vous fâchez pas, interrompt Raoul, j'aperçois une montagne superbe, un glacier magnifique.

— Moi, dit Olivier, j'aperçois des maisons.

— Ceci vaut mieux, reprend le Zouave, j'ai plus besoin d'une maison que d'un glacier. »

Mieussy ! excellent asile ; déjeuner où l'appétit ne manque pas. Repos ensuite sur l'épais gazon à l'ombre d'un grand pommier aux longues branches surchargées de pommes un peu petites. Avec quel plaisir est goûté le doux *farniente* de l'étape ! Qui n'a jamais affronté les fatigues et les sueurs d'une marche au soleil n'a jamais connu, en revanche, les légitimes et calmes voluptés d'une sieste en plein midi et en pleine Savoie. Nous nous étendons aussi mollement que notre village de Mieussy s'étend au pied de sa belle montagne. Cette montagne, le *Soman*, se couronne d'un plateau immense, riche en gazons touffus et parfumés où, de juin à septembre, se délectent de gras troupeaux. Troupeaux et bergers grimpent là-haut à travers pierres et rochers, par un sentier presque à pic nommé le *Grapillon*. Raoul voudrait essayer du Grapillon ; ses compagnons protestent, et pour l'arracher à la tentation Stanco donne le signal du départ.

En route vers Tanninges !

De Mieussy à Tanninges la marche n'est qu'une ravissante promenade d'une heure et demie. D'abord la gorge se resserre ; elle s'étrangle à tel point, que pour s'ouvrir passage il a fallu tailler dans le roc ; le chemin est comme suspendu sur le Giffre. Puis la gorge s'élargit ; la vallée se déploie, vallée alpestre, créée vraiment pour le plaisir des yeux : pelouses luxuriantes, ruisselets qui bondissent, torrent qui gronde, vergers remplis de fruits, chalets suspendus aux pentes, les uns comme accrochés à la roche abrupte, les autres à moitié enfouis sous les sombres sapins. Plus loin, de blanches cascades qui, de chute en chute, tombent des sommets. Parfois la ligne des sommets se coupe, et à travers l'échancrure l'œil ravi aperçoit tout là-haut une nappe éblouissante, un petit coin du mont Blanc.

De bonne heure nous arrivons à Tanninges. Petit hôtel très avenant, gens affables qui nous reçoivent le sourire aux lèvres et la joie dans les yeux. Sous nos fenêtres, derrière la maison, dégringole, non sans faire tapage, un rapide ruisseau qui court vers le gros torrent de Tanninges, torrent nommé le *Foron*.

Ce ruisseau, à l'écume neigeuse, attire aussitôt Raoul.

« Baignons-nous les pieds, dit-il.

— Oui, oui, répondent ensemble Olivier et le Zouave.

— N'est-ce pas bien près des maisons ? objecte le timide Stanco.

— Très près, heureusement, répond en riant Raoul, et nous n'aurez loin ni pour aller ni pour revenir. »

Stanco descend donc à la suite des autres, quoique ayant au cœur une vague crainte. L'absence de tout ennemi lui rend courage, et l'eau vive et fraîche ranime sa vigueur.

« Maintenant, dit le Zouave, allons dîner.

— Oui, répond Olivier, les choses se passent pour nous comme elles se passaient jadis au temps des patriarches. Quand, près de la tente d'Abraham survenaient des voyageurs fatigués, on leur présentait de quoi laver leurs pieds poudreux, puis on les invitait à s'asseoir devant le festin préparé en hâte.

— Vous remontez un peu haut, dit Raoul. Je souhaite que Stanco ait aussi bon appétit que les hôtes d'Abraham, pour qui il fallait rôtir des veaux gras et des moutons tout entiers. Pour nous quatre nous n'aurons qu'un simple gigot, et ce sera trop. »

La veillée n'est pas longue. Rien ne dispose au sommeil comme une journée de marche dans les sentiers de la Savoie.

Samedi 24 juillet. — DE TANNINGES A SIXT. — Ce matin, bien reposés et tout prêts à une course nouvelle, nous parcourons en curieux la petite ville de Tanninges; elle a, dit le guide, plus de trois mille habitants. Tanninges possède une grande église à tour carrée que surmonte un petit clocheton hexagone avec une belle croix de fer. A gauche de l'église une place, puis le large Foron, dont les eaux se brisent çà et là contre d'énormes blocs de pierre. Sur le Foron, un pont à deux arches, sous lesquelles le torrent, trop à l'étroit, s'engouffre. Tout auprès, un bouquet de grands et beaux arbres. Au delà s'étagent les divers plans de la montagne avec leurs teintes variées. Cette montagne majestueuse dresse dans le ciel sa pointe superbe et, ce qui est moins fréquent en Savoie qu'aux Pyrénées, elle a reçu un nom harmonieux : on l'appelle le *Praz-du-Lys*.

Tanninges est, paraît-il, un marché important; on y accourt de toutes les vallées voisines. En vrais Savoyards, les Tanningeois émigrent volontiers. Les enfants vont-ils ramoner les cheminées de Paris? Les hommes du moins, adroits tailleurs de pierre ou laborieux maçons, ou avisés colporteurs, partent vers les villes de Suisse, de France, d'Allemagne.

« Où devons-nous coucher ce soir? demande Olivier.

— A Sixt.

— Et le repas de midi, où se fera-t-il? demande le Zouave.

— A Samoëns.

— Est-ce loin?

— N'ayez pas peur; de Tanninges à Samoëns on compte deux heures et demie.

— Mettons trois heures.

— Soit; puisque nous partons à huit heures, nous serons à Samoëns à onze heures.

Le torrent s'élance dans un abîme.

— D'accord; nous rentrons dans le règlement, qui nous défend de marcher à midi. »

Au sortir de Tanninges, nous voyons se dresser droit en face une montagne grandiose que couronne un dôme de neige.

« Comment s'appelle cette montagne gigantesque? demande Olivier.

— C'est le *Buet*, répond Stanco, qui a ouvert déjà sa carte et son guide.

— Quoi ! fait le Zouave, ce fameux Buet que nous devons escalader ?

— Précisément; par le Buet nous nous rendrons à Chamonix.

— Superbe ascension, ajoute Raoul, la principale de tout le voyage; j'y rêve depuis des mois. Du sommet, la vue est splendide sur toute la chaîne du mont Blanc.

— Très bien, dit Olivier, mais ce sommet me paraît horriblement haut. Ne pourrions-nous pas aller à Chamonix par un chemin plus modeste ?

— Comment! s'écrie Raoul, mais nous venons par ici tout exprès pour monter au Buet! Autrement nous pouvions partir pour Chamonix par la grande route des diligences. A notre premier voyage en Suisse nous avions traversé le Valais et grimpé au col de Balme. Cette fois il faut voir le Buet: *Joanne* le recommande en termes chaleureux.

— Je ne me fie guère à votre *Joanne*, reprend le Zouave, je me fierais mieux à Stanco. Si Stanco a décidé qu'on doit grimper au Buet, résignons-nous au Buet. »

De Tanninges à Samoëns, les montagnes offrent de tous côtés un panorama merveilleux. En face surtout, et à droite, on ne voit que pics, pyramides, dents, aiguilles. La chaîne de droite nous sépare de la vallée de l'Arve; devant nous s'étalent les dômes et les nappes de glace du Valais. Le chemin court toujours vers l'est, remontant la rive du Giffre. Par intervalles, quelques hameaux peuplent un peu la vaste solitude. Ils sont humbles et pauvres, mais extrêmement pittoresques avec leurs rustiques chalets qu'ombragent les noyers, les pommiers, les cerisiers. Le village de Verchaix surtout attire le regard. Perché au flanc de la montagne, il semble comme noyé dans un massif de verdure. Avec son vieux château en ruine, il ravirait un artiste. Raoul jette des cris de joie et supplie la caravane de s'arrêter.

« Eh bien, halte, fait le Zouave.

— Halte ! » répondent les autres.

Chacun s'étend au bord de la prairie, et un ruisselet gazouillant fournit son eau limpide aux touristes déjà altérés.

« D'ici Samoëns, déclare Stanco, il ne faut plus qu'une heure.

— Tant mieux, dit Olivier, voilà des marches comme je les aime : pays admirable, chemins doux au pied, et le déjeuner au bout à l'heure convenue.

— Je vois avec plaisir, remarque Raoul, que vous n'êtes pas aussi fatigué qu'avant-hier.

— Oh ! non ; quelle différence !

— Voilà ce que c'est que l'*entraînement*. Le premier jour vous vous *traîniez*, vous vous lamentiez pour moins de cinq lieues ; le second jour, hier, une course à peu près semblable vous a trouvé plus vaillant ; aujourd'hui, troisième jour, l'étape du matin, quatorze kilomètres, vous laissera dispos et gaillard. Et ce soir vous arriverez à Sixt sans vous en douter. Dans deux jours vous ne reculerez pas devant une très forte ascension.

— Cette ascension-là m'épouvante, avoue Olivier. Je n'ai jamais gravi une montagne, je ne sais pas du tout si je puis monter longtemps.

— Pour votre coup d'essai, murmure le Zouave, ce sera un fameux coup d'essai.

— Assez causé, dit Stanco, debout, et d'un pas alerte ! »

De Verchaix à Samoëns le voyage est pour nous un continuel enchantement. Dans la vallée bondit le Giffre, arrosant de riches vergers et de riantes cultures. Vers le Giffre s'élancent cascatelles et cascades. Sur les pentes, moissons et pelouses, chalets et pâturages, hêtres, noyers, sapins. Là-haut, rochers suspendus, flancs ravinés, pointes menaçantes ; plus haut encore, champs de neige et crêtes de glace. L'air est vivifiant et embaumé de pénétrants aromes : le soleil radieux revêt toutes choses d'une éclatante lumière. L'enthousiasme gagne Stanco, et, improvisant un air qu'eût dédaigné Rossini, il chante de sa meilleure voix cette strophe du *Petit savoyard :*

> Avec leurs grands sommets, leurs glaces éternelles,
> Par un soleil d'été que les Alpes sont belles !
> Tout dans leurs frais vallons sert à nous enchanter :
> La verdure, les eaux, les bois, les fleurs nouvelles.
> Heureux qui sur ces bords peut longtemps s'arrêter !
> Heureux qui les revoit, s'il a pu les quitter !

Samoëns! Voici la tour de l'église, tour carrée comme à Tanninges, mais moins décorée, plus massive. Devant l'église une place ombragée d'arbres, et au milieu un tilleul gigantesque, l'orgueil du pays ; maisons d'aspect avenant ; enfin, sur une colline dominant le tout, se dresse comme une petite reine une gracieuse chapelle à la flèche élancée, ajourée, étincelante.

« Nous monterons à cette chapelle, s'écrie d'abord Raoul.

— Déjeunons auparavant, » fait le Zouave.

Sur les côtés de la place, plusieurs hôtels à larges enseignes sollicitent les préférences du voyageur. Notre choix s'arrête sur la *Croix-d'Or*. Ici, comme à Viuz et à Tanninges, hôtes affables, accueillants, heureux de nous voir.

« Dans une demi-heure le déjeuner sera prêt, nous dit la dame; en attendant, vous avez à faire la plus charmante des promenades. »

A ce mot de promenade, le Zouave fronce le sourcil.

« Je viens d'en prendre, murmure-t-il. Quatorze kilomètres depuis ce matin.

— Où faut-il aller? demande vivement Raoul.

— A la cascade du Nant-Dant, cascade tout à fait jolie.

— Nous avons vu assez de cascades, gronde le Zouave.

— Par où va-t-on? demande Raoul.

— Par ici, reprend l'hôtesse ; passez le pont, puis tournez à gauche sous les arbres. Vous remonterez le long du Giffre sous de beaux ombrages, de vrais bosquets remplis de fraises.

— Des fraises! fait Raoul, partons.

— Pour revenir, ajoute l'hôtesse, vous pourrez vous abréger beaucoup : il n'y aura, devant la cascade, qu'à traverser le torrent ; ce sera moitié plus court.

— Un bain de pieds, dit Raoul, voilà votre affaire, vaillant Zouave. »

Malgré cette perspective rafraîchissante, le Zouave n'a guère envie de quitter la *Croix-d'Or*. Néanmoins il cède aux instances de ses compagnons, et les quatre touristes s'en vont vers le Nant-Dant. Le sentier au bord de l'eau et sous la feuillée verte est vraiment délicieux. A l'endroit où le Nant tombe dans le Giffre, nous escaladons à droite pour mieux contempler la chute d'eau. Cette courte escalade fait la joie de Raoul.

« Enfin nous grimpons, s'écrie-t-il, je m'y reconnais : nous voici pourtant en montagne. »

Tout en grimpant il découvre plus d'un fraisier, et chaque petite fraise dénichée est saluée d'une exclamation.

« N'oublions pas le déjeuner, dit bientôt le Zouave. La demi-heure est passée.

— Bah ! riposte Raoul, notre déjeuner ne se mangera pas sans nous. »

Redescendus au bord du Giffre, les quatre excursionnistes se rappellent l'avis donné par la bonne hôtesse. S'ils traversent le torrent, la distance pour le retour sera moitié plus courte. C'est fort tentant, et le bain de pieds ne nous tente pas moins. Mais Olivier, au perçant regard, considère le torrent d'un œil inquiet.

« Attention ! dit-il ; je vois deux choses : d'abord ce Giffre est trop rapide ; en outre il est plus creux que vous ne pensez. »

Raoul proteste.

« Est-ce que je ne vois pas très bien le fond ?

— Je le vois aussi très bien, réplique Olivier, mais l'eau est si claire qu'elle vous trompe.

— N'ayez donc pas peur, répond l'obstiné Raoul, et suivez notre exemple. »

Disant cela Raoul se déchausse ; le Zouave l'a devancé, et, le premier, risque un pied dans le torrent.

« Brrr ! fait-il, retirant vivement la jambe.

— Croyez-moi, Stanco, reprend Olivier, retournons chez nous par le chemin le plus long. »

Stanco hésite ; il regarde ses aventureux compagnons. Raoul, au contact de l'eau, pousse un cri aigu.

« Oh ! là, là ! quelle glace ! »

Mais le Zouave lui fait honte ; pas à pas, très lentement,

tous deux s'avancent dans le Giffre. L'eau ne leur vient pas encore aux genoux, mais elle est si froide, elle est si rapide, elle les frappe avec une telle violence, qu'ils ont besoin, pour résister, de toute leur énergie. Puis les galets du fond roulent sous les pieds, qui ne trouvent qu'un point d'appui trop douteux.

« Je ne puis me tenir debout, crie Raoul.

— Donnez-moi la main, » dit le Zouave.

Les deux téméraires se prêtent ainsi un mutuel secours et réussissent à faire quelques pas de plus. Ils sont près d'atteindre le milieu du torrent. Tout à coup le Zouave s'écrie :

« Cela creuse. »

Ils en ont aux genoux, la violence du courant devient irrésistible.

« Nous ne passerons pas, dit le Zouave, revenons à terre. »

Raoul chancelle ; il est aussi pâle qu'un linge, ses dents claquent : sans le Zouave, qui le maintient vigoureusement, pourrait-il regagner la rive ? Enfin les voilà sauvés.

« Je vous avais avertis, dit Olivier ; vous n'avez pas voulu me croire ; ce Giffre-là est plus creux que vous ne pensiez.

— Il est surtout trop glacial, répond Raoul. J'avais le cœur saisi, je ne pouvais respirer.

— Sans les galets, ajoute le Zouave, on s'en tirerait peut-être, mais sur ces galets qui glissent les pieds manquent de point d'appui.

— Vous rappelez-vous, Raoul, reprend Stanco, vous rappelez-vous ce que nous avons vu un jour à Gavarnie dans le gave ? Le gave était là trois fois moins large que ce Giffre ; une vache voulut le traverser. La pauvre bête, à peine dans l'eau, se sentit les jambes gelées ; elle demeurait immobile, mugissant à fendre l'âme, nous regardant d'un air pitoyable. Sans un *pastour* qui la saisit par la corne, elle se serait noyée, quoiqu'il n'y eût que deux pieds d'eau. »

Pendant cette conversation, les deux baigneurs remettent leurs chaussures, puis d'un pas accéléré nous regagnons la *Croix-d'Or*, où le déjeuner est servi.

Le repas terminé, Raoul, plein d'une nouvelle ardeur, nous force à grimper jusqu'à la chapelle de la colline. La chapelle est des plus modestes, mais de sa porte le panorama est ravissant.

D'abord à nos pieds l'église et les maisons de Samoëns, puis la vallée large et fertile, pleine de vergers et de cultures; le Giffre qui l'arrose s'y déroule comme un blanc ruban; puis et surtout les belles montagnes aux lignes et aux coupes si diverses sur les flancs desquelles se jouent harmonieusement la lumière et l'ombre. A gauche, là-bas, se cache la *Combe Sixt*, dont on aperçoit les immenses glaciers.

— C'est vers ces glaciers que nous allons, dit Stanco. Sixt est au pied; nous ne le voyons pas, mais nous y coucherons ce soir. »

A notre droite, tout auprès, sur un petit plateau d'où surgissent d'énormes roches, cinq ou six vaches broutent le gazon. Raoul s'en approche et les caresse.

« Oh! mes bonnes bêtes, dit-il, dans quel beau pays vous vivez!

— Descendons, interrompt Stanco, des nuages se forment du côté de Sixt.

— Ah! cela vous manquait, reprend Raoul; depuis trois jours vous avez oublié de nous prophétiser l'orage.

— Vous n'oubliez pas, vous, de vous moquer; mais dans le Giffre, ce matin, vous n'aviez pas tant d'aplomb.

— Vous en auriez eu moins encore. Quelle mine piteuse eût été la vôtre, pauvre Stanco!

— J'ai eu le bon sens de ne pas m'y risquer; d'autres ont-ils eu ce bon sens?

— Allez-vous vous disputer? intervient le Zouave; mieux vaut descendre. »

Avant de quitter Samoëns la riante, courte visite à l'église. Deux monuments en décorent la façade; l'un a été érigé à la mémoire du plus illustre enfant du pays, du cardinal Gerdil. Hyacinthe-Sigismond Gerdil, religieux barnabite, philosophe et théologien d'une prodigieuse érudition, devint le précepteur du prince de Piémont, le futur roi Charles-Emmanuel IV. Pie VI le nomma cardinal; le conclave de Venise, en 1800, faillit le faire pape.

Le second monument rappelle le souvenir d'un évêque de Genève nommé Biord, lui aussi une gloire de la vallée de Samoëns.

Au revoir, Samoëns l'hospitalière !

Notre chemin vers Sixt remonte la rive du Giffre. Deux ou trois hameaux s'y rencontrent. Après le hameau de *Sougey*, sous les *Rocs de Sachat*, se dresse une petite chapelle. Ce n'est point un chef-d'œuvre d'architecture, mais quel effet elle produit sur le flanc de sa montagne !

Cependant le ciel se couvre, les nuages grossissent et s'abaissent. Dans le lointain, sourds grondements de tonnerre. Hâtons la marche. De Samoëns à Sixt, il ne faut, d'après le Guide, qu'une heure et demie environ. Échapperons-nous à l'orage ?

Encore un hameau, *la Balme*, puis une gorge très resserrée, très sombre, effrayante. Elle nous effrayerait moins sans doute si un radieux soleil l'illuminait. Au fond de cette gorge le Giffre roule avec un fracas terrible ses ondes trop à l'étroit et furieuses ; il se jette dans un gouffre à pic de cent cinquante pieds. Ceci assurément mériterait une halte, et Raoul se lamente parce qu'on ne le laisse pas s'arrêter. Mais quoi ? le tonnerre redouble ses éclats énormes, et déjà la pluie commence à tomber. Plaise au ciel que les nues ne se déversent pas en cataractes, comme à notre descente du *Borgonz !*

Enfin la gorge se termine, le défilé s'entr'ouvre ; une large vallée s'étend devant nous. S'il faisait beau temps, comme nous admirerions ces nouveaux sites, ces nouvelles cascades, ces nouvelles montagnes, celle-ci entre autres, la montagne de *Sales*, dont la crête ressemble aux ruines d'un immense château. Mais la pluie voile toutes les splendeurs du paysage. Gagnons vite un abri, le voici : nous sommes à *Sixt* ; entrons à l'*hôtel et pension des Cascades*.

Quel étrange logis ! On croirait franchir le seuil d'un monastère du moyen âge : murs massifs et bas, longs couloirs, corridors sombres, chambres à peine ajourées, se succédant nues, froides et uniformes comme d'austères cellules. En effet, Sixt, ou plutôt l'*Abbaye de Sixt* n'était à l'origine qu'un couvent de moines. Le couvent, hélas ! n'a été respecté ni par les siècles ni par les révolutions ; ce qui en reste s'est misérablement transformé en auberge. Là où les augustins accordaient une hospitalité si généreuse, le voyageur obtient pour son argent une hospitalité qui n'est pas du tout gratuite.

Encore est-il heureux de rencontrer si loin un solide abri. Néanmoins Stanco, Olivier et Raoul ne peuvent se défendre d'une impression d'effroi. La pluie, il est vrai, tombe plus dense, et les nuages gris, accrochés près de nous aux flancs de la montagne, enveloppent la vallée comme d'un suaire ; tout contribue à nous inspirer des idées peu riantes. Puis dans un corridor se rencontre un vieux à barbe immense, au long nez crochu ; ses yeux enfoncés sous des sourcils énormes jettent un éclat sinistre. Telle est, du moins, la déclaration d'Olivier : seul il a complétement dévisagé le personnage, qui a disparu aussitôt sans le moindre bruit, comme un fantôme glissant dans l'ombre. A cette fantastique description faite par Olivier, le Zouave hausse les épaules et se permet de sourire.

Stanco, lui, n'a guère envie de rire, et une secrète émotion le trouble. Le souper va-t-il lui rendre un peu d'assurance ? Pénétrons dans la salle à manger. C'était jadis le réfectoire du couvent. Quatre-vingts religieux y dînaient à l'aise. Nous y sommes comme perdus, et la pâle lueur de nos deux chétives bougies ne dissipe pas les ténèbres des recoins d'où Stanco s'imagine voir surgir des crânes jaunis de moines. Le repas cependant chasse les pensées lugubres, le vin de l'hôtel des Cascades ne vient d'aucune cascade ; il donne du cœur aux moins braves, et c'est avec une tranquille confiance que chacun regagne la chambrette où il doit dormir. Nos diverses cellules se communiquent ; entre elles il y a place pour des portes, mais si les portes ont existé, elles ne sont plus là.

« Tant mieux, dit Stanco, en cas de danger, au premier appel, le voisin accourra.

— Parlez d'autre chose, interrompt le Zouave ; si ce soir vous vous faites des peurs, cette nuit vous aurez des cauchemars.

— Venez donc voir chez moi, dit Olivier l'air inquiet ; à la tête de mon lit il y a une lucarne.

— Où donne cette lucarne ?

— Je n'en sais rien ; elle ne s'ouvre pas, et derrière son carreau de vitre est un rideau.

— Ce sera un cabinet de décharge ; dormez sans crainte : bonsoir ! »

. . . .

Quelle heure est-il? Un cri perçant nous réveille en sursaut. Stanco saute en place et court chez Olivier, dont il reconnaît la voix. Survient le Zouave. Raoul ne se lève que sur les objurgations de Stanco. Raoul est bon dormeur et n'a pas l'habitude de se lever si matin.

« Qu'y a-t-il? qu'avez-vous? »

Olivier est livide; il tremble. A peine peut-il prononcer une parole. La présence de ses trois amis lui rend peu à peu le calme.

« Là, fait-il, par la lucarne!
— Quoi?
— Le juif!
— Quel juif?
— Le vieux à la longue barbe, au nez crochu; je l'ai vu là avec une lanterne, j'ai cru qu'il voulait nous assassiner.
— Vous avez rêvé, » réplique le Zouave.

Le Zouave s'approche doucement, et, par la fameuse lucarne, aperçoit, éclairé d'une lanterne, le vieux en question qui, fort tranquillement, se dispose à s'allonger sur un grabat des moins luxueux.

Le Zouave étouffe un éclat de rire :

« Un antique garçon d'hôtel en train de se coucher. »

Olivier demeure confondu. Ses trois sauveurs l'abandonnent et se dispersent, chacun regagnant en hâte son matelas.

Soudain Raoul s'arrête, puis pousse un gémissement.

« Qu'avez-vous? demande Stanco.
— Rien.
— Comment, rien?
— J'ai mal au cœur. »

Et sans plus de discours Raoul saisit sa cuvette, et prouve aussitôt qu'il a en effet mal au cœur.

« Bizarre, vraiment, fait Stanco, le juif vous a-t-il causé des nausées? »

II

L'ASCENSION DU BUET

Dimanche 25 juillet. — SIXT. — Ce matin le soleil brille, de beaux nuages blancs s'espacent dans le ciel. Les uns, d'une aile légère, flottent très haut dans l'azur; les autres, lents et lourds, n'ont pu s'élever au-dessus des sommets; ils semblent retenus par quelque chaîne invisible aux aspérités de la montagne. De ce double effet de nuages, il résulte que les pics qui dominent Sixt paraissent plus grandioses. Stanco cependant hoche la tête :

« Ces nuages-là, dit-il, ne me rassurent point; le soleil parviendra-t-il à en triompher? Je ne sais, mais j'ai peur du mauvais temps.

— Si vous n'aviez pas peur, riposte Raoul, vous ne seriez plus Stanco le craintif.

— En attendant, dit Olivier, les montagnes sont superbes, réjouissons-nous. »

Nous nous dirigeons vers l'église. Sur la place, Sixtois et Sixtoises de tout âge et de toute taille; aujourd'hui dimanche la paroisse entière arrive pour la messe. La cloche sonne un encourageant carillon, de sa tour carrée que surmonte une élégante flèche dont les flancs nous renvoient d'éblouissants rayons de lumière.

« Dans ce pays-ci, dit Olivier, toutes les églises ont des tours carrées.

— A Tanninges du moins, et à Samoëns, ajoute Raoul.

— De plus, continue Olivier, la petite chapelle de Samoëns avait une flèche comme celle-ci.

— A peu près, reprend Raoul ; toutes deux sont ajourées avec renflement genre turc, toutes deux sont recouvertes de métal blanc.

— De fer-blanc, dit le Zouave.

— Croyez-vous ? Quoi qu'il en soit, cette flèche est vraiment élégante.

— L'église est plus lourde, reprend Raoul, mais elle a bon air : ogives et pleins cintres, style de transition.

— Vieille bâtisse, fait le Zouave.

— Ancienne église de moines, dit à son tour Stanco ; car ici jadis il n'y avait que l'abbaye et ses augustins. »

Devant l'église s'étend une place irrégulière. Elle est ornée d'un tilleul magnifique. Les gens de Sixt trouvent que leur tilleul vaut bien celui de Samoëns. Peut-être n'ont-ils pas tort. Autour de la place, de primitifs étalages sollicitent la gourmandise des enfants, en offrant aux regards les fruits de la vallée : petites poires dures et vertes, petites prunes bleuâtres, petites cerises noires, bien meilleures que les poires et les prunes. Auprès des étalages de fruits sont des corbeilles de pains frais, à croûte luisante, du plus splendide jaune.

« Quels pains appétissants ! remarque Olivier.

— Pains au safran, répond le marchand.

— Achetons-en un, dit Raoul.

— Je ne m'y fie pas, objecte le Zouave.

— Vous ne vous fiez à rien, riposte Raoul. J'en achèterai un au sortir de la grand'messe. »

La grand'messe se célèbre au milieu d'une assistance très grave et très recueillie. L'église est pleine de fidèles. Grâce à Dieu, ces braves montagnards ont conservé la foi des ancêtres. La messe terminée, Raoul achète son pain de safran, et tout fier l'emporte à l'*hôtel des Cascades*. Les Provençaux, dit-il, raffolent du pain de safran ; ils prétendent que le safran dilate le cœur et donne de la gaieté.

« Vous rappelez-vous, Stanco, nos Avignonnais d'Angers ?

— Certes, je ne les oublie pas.

— Venus des bords de la Durance aux bords de la Maine,

ils couraient la cité angevine pour acheter du safran : Sans safran, disaient-ils, on ne saurait faire un bon repas. »

Notre pain à croûte dorée est partagé en quatre. Dès la première bouchée, Stanco et le Zouave font la grimace.

« J'en ai assez, dit l'un.

— J'en ai trop, dit l'autre.

— Dégoûtés tous les deux! » gronde Raoul.

Au dessert, l'hôtelier apporte la moitié d'un fromage gigantesque.

« Comme à la Bergue, dit Olivier. Est-ce encore un *thôme?*

— C'est un *thôme,* répond l'hôtelier.

— Il n'a pas l'air tendre, reprend Olivier. Quel âge peut avoir un pareil fromage?

— Celui-ci est jeune encore, répond l'hôtelier souriant. Il n'a qu'une quinzaine d'années, mais les bons thômes se conservent quarante ans au moins. Les meilleurs se gardent dans les familles pour les grandes occasions. Ainsi, à un repas de noces, un thôme est entamé par la mariée, et tous les parents en goûtent. Le reste est mis en réserve, et la mariée le sert une vingtaine d'années plus tard, aux noces de sa fille, et vingt ans après encore aux noces de sa petite-fille.

— Les dernières générations doivent trouver le thôme bien rance !

— Autant sucer le bout d'une vieille bûche, murmure irrévérencieusement Stanco.

— Vous n'y entendez rien du tout, interrompt Raoul. Ce thôme-ci est succulent; si vous en goûtez, je vous paye un petit verre de genépy des Alpes.

— Vous m'en payeriez une bouteille entière, que je vous laisserais le thôme à vous tout seul. »

Après-midi, nous nous mettons en quête d'un guide pour demain. Il s'agit de mettre la main sur un guide sûr, solide, éprouvé, car la journée sera rude. Il faudra faire l'ascension du Buet. Notre *Joanne* déclare que l'ascension du Buet « est la plus belle course des Alpes de Savoie, qu'elle n'est ni dangereuse ni même difficile. Le panorama qu'on y découvre est, après celui du mont Blanc, le plus beau et le plus extraordinaire de toute la chaîne des Alpes. De là-haut, on contemple le mont Blanc, la Gemmi, la Jungfrau, la Furka, le Saint-Gothard, le mont Rose, etc. etc., les plus sublimes montagnes de la Savoie et de la Suisse ». De telles affirmations nous ont irrévocablement décidés. En outre, le Buet atteint trois mille cent neuf mètres; nous ne sommes jamais parvenus à une telle altitude, cette ascension nous couvrira de gloire.

Tout à coup se présente un guide. Il vient s'entendre avec nous : c'est le sacristain de Sixt, maigre et trapu, teint hâlé, œil vif, air franc et ouvert; ce guide conquiert aussitôt toutes nos sympathies.

Mais après un rapide échange de bonnes paroles :

« On ne peut, dit-il, rien régler avant ce soir, car l'orage menace; s'il éclate trop tard, les sentiers seront remplis d'eau, et le ciel n'aura pas le temps de se remettre pour cette nuit; ce serait pourtant cette nuit même qu'il faudrait partir.

— Quoi! interrompt Stanco mal rassuré, on partirait en pleine nuit?

— A deux heures du matin, reprend le guide, la montée est longue. »

Une telle déclaration fait faire la moue au Zouave, à Olivier et à Stanco. A leur horizon désormais est un point noir.

Que dis-je, un point noir? La vallée entière s'enveloppe de nuées de plus en plus sombres. De ces nuées bientôt sort un grondement sourd, le grondement devient plus fort; un éclair jaillit, c'est l'orage! Des averses torrentielles tombent sur Sixt!

Triste soirée! Il ne faut point penser à nous mettre cette nuit en course. Couchons-nous de bonne heure, et dormons le mieux possible, sans rêver lucarne ni vieux juif.

Lundi 20 juillet. — Que sera la journée nouvelle?

L'orage a cessé, mais la pluie tombe encore un peu. Nous sommes désolés; si cela continue, il faudra honteusement rebrousser chemin, car sous la pluie on ne peut se risquer à escalader trois mille mètres.

L'hôtelier cherche à nous donner des motifs de consolation :

« Attendez, faut voir, dit-il, le ciel va peut-être se débrouiller. Dans cette saison, au mois de juillet, le mauvais temps ne continue pas.

— Le soleil prendra de la force, ajoute un Sixtois qui s'approche pour causer; le soleil mangera le nuage, le vent vient du glacier de Tanneverges, bon signe.

— Ah ! interrompt Stanco, où est le glacier de Tanneverges ?

— Au fond de la Combe, » répond le Sixtois, et de la main il indique la direction de l'est.

Ceci fait luire une lueur d'espoir. Cependant la matinée nous paraît bien longue. Nous ne cessons de regarder si les nuées s'élèvent, si le soleil triomphe, si les pans d'azur s'élargissent. Stanco est le dernier à reprendre confiance. Vers midi, il ne peut nier le retour du beau temps, mais la vallée a reçu de si furieuses averses! Pourra-t-elle se sécher en un jour? Les sentiers sont encore inondés; de toutes les pentes se précipitent d'innombrables ruisseaux, le Giffre a singulièrement grossi et ne roule plus que de vilains flots jaunâtres.

« Les sommets se dégagent, dit l'hôtelier; vous devriez aller voir la Combe, ses grandes cascades et ses grands glaciers; c'est superbe.

— Quelle est la distance?

— Pour arriver jusqu'au fond, il faudrait trois heures; mais contentez-vous d'aller à moitié chemin, au milieu de la Combe, un char vous y portera en une heure et demie.

— Accepté. »

Le char s'attelle, char modeste, mais solide. Nous y grimpons joyeusement, et fouette, cocher! Le cocher est un Sixtois à l'œil vif.

Le chemin n'est pas une route royale : rochers, cailloux, ruisseaux, ornières, pentes, heurts, chaos, tout s'y rencontre, sauf le terrain bien plat et bien uni.

Voici quelques chalets misérables :

« *Nant-Brides-dessous*, crie le cocher, et quelques pas plus haut : *Nant-Brides-dessus !*

— Singuliers noms, fait Olivier.

— C'est que ces deux Brides sont sur le Nant, dit le Zouave.

— Le *Nant*, reprend Raoul, c'est-à-dire le torrent. Aux Pyrénées les torrents s'appellent des *gaves*; le mot *Gave* me plaît mieux que le mot *Nant*, qui est trop sourd.

— Oh! que de cascades! s'écrie Olivier. Regardez donc! »

On ne voit, en effet, à droite et à gauche, que chutes d'eau, bien trop nombreuses pour qu'on les compte : les unes, vraies cataractes, tombent avec une effrayante violence; les autres glissent mollement sur les roches lisses; d'autres enfin s'évaporent en blanches poussières, en nuages d'écume.

« Regardez celle-ci, reprend Olivier.

— Le *Dard*, répond notre conducteur.

— *Joanne* assure, dit Stanco, que le Dard a près de quatre cents mètres; si cela est vrai, le Dard peut se comparer à la fameuse cascade de Gavarnie.

— Et ces deux cascades à gauche? demande Raoul.

— La *Fontany* et la *Gouille*, répond notre Sixtois.

— La Gouille, vilain nom, dit Raoul; les noms ici ne sont pas aussi gracieux qu'aux Pyrénées.

— Si les noms sont vilains, dit Olivier, les cascades sont très belles. Quelle eau limpide a cette Fontany! Et cette Gouille, qui s'encadre comme en une niche dans un rocher si bien taillé! Et quel fracas! on croirait entendre le tonnerre. Voyez, elle rejaillit en vapeur aussi haut que son sommet. »

Notre cheval trotte encore un bon quart d'heure, et, sur un pont de bois, traverse le Giffre, roi de toutes les eaux de la vallée. Plus loin un hameau, la *Croix-de-Pelly*, puis une humble chapelle.

« Ici, dit le Sixtois, tous les ans, aux Rogations, le lundi, on vient en procession de l'église de Sixt.

— Pourquoi?

— Pour demander que la montagne ne tombe pas.

— Comment?

— Oui, les anciens racontent qu'en cet endroit il y avait un gros village qui fut englouti tout d'un coup.

— Cette catastrophe, continue Stanco, arriva, disent mes notes, en 1602. Soixante-quinze maisons et cent cinquante personnes disparurent.

— C'est épouvantable, murmure le Zouave.

— Et à *Nant-Brides*, ajoute le Sixtois, à Nant-Brides où nous avons passé tout à l'heure, il y avait aussi un hameau, que la montagne écrasa tout entier.

— Je ne voudrais pas vivre ici, dit le Zouave.

— Quel beau pays pourtant, ajoute Raoul.

— Oh! non, fait le Sixtois, ici l'hiver est trop long; huit mois sous la neige, et des avalanches! et des montagnes qui s'éboulent, et des rochers qui dégringolent, et des inondations! A la fonte des neiges, les Nants et le Giffre grossissent, grossissent et emportent tout, bêtes et gens, et maisons avec. Le beau pays, c'est le vôtre, en France, dans la plaine, là-bas où le soleil mûrit le froment, le vin. Ici, on récolte à grand' peine un peu de seigle et quelques méchantes patates. Mauvais pays!

— Vous y restez cependant.

— Que voulez-vous? c'est le nôtre. On s'en va en France, mais quand on a ramassé un peu d'argent, on s'en revient. Faut tout dire : on a beau faire, loin de la montagne on s'ennuie.

— Ce brave homme, remarque Stanco, répète à sa manière le refrain du *Petit Savoyard* :

Heureux qui sur ces bords peut longtemps s'arrêter !
Heureux qui les revoit, s'il a pu les quitter. »

Notre char traverse plusieurs nants sans ponts, et il atteint une petite plaine.

« Le *Plan des Lacs,* dit le guide. Nous n'irons pas plus loin, vous pouvez descendre. Vous êtes en face du *Fer-à-cheval.* »

Nous nous trouvons au centre d'une immense enceinte semi-circulaire, qui rappelle le cirque de Gavarnie, ou plutôt la vallée du Lys, près Luchon. Cette enceinte, formée de rochers nus à pic, est terminée à ses deux extrémités par des monts gigantesques.

« Voici la *Dent de Tanneverges,* dit le Sixtois, montrant la montagne de gauche; et cette montagne à droite est la *Tête-Noire.*

— La Tête-Noire au-dessus du Trient, par où nous sommes passés en revenant de Chamonix à Martigny? demande Raoul.

— Oui, » dit le Savoyard.

Le Fer-à-cheval est vraiment d'une beauté grandiose, mais quelle beauté sauvage!

Dans cette combe solitaire, ni sapins, ni hêtres, ni arbres d'aucune sorte. On ne voit que rochers, galets roulés par les torrents, eaux glaciales qui se précipitent. Et, contraste étrange, au-dessus des assises rocheuses, à pic, formant la sombre muraille de l'enceinte, on aperçoit des pâturages verdoyants d'une pente si raide que nul pied, semble-t-il, ne pourrait s'y risquer. Puis, par-dessus ces pelouses inaccessibles, se dressent encore des rocs énormes, entre lesquels s'étendent non de riantes prairies, mais des champs de neige et de glace; et de cette glace, de ces neiges, tombent de tous côtés des torrents.

« Effrayant! dit Olivier.

— Superbe! répond Raoul.

— Impossible de grimper là, ajoute le Zouave.

— Oh! que si, répond l'homme de Sixt; voyez-vous la Dent de Tanneverges, cette pointe là-haut?

— Oui.

— Deux mille quatre cents mètres, fait Stanco, qui a son *Joanne* sous les yeux.

— Eh bien! à sa base, à droite, est un col, et par ce col de Tanneverges on va en Valais, à Martigny ou à Saint-Maurice.

— Qui peut oser monter par là?

— Les contrebandiers y passent souvent, ils ont le jarret solide et l'œil sûr; faut dire pourtant qu'il leur arrive quelquefois malheur.

— Rentrons à Sixt, dit Stanco, il est temps de nous préparer au grand départ de cette nuit. »

Le char nous ramène sans dommage, notre bon cheval redoublant d'ardeur au retour.

Sur le seuil de l'hôtel des Cascades, un montagnard de très haute taille cause avec le patron. Ce montagnard nous regarde avec attention, puis s'avance, l'air un peu gauche, et nous salue :

« C'est moi, si vous voulez, dit-il, qui vous conduirai au Buet.

— Vous? réplique Raoul, nous nous sommes déjà arrangés avec un guide.

— Je sais, avec Jean le sacristain ; mais il n'est pas revenu.
— Où est-il ?
— Ce matin, il a eu de mauvaises nouvelles : un neveu à lui et un autre garçon devaient arriver hier soir de Martigny, on ne les a pas vus et on craint un malheur.
— Par où venaient-ils ?
— Par le col de Tanneverges.
— Cette terrible montagne qu'on nous a montrée dans la Combe ?
— Justement.
— Pourquoi prendre un chemin si dangereux ?
— Que voulez-vous ! des jeunes gens, vous savez, ça n'a peur de rien ; puis ils ne pouvaient pas suivre le chemin des douaniers.
— C'est-à-dire que ces jeunes gens passaient de la contrebande ?
— Du tabac, des cigares. On y gagne assez, mais on y risque sa peau ; le glacier de Tanneverges se montre raide par endroits, surtout quand la neige fraîche se met à fondre. L'orage d'hier est tombé mal à propos, la grande pluie a dû emporter la neige, les hommes auront pu glisser.
— Et quand le sacristain est-il parti à la recherche ?
— Sur les six heures ce matin ; il n'est pas revenu, mauvais signe. En tout cas s'il arrive ce soir, il sera trop lassé pour repartir cette nuit. »

Nous voici donc tout attristés, et aussi tout désappointés. Nous rentrons à l'hôtel afin de tenir conseil. Jean le sacristain nous avait plu, sa mine ouverte nous attirait. Le nouveau guide doit être un brave homme, mais il nous paraît moins avenant, moins sympathique.

« Il est trop grand, dit Stanco, il marchera trop vite, avec des enjambées énormes. L'autre, de petite taille, aurait eu un pas plus modéré. Vous verrez comme celui-ci nous fera trotter, nous ne pourrons jamais le suivre.
— Bah ! répond le Zouave, il portera plus facilement le sac aux provisions.
— Et s'il faut vous donner le bras, ajoute Raoul, il a le bras vigoureux.
— Enfin, puisque l'hôtelier le recommande, dit Olivier.

— Et puisqu'il n'y en a pas d'autre, » ajoute le Zouave.

Nous retournons rendre réponse au grand Sixtois.

« Combien nous prendrez-vous ?

— Vingt francs et une bonne main.

— C'est bien cher pour un seul jour.

— Pour deux jours, car je ne puis rentrer à Sixt que le lendemain. La montée est rude. D'ailleurs, c'est le tarif.

— Oui, dit l'hôtelier.

— Eh bien ! affaire conclue. Quelles provisions nous faut-il ?

— Les provisions, je m'en charge, reprend l'hôtelier. Ne vous inquiétez de rien ; soupez ce soir et couchez-vous tout de suite. Cette nuit à une heure et demie on vous réveillera pour prendre le café.

— A une heure et demie ! s'écrie Raoul.

— Sans doute, puisqu'il faut partir à deux heures.

— Quelle ascension ! murmure Stanco.

— Ah ! fait le guide, avez-vous des bâtons ferrés ?

— Des *alpenstocks* ! non.

— Achetez-en dès ce soir.

— J'en ai, dit l'hôtelier, vous allez choisir. »

Aussitôt l'hôtelier nous présente une demi-douzaine d'alpenstocks. Stanco et Raoul les soupèsent et les trouvent bien lourds.

« Oh ! non, dit le guide, il vous faut des bâtons capables de vous porter. Nous avons à traverser des neiges et de longues pentes ; si vos bâtons cédaient, si la pointe ne mordait pas, vous glisseriez.

— Mais, objecte Stanco, cette ferrure est trop grosse.

— Elle est solide, c'est l'essentiel, reprend le guide. Pour monter au Buet, on ne prend pas un joujou comme on en vend aux Anglaises à Chamonix.

— Ces bâtons-ci sont excellents, ajoute l'hôtelier. Chacun d'eux est non pas un morceau de sapin, mais un jeune sapin tout entier ; et la pointe est non pas en fer, mais en bon acier bien trempé. »

Sur ce, chacun de nous s'empare d'un alpenstock. Raoul et le Zouave brandissent leur arme d'un geste très fier.

« Attendez à demain, dit Stanco. Ce soir, vite au lit ; la nuit sera courte. »

Mardi 27 juillet. — LA GRANDE ASCENSION. — Nous dormions tous à poings fermés, rêvant glaciers, neiges, avalanches, précipices.

« Debout ! crie une grosse voix, il est temps. »

Chacun saute en place, et quoique mal réveillé fait rapidement toilette.

« Par ici, dit bientôt la grosse voix, le café est prêt. »

Touristes et guide avalent, en se brûlant la gorge, une tasse de café noir presque bouillant.

— Partons, dit le guide, il est deux heures.

— Vous avez les provisions ?

— Oui. »

Le guide, en effet, porte en sautoir sur ses épaules, un large sac de toile très gonflé, le sac aux vivres.

Adieu, nos hôtes de Sixt !

Nous voici dehors, jetés dans la nuit sombre, en pleine montagne, en plein désert. L'air, extrêmement vif, nous saisit. Le guide marche le premier, Raoul le suit, puis Stanco, puis Olivier. Le Zouave forme l'arrière-garde. Personne ne prononce un mot, chacun ne songe qu'à s'attacher aux pas de celui qui précède. Si quelqu'un s'écartait, où irait-il ? L'obscurité est profonde, de vastes nuages couvrent presque tout le ciel ; à peine quelques étoiles apparaissent çà et là. Les nuages, il est vrai, sont assez haut, et le soleil, nous l'espérons, pourra les dissiper. Mais le soleil ne se lèvera que dans deux heures et demie. Attention ! un pont de bois.

Ce pont de bois nous fait franchir le Giffre. A notre droite gronde un autre torrent ; nous en remontons la rive droite, la vallée qu'il arrose s'appelle la *vallée des Fonts ;* elle s'enfonce au sud de Sixt vers de grandes montagnes, puissants contreforts du Buet. Dans la nuit, ces montagnes nous apparaissent comme des fantômes démesurés : ici un pic aigu, dont la pointe menace de s'écrouler sur nos têtes ; là des lignes de sommets se prolongeant comme une immense muraille ; puis d'autres sommets aux formes étranges, qu'on prendrait pour des bastions et des tours.

Comme nous nous sentons petits, faibles, perdus !

Nous montons ainsi une bonne demi-heure d'un pas rapide.

« Des maisons ! » dit Olivier.

Trois ou quatre habitations très basses, des plus chétives. Ce petit hameau dort d'un profond sommeil; on le croirait absolument mort : aucune lumière, aucun signe de vie, pas le moindre aboiement de chien.

« Hameau de *Salvagny*, » dit le guide, qui s'arrête court.

Il s'arrête, non pas pour nous faire contempler ces misérables demeures, mais pour nous poser une question tout à fait imprévue :

« Voulez-vous décidément monter au Buet? »

Très surpris, nous répondons :

« Oui, certainement.

— C'est que la montée du Buet est pénible, reprend le guide, peut-être vaudrait-il mieux passer par le *col d'Anterne*, en voici le sentier. »

Le col d'Anterne! ces mots nous rappellent un des plus charmants récits des *Nouvelles génevoises*. Töpffer, le hardi touriste, se trouvant à Servoz et voulant gagner Sixt, entend parler du col d'Anterne. On le lui décrit : gorge étroite, resserrée entre les pics de Fiz et les bases du Buet, sentier difficile, cime âpre et décharnée.

« Je vis aussitôt, dit-il, que c'était mon affaire. »

Ce serait notre affaire aussi, et volontiers nous nous engagerions sur les traces de Töpffer et du brave Felisaz, son chasseur de chamois, pour sauver avec eux dans les neiges du col d'Anterne un entêté milord et une jeune miss effarouchée.

Mais quoi! il n'y a pour le moment ni Anglaise à sauver ni tempête à affronter. Notre itinéraire, étudié depuis des mois et avec tant de soin, nous impose l'ascension du Buet. Ne serait-il pas ridicule de reculer devant cette ascension à l'heure précise où elle commence? Les motifs qui nous l'ont fait entreprendre ont-ils tout à coup perdu leur valeur? *La montée est pénible.* — Nous le supposions bien. Une ascension de trois mille cent neuf mètres ne saurait s'accomplir sans un rude effort.

« Du col d'Anterne, voit-on la chaîne du mont Blanc? demande Stanco.

— Non, répond le guide.

— Du Buet, au contraire, on la voit admirablement.

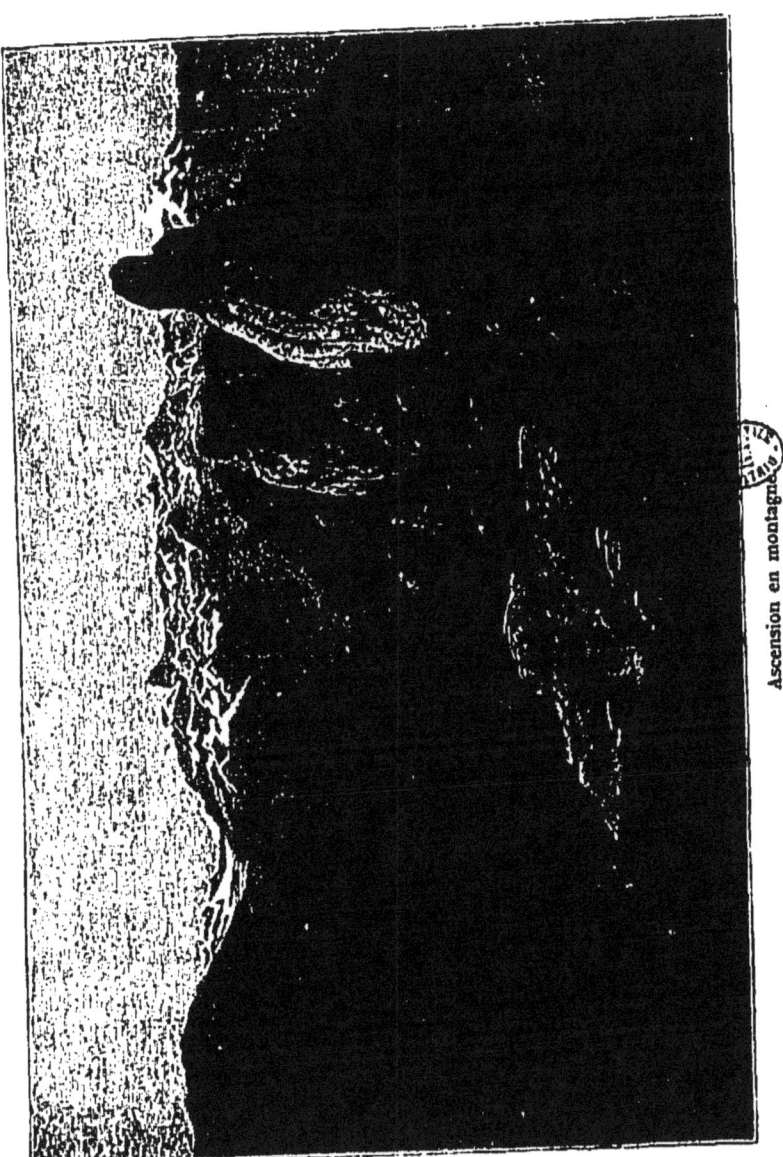
Ascension en montagne

— C'est vrai, avoue encore le guide.

— Montons au Buet ! s'écrie Raoul.

— Va donc pour le Buet, » répètent Olivier et le Zouave, plus résignés que convaincus.

En avant ! le guide, suivi de ses quatre voyageurs, reprend sa marche accélérée. Nous montons d'un pied alerte, vraie allure de montagnards. Tout contribue à stimuler notre énergie : nos forces sont entières, la nuit est très fraîche, l'air est très vif. D'ailleurs ces premières pentes ne nous semblent pas raides, le chemin décrit une longue courbe qui contourne la base de notre montagne.

Voici des sapins :

« Forêt de la *Grande Joux*, » crie le guide.

Nous pénétrons dans cette forêt, et les arbres nous voilant le ciel, la nuit devient pour nous bien plus obscure.

« Il fait trop noir, gémit Stanco, qui se heurte à quelques branches.

— Suivez toujours et n'ayez pas peur, » répond Raoul.

Nous pressons encore le pas, afin d'échapper plus promptement à la forêt ténébreuse.

« Ah ! je respire à l'aise, fait Olivier, je vois au moins quelque chose. Qu'est-ce que j'aperçois là-bas à droite ? Une bande blanche ?

— Une cascade, répond le Zouave.

— Le *Saut du Rouget*, dit le guide, vous le verrez mieux tout à l'heure. »

Nous montons encore un peu, et le guide fait halte.

« Regardez-moi cette cascade, dit-il. Les touristes y viennent exprès de bien loin.

— Nous en avons admiré la photographie à Sixt, » réplique Raoul.

En plein soleil le Saut du Rouget produit, paraît-il, un effet merveilleux. D'un premier bond, le torrent s'élance sur un rocher qui le partage en deux grosses gerbes ; ces deux gerbes s'arrondissent en courbes harmonieuses, et le tout ressemble assez à une lyre. Mais, à trois heures du matin et devant des touristes transis, une cascade perd singulièrement de ses avantages.

Le Rouget saute sur le versant opposé au nôtre, nous lui

tournons brusquement le dos pour prendre un sentier à lacets. Ces lacets nous ramènent dans une forêt de sapins, et Olivier se lamente, car il ne s'amuse pas du tout en forêt quand il est si matin. Un peu de patience et de courage! De lacets en lacets nous nous élevons au-dessus de la forêt.

« Voici le jour! » crie Olivier triomphant.

Non, ce n'est pas le jour, mais vers l'orient l'azur sombre du ciel commence à pâlir.

« Quelle heure marque votre montre?

— Trois heures et demie. »

Encore une heure avant le lever du soleil! Pourtant l'aube semble avoir hâte de paraître.

Deux misérables masures inhabitées :

« Les *Granges des Frasses*, » dit le guide.

Une troisième forêt à franchir, puis des pentes découvertes que tapisse un vigoureux gazon. Sur une de ces pentes, dans un pli de terrain se montre une construction assez spacieuse et de tout autre apparence que les granges des Frasses :

« Le *Chalet à l'Anglais*, dit notre conducteur.

— Ah! remarque Stanco, notre *Joanne* indique ce chalet, et j'aurais voulu vous y amener hier soir afin d'y passer la nuit; nous aurions gagné ainsi quelques heures d'avance pour l'ascension de ce matin. Mais le patron de l'hôtel des Cascades m'affirmait qu'il fallait coucher à Sixt.

— Pour lui, du moins, cela valait mieux, fait le Zouave; il y gagnait quatre dîners et quatre couchers.

— Ce chalet est fermé, déclare le guide, vous ne pouviez y trouver un abri.

— En ce cas, tout est bien, » reprend Olivier.

Sur ces pentes gazonnées glissent plusieurs blanches cascades; elles descendent des glaciers du Buet, et se réunissent plus bas en un torrent qui prend le nom de *Petit Giffre*. A l'altitude où nous sommes, ces sources du jeune Giffre s'étalent, se dispersent et inondent ainsi de vastes pâturages qu'il nous faut traverser. Cette traversée manque tout à fait de charme; ces eaux de neige sont si froides qu'en dépit de nos fortes chaussures nos pieds se glacent, se glacent! La sensation devient poignante, Stanco laisse échapper des gémissements douloureux, le Zouave et Olivier lui font écho;

Raoul se moque d'eux, le guide les regarde d'un air étonné.

En outre, dans ce terrain imprégné d'eau, le pied enfonce plus qu'il ne conviendrait, et ceci augmente la difficulté de la montée. Si cela continue, la prophétie du guide se vérifiera vite : l'ascension sera pénible.

Chacun patauge. Les pentes fangeuses sont gravies, quel plaisir de se sentir sur un sol sec et solide!

« J'ai les pieds gelés, dit Stanco.

— Ils seront bientôt réchauffés, répond le guide; voici le soleil.

— Ah! vive le soleil! »

« Le roi brillant du jour » s'est levé derrière notre montagne; les hautes cimes nous le cachent encore, mais ses rayons au-dessus de nos têtes inondent de lumière l'immensité du ciel, son disque resplendissant nous apparaîtra tout à l'heure.

« Montons, dit le Sixtois, jusqu'à *la Table*, où nous casserons une croûte.

— Où est cette *Table*?

— Un peu plus haut.

— Je me sens un fameux creux, fait le Zouave, et je ne serais pas fâché de voir ce qu'il y a dans le sac aux vivres. »

L'espoir d'un premier déjeuner augmente notre ardeur. Tous grimpent vaillamment.

« Nous y voilà, dit bientôt le grand Sixtois.

— Quoi! c'est ceci votre Table?

— Oui. »

Une ride de la vaste pente forme un petit plateau. Là est couchée une large et épaisse pierre plate, débris de quelque roche tombée des hauteurs. Tout auprès, au-dessous, murmure un ruisseau limpide. Un filet de ce ruisseau accourt remplir le tronc d'un gros sapin creusé par quelque pâtre. Le trop plein de ce bassin rustique se déverse par une petite rigole.

« Un abreuvoir pour les brebis, dit le guide; au soleil l'eau s'y réchauffe.

— En attendant le soleil, dit Raoul, ceci nous fournira de l'eau fraîche.

— Trop fraîche, » réplique le Sixtois, qui débarrasse ses épaules du sac pesant porté par lui depuis Sixt.

Sans ce sac si bien gonflé, que deviendrions-nous aujourd'hui? Les trésors qu'il contient sont étalés sur la Table. Chacun se sert à sa guise. Qu'un morceau de pain paraît bon à une telle altitude, après trois heures et demie d'escalade!

« Buvons un coup, » dit bientôt Raoul, qui remplit au clair ruisseau son gobelet de cuir; mais, à la première gorgée, grimace du buveur.

« Cette eau glace les dents, dit-il.

— N'en prenez presque pas, conseille le Sixtois.

— Mettez-y du cognac, » ajoute le Zouave.

Notre ruisselet descend des neiges, et le soleil ne l'a pas encore attiédi. D'autres ruisselets de même origine ont imbibé l'herbe sur laquelle nous faisons halte. Ruisseaux, herbe, table même, tout cela est glacial, à peine peut-on rester assis un instant.

« Je suis obligé de me tenir debout, dit Raoul.

— Moi aussi, et à mon grand regret, répond le Zouave; j'aurais pourtant voulu m'allonger les jambes.

— Écoutez, dit Stanco.

— Tintement de clochettes.

— C'est un troupeau de brebis, dit le guide.

— Où le voyez-vous?

— Là-haut, à droite.

— Il a des yeux de montagnard.

— Je le vois, s'écrie Olivier.

— Vous avez, vous, des yeux de marin, dit Stanco, moi je n'aperçois rien du tout.

— Tenez, ici. »

Et de la main Olivier indique l'endroit précis où est perché le troupeau.

A ce moment même un cri aigu, sauvage, nous fait dresser les oreilles. Un cri du même genre lui répond.

« Qu'est-ce que cela? demande Raoul étonné.

— Ce sont des marmottes, répond le guide. Il n'en manque pas sur ces pentes.

— Des marmottes! reprend Raoul joyeux; des marmottes en vie! quelle chance! où sont-elles?

— Dans leurs trous, réplique le Sixtois, mais elles ne se montreront point. »

Le frugal repas est achevé. Le guide referme soigneusement le sac précieux, le rejette sur son épaule et nous invite au départ.

« Depuis Sixt, dit-il, nous n'avons pas mal marché. Tâchons de marcher toujours aussi bien, nous venons de prendre des forces. »

Et, se penchant vers son voisin Raoul, le guide lui dit tout bas :

« Ils auront besoin de toutes leurs forces, car nous arrivons au plus rude.

— Quoi? que vous dit-il? demande Stanco inquiet.

— Rien, rien ! répond Raoul.

— Trouvera-t-on de la neige? demande Olivier.

— Oh ! oui, assez, répond le guide.

— Combien encore d'ici au sommet? demande à son tour le Zouave.

— Nous ne sommes pas rendus. Quelle heure a votre montre?

— Presque six heures.

— Eh bien ! nous serons là-haut vers dix heures.

— Quoi ! pas plus tôt? gémit Olivier. Nous sommes partis à deux heures ce matin.

— Cela fera huit heures d'ascension, probablement neuf, gronde le Zouave hochant la tête.

— Laissez là vos calculs, riposte Raoul, et à l'assaut ! »

D'un pas énergique nous recommençons à gravir. La pente est gazonnée quelque temps encore; au gazon bientôt succèdent des cailloux, des pierres; le sentier s'escarpe, on ne monte qu'avec effort. Tout à coup nous atteignons un plateau et brusquement la scène change; devant nous, des cimes altières, des pics majestueux, des montagnes grandioses, et sur les flancs de ces montagnes s'étalent à perte de vue des neiges éblouissantes. Un soleil radieux fait resplendir ces neiges sans tache.

Quel merveilleux spectacle! Stanco ravi entonne de nouveau son refrain :

> Avec leurs grands sommets, leurs neiges éternelles,
> Par un soleil d'été que les Alpes sont belles !

Le guide se tourne vers nous, et d'un ton grave :

« Nous allons, dit-il, nous engager sur cette pente. Vous me suivrez ; marchons bien en file, les uns derrière les autres, les pieds dans les mêmes traces. Tenez ferme votre bâton ferré de la main droite, puisque le précipice est à gauche. Voilà le moment où le bâton sera utile ; appuyez-vous sur lui solidement, surtout n'ayez pas peur. Et pour ne pas être pris de vertige, ne regardez point à gauche ; ne regardez que devant vous, les yeux sur les empreintes que les pieds laisseront. »

A ce discours imprévu, Raoul triomphe : voici enfin un passage comme il en a rêvé, un sentier à se frayer dans la neige à mille mètres au-dessus de l'abîme. Le Zouave aussi se réjouit à la vue du péril ; il oublie ses quatre heures d'ascension, et se sent une ardeur qu'il ne se connaissait plus.

Quant à Olivier et à Stanco, leur impression, avouons-le, est légèrement différente. Stanco surtout se trouble :

« Si le guide marche ainsi en tête, dit-il, comment pourra-t-il, en cas de besoin, aider ceux dont il se trouvera si éloigné ?

— Je reste à l'arrière-garde, répond le Zouave ; je me tirerai d'affaire.

— Mais moi, reprend Stanco, si je fais un faux pas ?

— Ce n'est pas le moment de montrer votre maladresse, » riposte Raoul.

Que nos anges gardiens nous assistent !

Nous voici sur le flanc d'une immense pente de neige, et si par malheur l'un de nous glissait, il serait précipité dans des profondeurs que nos yeux ne peuvent sonder[1].

La traversée commence mieux que Stanco ne l'espérait : la neige est dans d'excellentes conditions, assez molle sans l'être trop ; les pieds y enfoncent suffisamment.

---

[1] L'année suivante, en cet endroit même faillit périr un jeune polytechnicien que nos récits avaient déterminé à une course en Savoie. La neige, ce jour-là, étant plus durcie, il tomba sur le dos et commença à glisser. Le guide qui le devançait s'élança vers lui d'un bond. Le choc retourna brusquement le touriste, qui, se retrouvant sur la poitrine, enfonça d'instinct ses bras dans la neige et eut ainsi la chance de s'arrêter court : « Si vous aviez glissé une seconde de plus sur le dos, lui dit le guide, vous étiez un homme perdu. »

Raoul emboîte fidèlement les empreintes creusées par le guide. Stanco, non moins scrupuleusement, suit les traces de Raoul; derrière Stanco vient Olivier, puis le Zouave. Chacun s'appuie vigoureusement sur son alpenstock ; Stanco même s'y confie plus qu'il ne faudrait, car, par une crainte exagérée du précipice de gauche, il se penche beaucoup de l'autre côté. Raoul s'en aperçoit vite.

« Tenez-vous donc mieux, lui crie-t-il, et marchez comme un homme, tout droit.

— Marchez vous-même droit devant vous, répond Stanco, si vous vous retournez ainsi à chaque instant vous tomberez.

— Je n'ai pas plus envie de tomber que si j'étais sur la prairie de Mauves.

— Ne causez pas tant, Raoul.

— Ne soyez pas si poltron, Stanco. »

La traversée continue. Bientôt nos yeux sont blessés par cette nappe trop blanche dont ils ne peuvent se détacher un seul instant. Sous les rayons ardents du soleil, les neiges brillent, miroitent et nous renvoient, de leurs mille facettes cristallisées, des étincelles qui piquent l'œil comme une pointe d'aiguille. C'est une impression douloureuse, acérée, cuisante. Le Zouave soupire le premier, à sa plainte répondent les plaintes de ses compagnons.

« Il nous faudrait une voilette bleue, dit Raoul.

— C'est vrai, ajoute Stanco; *Joanne* recommande les voilettes bleues pour les courses de glaciers.

— Descendez donc vite en acheter quatre.

— Si je descendais, je ne remonterais pas ce soir.

— Protégeons-nous du moins avec nos mouchoirs blancs. »

Le conseil est bon ; nous en avons fait maintes fois l'expérience. Chacun s'orne la tête d'un blanc mouchoir : ce voile improvisé nous garantit un peu de la réverbération des neiges. Néanmoins, — notre Sixtois l'avait prédit, — la marche devient singulièrement *pénible*; elle se prolonge outre mesure. Une heure, puis une autre heure. Tantôt il faut, comme au début, s'avancer obliquement sur un plan incliné; tantôt il faut regarder la pente en face, et gravir droit devant nous, à tout petits pas. Dans cette position, on est moins menacé du vertige; mais la neige cède, le pied recule, et on ne peut se flatter que *c'est reculer pour mieux sauter.* Il est absolument nécessaire de s'aider des mains, mais au contact de cette neige les mains se glacent. Stanco en a assez.

« J'ai *l'onglée,* crie-t-il.

— Frileux, réplique Raoul ; montez plus lestement, ça vous réchauffera.

— Je monte comme je peux, reprend Stanco. Dites donc au guide de me donner la main ; mais il grimpe devant nous à cinquante pas d'avance. A quoi nous sert un guide pareil ?

— Parlez moins haut. Il sert à vous montrer par où aller. »

Olivier et le Zouave réclament aussi énergiquement que Stanco ; eux aussi protestent contre cette avance démesurée que prennent le guide et Raoul.

« Nous ne pouvons pas suivre, gémissent-ils.

— Poules mouillées ! riposte Raoul. Voulez-vous donc qu'on vous hisse ?

— Non, mais qu'on nous attende, » crie Stanco qui s'exaspère.

Le guide entend au moins cette dernière adjuration. Il nous considère un moment, et, se rapprochant de Raoul, lui adresse quelques mots tout bas. Celui-ci se retourne vers les traînards :

« Ayez du courage, leur dit-il, le mont Blanc va bientôt vous apparaître. »

Montons encore, montons toujours !

Tout à coup Raoul atteint une crête et pousse une exclamation triomphale :

« Le mont Blanc ! le mont Blanc ! »

Ses trois compagnons redoublent d'efforts, et l'un après l'autre parviennent à la crête.

Spectacle incomparable ! Le géant des Alpes se dresse devant nous. Bien au-dessus de notre montagne, à quatre mille huit cents mètres, resplendit sa coupole de glaces. Par malheur cette apparition merveilleuse s'évanouit presque aussitôt. De la vallée de l'Arve, enveloppée de vapeurs, s'élèvent de légers nuages ; ces nuages en quelques minutes nous cachent la meilleure partie de la maîtresse chaîne des Alpes.

« Il y a des déceptions dans la vie, et en voilà une, soupire Stanco.

— Votre remarque est aussi triste que vous, répond Raoul, j'ai meilleur espoir. Là-haut, nous reverrons le mont Blanc. Qu'en pensez-vous, guide ? »

Le guide hoche la tête :

« Espérons, » fait-il.

Pour le moment, nous nous trouvons sur une pente débarrassée de neiges. Remettons-nous à notre rude tâche. D'un pas de plus en plus lourd, de plus en plus lent, la caravane recommence à grimper. Mais seul Raoul, aux jarrets d'acier, a assez de vigueur pour suivre de près le guide. Ses trois compagnons viennent de loin en loin, comme ils peuvent, à bout de forces, épuisés, découragés, abattus.

Nouveau champ de neige, sur un plan moins incliné. Puis pentes dénudées, abruptes, pavées de roches, semées de pierres, où à chaque pas les pieds trop fatigués se heurtent, trébuchent, chancellent. Pourtant il faut gravir, gravir encore, gravir toujours. Voilà neuf heures que nous montons ! Si encore le guide nous ranimait d'un mot d'encouragement, nous réconfortait d'un hourra joyeux, mais non ! Silencieux, impassible, il gagne toujours sur nous avec ses longues enjambées. Quand il daigne nous regarder, il aperçoit à cinquante pas Stanco, et plus loin Olivier, et plus loin le Zouave. Ces trois surmenés se traînent misérablement, courbés sur l'alpenstock. Muets et mornes, le visage en feu, le front inondé de sueur, ils ressemblent à des fantômes d'âmes en peine, condamnées par l'inexorable justice à tendre sans repos et sans relâche vers un inaccessible sommet.

Tout à coup le Zouave pousse un cri, et tombe comme une masse, la face contre terre; et, chose qui nous épouvante, il éclate en sanglots.

« Ah ! mon Dieu, dit Stanco, il est mort !

— Non, non, » répond vivement Raoul.

Comme sur un champ de bataille, chacun s'empresse autour du blessé, du vaincu, car le pauvre Zouave est bien aujourd'hui un des vaincus de la montagne. Le guide lui-même accourt, ému d'une vraie pitié. Notre cher Zouave est aussitôt relevé, remis sur ses jambes; on le console, on l'encourage, on essuie la poussière qui le couvre. Mais il ne peut prononcer une seule parole, tout son corps tremble, et de sa poitrine haletante ne sortent que des gémissements entrecoupés.

« Impossible qu'il aille plus loin, déclare Stanco.

— Nous pouvons nous arrêter ici, répond le guide : voilà le *château Pictet*.

— Un château, dit Olivier, quelle chance ! On va s'y reposer à l'aise. »

Une trentaine de pas, et nous sommes au bord du versant penché vers la vallée de l'Arve. Désormais nous n'aurons plus qu'à descendre. Il est vrai que la coupole du Buet nous domine encore, à gauche, de cinquante mètres environ ; pour le moment demeurons où nous sommes : c'est le seul emplacement convenable à une halte. Aussi avait-il été choisi par le savant genevois Pictet pour y construire un abri ; la construction est détruite, il n'en reste plus que quelques grosses dalles d'ardoise taillées, éparses sur le sol.

« Quoi ! murmure Stanco désappointé, vous appelez cela un château !

— Bah ! fait Raoul gaiement, terrain sec et solide, soleil superbe, air des Alpes, que voulez-vous de mieux ? Réjouissons-nous et déjeunons. Pendant que nous déjeunerons, les nuages qui voilent le mont Blanc voudront bien, je l'espère, s'en aller ailleurs. »

Le Zouave, Olivier et Stanco n'ont nulle envie de contester. Couchés déjà tout de leur long, ils laissent Raoul et le guide préparer le repas.

Le bienheureux sac aux vivres étale bientôt en pleine lumière ses trésors les plus secrets, trésors mal entrevus lors du sobre goûter de ce matin. Avec son entrain joyeux, Raoul dispose tout en bel ordre : les ruines du château Pictet deviennent pour la circonstance des tables et des dressoirs. Ces dalles équarries ne sont point inutiles, et nous vidons un verre en souvenir du docte Genevois.

Le repas s'achève, et malheureusement les nuages nous cachent toujours, en grande partie, la haute chaîne que nous aspirions à contempler.

Cependant nous apercevons de merveilleuses choses : à nos

pieds, à une profondeur effroyable, la vallée de l'Arve; à gauche, les aiguilles Rouges, et par-dessus l'aiguille Verte; en face, l'aiguille du Dru, le Géant, les aiguilles de Charmoz; plus à droite, entre deux nuages, se montrent un instant les

Au milieu du glacier.

monts Maudits et l'aiguille de Saussure. Le guide nous indique, un à un, tous ces sommets. Mais nos yeux cherchent en vain la cime suprême du mont Blanc, ce dôme si fameux haut de quatre mille huit cents mètres, et qui, par un temps clair, se voit de quarante lieues.

Comme compensation, nous pouvons admirer les principaux glaciers du massif, le glacier des Bossons, la mer de Glace, les glaciers des Bois, d'Argentière, du Tour.

« Où se trouve le col de Balme? demande Stanco.

— Ah! oui, réplique Raoul, ce col d'où nous dégringolions un jour au pas de course, quand une entorse vous arrêta net.

— Vous voyez le glacier du Tour? répond le guide.

— Oui.

— Eh bien, à gauche de ce glacier se cache le col de Balme.

— Vous y avez attrapé une entorse? interrompt Olivier; comment fîtes-vous pour descendre ensuite?

— Ce que je fis? La chose la plus simple : je guéris mon entorse immédiatement.

— Pas possible!

— Très possible et très certain. Tout près de moi coulait un ruisseau du glacier; j'y trempai aussitôt le pied malade, malgré les protestations d'un guide qui conduisait une bande d'Anglais. Nous venions de déjeuner avec eux au col, et c'est ce qui effrayait le guide : « Il sort de table, criait-il, et il va avoir une congestion! » Moi qui avais souffert dix mois d'une entorse, je voulais tout risquer pour guérir celle-ci. L'eau du glacier me brûlait comme du feu; je tins bon, et cinq minutes plus tard, à la stupéfaction des Anglais, je me remis debout et en marche; et d'un pas ferme je marchai ainsi trois heures; j'étais radicalement guéri.

— Vous avez eu de la chance! Tâchez aujourd'hui de n'avoir pas besoin d'un pareil remède. »

Deux heures sont accordées pour la grande halte.

« Faisons la sieste, » dit Stanco.

En vain le guide propose de compléter l'ascension : la coupole du Buet ne nous dépasse que de cinquante mètres, on l'atteindrait en un petit quart d'heure. En vain Raoul appuie chaleureusement la proposition du guide; les trois autres grimpeurs ne se soucient pas du tout de grimper.

« Qu'est-ce qu'on verrait là-haut? demande dédaigneusement Stanco.

— On verrait la vraie cime du Buet.

— C'est-à-dire de la glace et de la neige, riposte Olivier; j'en ai vu ce matin plus que je n'en souhaitais, et j'en vois encore plus qu'il ne m'en faut.

— Chaque chose en son temps, reprend Stanco d'un ton magistral ; nous sommes à l'heure de la sieste, faisons la sieste ; je dors.

— Moi aussi, » fait Olivier.

Quant au Zouave, nul ne réclame son avis ; il est plongé déjà dans un sommeil de plomb.

. . . .

« Debout, il est temps ! »

C'est le guide qui, sans pitié, nous réveille. Quel dommage ! nous dormions de si bon cœur !

L'air vif que l'on respire à trois mille mètres dissipe aussitôt notre torpeur. L'entrain renaît. Olivier et Stanco chantent un refrain des Alpes :

> Raymond, Raymond !
> La montagne est belle,
> Viens donc sur le mont.
> En vain je t'appelle,
> Rien ne me répond.
> Raymond, Raymond !
> Non, rien ne me répond.

« Ce n'est plus le moment de chanter, dit le guide ; il s'agit de descendre vers Argentière. Voyez-vous ces arêtes de rochers ?

— Oui.

— Ce serait notre unique chemin s'il n'y avait pas de neige ; mais heureusement il y a de la neige, de la bonne. »

Devant nous, en effet, entre les roches calcaires aux arêtes aiguës, se resserre et s'incline, comme dans un couloir d'avalanche, une longue nappe neigeuse. Quel blanc et moelleux tapis !

« Appuyez-vous ferme sur vos bâtons, reprend le guide ; bâtons traînant en arrière, jamais ils ne vous seront plus utiles. Seulement, suivez-moi bien, et ne vous écartez pas d'une semelle. Êtes-vous prêts ?

— Nous sommes prêts. »

Le grand Sixtois s'élance dans la neige, Raoul s'élance après lui, poussant un hourra de joie. Les autres, chacun à son rang, imitent ce bel exemple et rivalisent d'ardeur. Quels sauts et quels bonds ! Vraie dégringolade d'écoliers en liesse. Mais le plaisir ne dure guère ; deux des touristes glissent trop souvent, tombent, se relèvent, glissent encore, sont bientôt hors d'haleine, brisés, meurtris.

« Pas si vite, pas si vite! » crie Stanco.

A cette nappe de neige succède une pente rocheuse ; puis viennent d'autres neiges, puis de nouvelles pentes dénudées, rocailleuses, abruptes. Nos forces s'usent absolument; sans doute il est dur de monter pendant quatre heures, mais descendre quatre heures est plus dur. A la descente, c'est toujours le talon qui porte ; sur le talon à chaque pas s'appuie le corps tout entier ; la colonne vertébrale subit ainsi secousse sur secousse, et la tête en reçoit un ébranlement répété qui, à la longue, devient tout à fait douloureux. Le voyageur finit par être moulu, rompu. Que de fois nous en avons fait la pénible expérience! Jamais l'expérience ne fut plus pénible qu'à cette dégringolade du Buet. Nous partions, ne l'oublions pas, d'une altitude de trois mille cent mètres, et, le matin, ne l'oublions pas davantage, nos jambes avaient gravi pendant neuf heures entières.

Non! nous n'aspirons point à franchir le Buet une seconde fois. Qu'une telle montagne n'ait rien d'effrayant pour des Savoyards de Sixt ou de Chamonix, d'accord ; mais pour nous, habitants amollis des plaines, qui ne sommes doués ni de muscles de fer ni de jarrets d'acier, le Buet est trop escarpé et trop haut.

Aussi en quel pitoyable état se trouvait notre caravane quand elle atteignit la *Pierre à Bérard!* Cette *Pierre* est un grand rocher plat, tombé on ne sait d'où. A cette roche s'appuie un modeste chalet-auberge. Nous nous précipitons dans cet asile, et nous nous y affaissons sur un banc de bois. A droite du banc de bois sont quatre couchettes : séduisante tentation pour Stanco et le Zouave. Quelle envie ils ont de s'étendre sur un matelas!

« Non, non! dit Raoul. Si vous avez le malheur de vous coucher, vous ne consentirez plus à vous lever. Nous devons aller ce soir jusqu'à *Argentière.* »

L'aubergiste offre des rafraîchissements, bière, vin, cognac.

Raoul hoche la tête :

« Je ne veux rien du tout, fait-il.

— Prenons un peu de vin, » disent les autres.

C'est un tort, le cognac eût mieux valu. A peine Stanco a-t-il avalé un doigt de vin rouge, que *le cœur lui tourne*.

« Je suis malade, gémit-il.

— J'en étais sûr, » dit Raoul.

Stanco sort en hâte, il n'est que temps. Le mal des montagnes ressemble singulièrement au mal de mer.

Un instant après, Raoul vient lui tenir compagnie. A Raoul aussi *le cœur a tourné*.

Malgré nos misères, il faut se remettre en route, et pour deux heures au moins. A la vérité, la pente cesse d'être aussi rapide, mais que de cailloux, que d'éboulis, que de heurts! Plus bas, des blocs gigantesques, puis une fougueuse cascade, puis un torrent sauvage, l'*Eau-Noire*. Au-dessus de nos têtes, des masses menaçantes, les unes toutes sombres, les autres aux teintes de sang. Mais nous sommes trop exténués pour admirer quoi que ce soit.

Un pont sur le torrent. Nous le traversons, et nous voilà sur un vrai chemin, bon chemin de mulets. Un petit hameau.

« Sommes-nous rendus? demande Olivier.

— D'ici Argentière, une heure, répond le guide.

— Une heure! Je ne tiens plus debout, soupire Stanco.

— Prenons un bain de pieds, » suggère Raoul.

Et les quatre harassés s'asseyent au bord du torrent. Ceci ne plaît pas à notre Sixtois aux longues jambes. Il a hâte de parvenir au gîte.

« Laissez-moi prendre les devants, dit-il, je commanderai le dîner.

— Allez donc, répond le Zouave; nous arriverons quand nous pourrons. »

Comme la dernière lieue semble interminable!

Enfin, enfin, voici Argentière! Le soleil est couché, la nuit tombe; nous tombons, nous, de lassitude; nous avons marché quatorze heures!

III

LA VALLÉE DE CHAMONIX

Mercredi 28 juillet. — ARGENTIÈRE. — L'ascension du Buet dépassait nos forces. Nous n'avons pu ni dîner hier soir, ni dormir cette nuit. A travers la mince cloison en sapin, on entendait le Zouave rouler dans son lit par soubresauts, comme dans un navire que secoue en mer un fort tangage.

Ce matin nos jambes se refusent à presque tout service. Notre voyage ne se continuera donc pas aujourd'hui; impossible d'y songer. La caravane, à l'unanimité, se vote un jour entier de complet repos. Du reste, une halte à Argentière n'a rien du tout de désagréable; au contraire. Notre hôtel-chalet, en sapin odorant, est propret et gai. La vallée, pleine de soleil et de fraîcheur, s'adosse à une haute montagne, dont la base se pare de beaux sapins et de hêtres superbes. Quelques petits champs d'orge, de seigle, de pommes de terre, deux ou trois prairies, un groupe d'humbles chalets, une modeste église, un fougueux torrent, l'Arve, et, dominant le tout, un magnifique glacier, voilà Argentière, troisième paroisse de la vallée de Chamonix. Le glacier d'Argentière n'est pas un des moins grandioses de cette chaîne du mont Blanc qui en possède de si fameux. Aussi, devant cette éblouissante merveille, restons-nous des heures entières en contemplation, à demi couchés à l'ombre des sapins élancés, étagés derrière notre hôtel, sur la pente de la montagne.

L'après-midi le courage nous revient, et Raoul nous entraîne vers le glacier. A peine sommes-nous au bord de la moraine :

« Montons sur la glace, fait-il.

— J'étais certain qu'il voudrait y grimper, dit Stanco.

— Qu'il grimpe à sa guise, repart le Zouave, mais qu'il ne se flatte pas de me hisser là-haut. Mes jambes sont rompues d'hier. »

Raoul stimule en vain ses compagnons aux pieds endoloris.

« Eh bien, reprend-il, je monte tout seul. »

Et leste comme un chamois il escalade la moraine, puis se risque sur le glacier. Nous nous contentons d'être d'en bas témoins de son audace.

Au retour, près de l'église, dans le jardinet du presbytère (quel humble jardinet!), nous apercevons par-dessus sa haie M. le curé de la paroisse. Nous le saluons; la conversation s'engage. Le curé, bon montagnard, exalte son glacier :

« C'est le plus grand de la chaîne du mont Blanc, assure-t-il, et il n'y en a pas un qui le vaille. »

Il admire aussi son aiguille d'Argentière et son orgueilleuse rivale et voisine l'aiguille Verte. Afin de causer plus à l'aise, l'excellent homme sort de son enclos, se joint à nous et nous reconduit vers notre chalet. Là, on s'assied ensemble, et de nouveau on contemple les magnificences sauvages de ce site alpestre. Tout à coup le curé pousse un soupir, et montrant l'aiguille Verte :

« Personne encore, dit-il, n'a pu en atteindre la pointe; mais s'il n'était pas arrivé malheur à mon pauvre Michel...

— De qui parlez-vous, monsieur le curé?

— Du plus hardi grimpeur et du meilleur garçon de notre vallée. C'est lui qui le premier monta sur l'aiguille d'Argentière; il aurait fini aussi par monter sur l'aiguille Verte.

— Il s'appelait Michel?

— Oui, Michel Croz, d'Argentière.

— Et il lui est arrivé malheur? »

Et le curé d'une voix sourde :

« Il était de l'ascension du mont Cervin!

— Ah! je sais, dit Stanco, de la terrible ascension où périt lord Douglas avec deux autres Anglais?

— Justement.

— Malheureux touristes! ils sont tombés!

— Ne dites pas qu'ils sont tombés, répliqua le curé l'œil en feu; dites qu'on les a fait tomber!

— Oh! monsieur le curé?...

— Ces choses-là, reprend le digne prêtre, ne se répètent pas tout haut, mais pas un montagnard n'en doute. A Chamonix, à Servoz, à Sallanches comme à Argentière, on sait bien que mon brave Michel Croz ne serait jamais tombé d'une pente. Sur un glacier il était chez lui, aussi agile qu'un chamois.

— Pardon, reprend Stanco, nous avons lu dans nos journaux et nos revues le récit détaillé de cette catastrophe; d'abord la déposition de l'Anglais survivant (Whymper, je crois), puis le rapport des délégués chargés de l'enquête officielle : la conclusion est qu'il y a eu *accident;* entre deux des voyageurs, la corde qui les attachait se rompit.

— Je sais ce qu'a déclaré l'enquête, réplique le curé avec un sourire triste; mais dans nos vallées personne ne s'est fié à cette enquête. L'Anglais et les deux guides qui sont réchappés ont raconté ce qu'ils ont voulu.

— Quoi! vous les accusez d'un crime?

— On n'accuse qu'un seul homme, le guide qui se trouvait le plus près de l'endroit où la corde a été rompue. Ce guide-là avait derrière lui son fils, sans compter l'Anglais; quand ceux qui les précédaient glissèrent, le père, pour sauver son fils, donna sur la corde un coup de hachette.

— Affreux! mais est-ce bien certain? Pour affirmer pareille chose il faudrait en avoir la preuve.

— La preuve du contraire n'a point été donnée; aussi le guide accusé n'a-t-il eu d'autre ressource que de quitter le pays[1]. Au revoir, Messieurs, et que Dieu vous préserve de tout malheur! »

---

[1] La catastrophe du mont Cervin eut lieu le 14 juillet 1865. Quatre Anglais et trois guides venaient de quitter le sommet du Cervin; attachés les uns aux autres par une corde, ils descendaient depuis dix minutes. En tête se trouvait l'intrépide Michel Croz, derrière lui M. Hadow, puis M. Hudson, puis lord Douglas. Ensuite venaient le guide Taugwalder père, puis M. Whymper, et enfin Taugwalder fils.

Jeudi 20 juillet. — LA MER DE GLACE. — « Êtes-vous vigoureux ce matin? demande Raoul à ses compagnons.

— Pas trop mal.

— Eh bien, tant mieux, car cette journée comptera dans notre voyage; avant ce soir nous aurons vu des merveilles. »

La caravane, pleine d'espoir et d'entrain, quitte Argentière d'un pas alerte; elle commence à descendre par le chemin qui mène à Chamonix : chemin charmant, à l'ombre des sapins et des mélèzes. A notre droite se dressent les aiguilles Rouges, ces aiguilles Rouges dont, là-haut, nous avons vu de si près les pointes dentelées, surgissant menaçantes de leurs neiges et de leurs glaces. Aujourd'hui nous en longeons la base. Au-dessous des redoutables aiguilles que supportent d'immenses roches à pic, la montagne s'adoucit en pentes moins abruptes, et ses croupes inférieures se parent de frais gazons et de vertes forêts. A notre gauche, tout près de nous, bondit l'Arve; au delà de l'Arve resplendit le glacier d'Argentière; du glacier, çà et là, se précipitent des cascades.

Après un quart d'heure de marche nous traversons l'Arve, puis un petit hameau; désormais le torrent est à notre droite. La vallée se resserre, s'étrangle; ce n'est qu'une gorge. Au-dessus de nos têtes les branches des mélèzes nous cachent le ciel. Au plus creux de la gorge gronde le torrent; des roches lui font sans cesse obstacle; il s'y brise en flots écumeux.

« Un poteau! s'écrie Olivier.

— Et une inscription, ajoute Raoul.

— Que dit l'inscription? demande Stanco.

— *Chemin du Chapeau*, répond le Zouave.

D'après le récit de M. Whymper, M. Hadow glissa, heurta Michel Croz et le fit tomber. Le poids de Michel Croz et de M. Hadow entraîna M. Hudson et lord Douglas. « Taugwalder se trouvait juste au-dessous d'un roc en saillie qu'il étreignit de ses deux bras. La corde était tendue entre nous deux, et le choc nous atteignit comme un seul homme. Nous tînmes bon, mais la corde se rompit à moitié de la distance entre Taugwalder et lord Douglas. Pendant deux ou trois secondes nous vîmes nos infortunés compagnons glisser sur le dos avec une rapidité vertigineuse, les mains étendues et cherchant à se retenir au rocher. Ils disparurent un à un et tombèrent de précipice en précipice sur le glacier du Cervin, douze cents mètres au-dessous de nous. On a dit que la corde avait cassé par suite de frottement sur le roc. Il n'en est rien, elle se rompit sans autre contact que celui de l'air, et le bout qui restait ne présentait aucune trace d'altération antérieure. » (*Les Ascensions célèbres*, p. 144.)

— Parfait! reprend Stanco. Les gens qui ont planté ce poteau rendent aux voyageurs un vrai service. Il paraît que nous sommes en pays civilisé.

— En pays que les Anglais fréquentent, dit Raoul; parions qu'avant deux heures nous rencontrerons des ladies. »

Nous tournons à gauche, le dos à l'Arve, et par le sentier indiqué nous commençons à gravir. Raoul prend les devants, en éclaireur. Ce sentier du Chapeau grimpe entre une forêt de sapins et un glacier, le glacier des *Bois*. Pour des touristes qui n'ont pas reculé devant les escarpements du Buet, cette montée n'est qu'un jeu. Elle ne dure guère qu'une heure. En outre, elle a, à chaque instant, d'admirables échappées sur le glacier des Bois, puis, au-dessus de ce glacier, sur la partie inférieure si tourmentée et si sauvage de la *mer de Glace*. Visions fantastiques! Elles enthousiasment Raoul; elles retrempent l'ardeur de Stanco. Quant à Olivier et au Zouave, ils ressentent déjà, malgré leur bonne volonté, une fatigue qui les désole. Tout à coup Raoul, le chef de file, pousse une exclamation :

« *Le Chapeau!*

— Où est-il, votre Chapeau? demande le Zouave.

— Ici, » répond Stanco, essuyant la sueur de son front.

Olivier et le Zouave reprennent cœur; ils grimpent encore quelques mètres, puis débouchent à leur tour sur une petite esplanade. Là se montre une chétive cabane en sapin, avec une seule porte et une seule fenêtre. Devant l'humble logis, deux bancs de bois brut, sans dossiers; un touriste y vide une chope de bière, et Stanco dit :

« Voilà l'auberge du Chapeau. »

D'où vient ce nom vulgaire?

De la forme d'un grand rocher qui se dresse là et qui semble recouvrir la cabane. Si le nom n'est pas poétique, le spectacle qui s'offre aux regards est d'une poésie et d'une majesté que rien ne surpasse. Au premier plan, la mer de Glace; une mer comme il ne s'en voit ni sur les côtes de Bretagne, ni sur les rivages de Marseille. Vagues énormes, horribles, affreusement tourmentées, aux crêtes hérissées, aiguës, qui s'entrecroisent, se heurtent, se déchirent. Ces vagues, d'un blanc mat, aux flancs verdâtres, sont des blocs de glace. On dirait qu'ici, jadis, des flots en fureur furent soulevés par une tempête titanesque, et que, pour les dompter, le Tout-Puissant les frappa soudain d'une immobilité éternelle, les comprimant tout à coup dans les étreintes de ce froid terrible auquel nulle créature ne saurait résister : *A frigore ejus quis sustinebit?*

Par delà les vagues terrifiantes de la mer de Glace s'abaissent, à droite, les pentes adoucies du *Brévent*. Dans le fond, la vallée, verts gazons, noirs sapins, et, au milieu des gazons, l'Arve, qui se déroule et serpente comme un ruban argenté; puis un groupe d'habitations, les hôtels et le village de Chamonix. En face de Chamonix se relèvent d'immenses pentes de glace et des monts gigantesques. La cime la plus haute, mollement arrondie, est celle du roi des Alpes, du mont Blanc.

Plus près de nous, entre le mont Blanc et la mer de Glace, se dresse une montagne boisée, au sommet aride, le *Montanvert* : c'est le Montanvert qu'il nous faut maintenant atteindre. Mais nous avons droit à une halte au Chapeau.

Les bancs de bois nous offrent une place commode; nous en profitons. Seul Raoul dédaigne de s'asseoir. Enchanté, ravi, il court ou grimpe, tantôt le long des vagues glacées, tantôt sur la pente gazonnée où s'appuie la cabane. Il a lu dans *Joanne* que le Chapeau est couvert de fleurs; il cherche donc, et il trouve cinq ou six fleurettes de la région des neiges. Quels cris de joie à chaque découverte! Tant et si bien que le touriste étranger s'émeut et, ayant vidé sa chope de bière, il interpelle Raoul. La conversation s'engage. L'étranger est un Autrichien, jeune officier à fines moustaches; lui aussi aime les fleurs alpestres, et il en a rencontré de très rares. Il les montre à Raoul; Raoul les admire, et, en fin de compte, l'Autrichien offre au Français un petit bouquet accueilli par des remerciements joyeux. L'Autrichien demande une seconde chope et un second verre, puis oblige le botaniste français à lui faire raison. Raoul s'exécute de la meilleure grâce; après quoi l'Autrichien salue, et, d'un pied agile il s'élance par le sentier que tout à l'heure nous gravissions avec moins de prestesse.

Le moment de partir est venu :

« Allons ! s'écrie Raoul, nous touchons au plus beau moment du voyage : en route pour le *Mauvais-Pas* et la mer de Glace. Suivez-moi et n'ayez pas peur ! »

La caravane se remet en file, l'alpenstock à la main. Le

La mer de Glace, vue du Montanvert.

sentier remonte le long de la moraine de la mer de Glace, dont les blocs nous dominent à droite. A gauche est le rocher. Après un bon quart d'heure d'escalade nous atteignons le bord de la plus sauvage, de la plus affreuse crevasse qui se puisse voir, crevasse toute semée d'éboulis fracassés, brisés, entassés dans un pêle-mêle horrible. C'est au-dessus et le long de cet abîme qu'il faut s'avancer. Mais comment? La roche sur laquelle nous sommes est nue et à pic; la pioche y a creusé des entailles, des gradins; quels gradins ! y risquer le pied serait folie, si la main ne trouvait où s'accrocher; mais des barres de fer ont été scellées dans la muraille rocheuse. Ces barres de fer offrent l'appui indispensable. Grâce à cette rampe solide on peut, sans accident, mais non sans crainte, franchir ce redouté passage. C'est le Mauvais-Pas; il mérite son nom.

La caravane s'arrête et considère tout avec attention. Stanco s'inquiète. Raoul plaisante. Sans saisir la rampe, il met le pied sur le premier gradin.

« Attendez, dit brusquement Stanco.
— Quoi?
— Regardez donc. »

Raoul lève les yeux. En face de lui, à un angle du rocher, débouche un touriste. Ce touriste est suivi d'un second, puis d'un troisième. Leur accoutrement indique assez leur origine : ce sont des fils de la perfide Albion. Derrière le troisième Anglais vient une jeune miss, puis une forte lady que soutient un robuste montagnard.

Tout ce monde descend à la file, avec une prudente lenteur et en grave silence. Spectacle *beautiful !* Nous le contemplons d'un œil avide, mais nous affectons une très correcte attitude. Au plus méchant endroit du Mauvais-Pas, une pierre se détache sous le pied pesant de la corpulente lady. La dame jette un cri de détresse :

« *Aoh! la guide, secourez! secourez!* »

A cet appel, la jeune miss, frappée d'épouvante, répond d'une voix suraiguë :

« *Aoh! secourez! secourez!*
— Tenez bon, dit le guide, rien à craindre. »

Et d'un bras vigoureux il colle au rocher sa grosse Anglaise.

Les trois lords, mine impassible, se retournent à demi pour voir. Ils grommellent des mots rudes, terminés en sifflements. Que disent-ils? On n'entend que : *Aoh! yes, aoh!* Quant à nous Français, témoins malencontreux, nous nous mordons les lèvres pour ne pas éclater de rire. Par bonheur, l'incident est rapide. La caravane anglaise tout entière atteint saine et sauve la terre ferme. Nous nous écartons poliment pour lui faire place, et elle passe devant nous sans saluer :

les messieurs, l'air très rogue; miss, rouge d'émotion; lady, l'œil ardent et la joue enflammée.

A nous maintenant d'affronter le péril. Stanco n'ose plus montrer sa frayeur; il soupçonne qu'Anglais et Anglaises vont, sans rien dire, se retourner pour voir comment nous nous tirerons d'affaire. En effet, fils et filles d'Albion se retournent. Que pensent-ils de nous? Courage, Stanco, du haut de la montagne l'Angleterre te contemple! Nous nous lançons donc vaillamment dans le Mauvais-Pas, serrant avec une fébrile énergie les barres de fer sans lesquelles nous ne pourrions manquer de nous casser la tête.

Au delà du Mauvais-Pas s'ouvre un petit plateau. Stanco, très flatté d'être hors de péril, frappe le gazon d'un pied vainqueur. Dix minutes de marche sur ce terrain sans danger, puis un ruisseau échappé des neiges; une planche sert de pont. Cinq minutes plus tard, autre ruisseau beaucoup plus sérieux, un vrai torrent honoré d'un nom : il s'appelle le *Nant-Blanc*. Lui aussi est l'enfant du glacier; il se précipite, irrité déjà et grondant. D'un bord à l'autre sont posés deux sapins grossièrement équarris; entre les sapins est clouée une planche; quand on passe elle fléchit au milieu, et balance fort désagréablement le voyageur. Celui-ci est d'autant moins rassuré qu'au moment où la planche fléchit, le Nant la balaye de son flot rapide. Stanco n'aime point les ponts de ce genre, aussi fait-il des façons. Raoul le raille, Olivier et le Zouave l'encouragent. Stanco hésite, s'attarde, et enfin, d'une résolution généreuse, s'élance et atteint la rive. Une fois là, il méprise sa peur et se prend presque pour un héros.

A ce moment précis surviennent, à la suite d'un guide, trois touristes du pays de France : un jeune garçon de douze à treize ans, sa sœur, un peu plus âgée, et leur mère, dame très digne. A la vue du pont rustique, le garçonnet saute au beau milieu; la planche rebondit violemment et l'eau rejaillit au loin.

« Maman! crie la jeune fille, faites donc taire Georges! »

Georges s'enfuit, sa sœur s'effraye une seconde, puis franchit l'obstacle aussi légère qu'une gazelle. Quant à la pauvre mère, elle s'arrête stupéfaite. Elle considère ce torrent qui écume, cette planche mouillée qui vacille, et voyant auprès d'elle un touriste à l'air pacifique, le tranquille Stanco :

« Ah! Monsieur, lui dit-elle avec un soupir, je ne passerai jamais là! »

Cette déclaration inspire au timide Stanco une hardiesse très imprévue :

« Madame, dit-il, n'ayez pas peur; il n'y a aucun danger.
— Mais si, mais si; j'aime mieux m'en retourner. »

Et la bonne dame fait mine de rebrousser chemin.

Stanco réitère ses encouragements, redit et répète qu'il n'y a pas le moindre péril.

La mère tremblante, qui n'aperçoit plus ni sa fille ni son fils, s'émeut, gémit, semble prête à fondre en larmes. Stanco, pris de pitié (il n'a pas le cœur dur), fait une offre téméraire.

« Tenez, Madame, pour vous prouver qu'il n'y a rien à craindre, je vais repasser le pont devant vous. »

Et il revient au bord de la planche.

« Non, Monsieur, non; ne vous exposez pas deux fois, reprend la bonne dame tirant son mouchoir et s'essuyant les yeux; je vois bien qu'il faut me décider. Et, s'appuyant fortement au bras de Stanco, elle pose un pied sur la planche branlante, avance un peu l'autre pied, et soudain, fermant à demi les yeux, se précipite en avant. Elle est sauvée.

« Merci, Monsieur, » dit-elle à Stanco.

Stanco, heureux et fier, revient en hâte vers ses compagnons qui, sans souffler mot et gardant leur sérieux, ont assisté à la scène.

Aussitôt il est accablé de félicitations moqueuses.

« Je prends immédiatement une note, dit Raoul; j'inscris la date et l'heure d'un événement si merveilleux. J'écris, pour en garder à jamais le souvenir, qu'aux bords effrayants de la mer de Glace Stanco, le chevalier sans peur, sauva la vie à une princesse inconnue. »

Devant nous cependant se dresse la moraine de la mer de Glace, c'est-à-dire un amas de débris grisâtres, mélange de rocs éboulés que les avalanches ont broyés, réduits en granules.

La neige en fondant, puis se congelant, a durci et amalgamé la masse entière. Cette masse, ou moraine, sert de contrefort au glacier, qui l'écarte et la repousse comme une scorie impure. L'escalade de notre moraine nous prend au moins une demi-heure, demi-heure méritoire; car cet étrange terrain est aussi glissant que rude : le pied n'y prend pas, la pointe de l'alpenstock n'y peut mordre. A chaque instant le marcheur chancelle. Enfin l'obstacle est vaincu et nous voici au bord du glacier lui-même. Ici, difficulté nouvelle. Par où traverser? Nous n'avons aucun guide. Le Montanvert apparaît en face, mais comment l'atteindre?

« Est-ce que Stanco et Raoul ne sont pas déjà venus ici? demande le Zouave.

— Oui, répond Raoul, mais je ne m'y reconnais guère. Au premier voyage nous allions dans le sens opposé. Nous partions du Montanvert pour le Chapeau; aujourd'hui nous venons du Chapeau pour gagner le Montanvert. D'ailleurs, il faut tout avouer : ce jour-là nous avions de la chance. Une caravane d'Anglais descendait sur le glacier. Son guide, montagnard complaisant, nous dit tout bas : « Marchez derrière nous, mais d'un peu loin; mes Anglais ne pourront se plaindre, et sans y penser vous montreront le chemin. »

— Par malheur, dit Olivier, il n'y a pas aujourd'hui devant nous de caravane anglaise. Mais que signifient ces petits drapeaux? J'en aperçois deux, trois, quatre au moins.

— Ah! s'écrie Raoul, nous sommes sauvés! Ces drapeaux sont des guidons. Ils indiquent la direction à prendre. Je me souviens qu'à notre premier voyage des drapeaux étaient plantés ici, de distance en distance. Vous avez de bons yeux, messire Olivier; c'est heureux pour la compagnie. »

Pleins de confiance, nous nous dirigeons tout droit vers le premier drapeau indicateur. Quand nous disons *tout droit*, c'est une manière de parler. Le drapeau signale le point à atteindre, voilà tout. Du reste, aucun sentier n'est tracé. On s'avance comme on peut, et par où l'on peut : ici, évitant un bloc de glace aux arêtes coupantes; là, grimpant sur des glaçons et descendant sur d'autres; ailleurs, contournant une crevasse trop large ou enjambant une fissure plus étroite. Étrange et curieuse traversée, et quels détails merveilleux elle offre!

A chaque instant une exclamation de joie ou de surprise, ou de frayeur, ou d'admiration.

« Ah! fait Raoul, je me crois vraiment entre des vagues. Voyez! des vagues qui se dressent, s'inclinent et arrondissent leurs extrémités. On dirait des vagues de l'Océan, dont la crête s'émousse, blanchit et écume.

— Venez, venez donc, crie Olivier. Une crevasse splendide, aux parois transparentes, avec des reflets d'émeraude.

— Prenez garde, Raoul, crie de son côté Stanco; n'approchez pas si près, la crevasse est pleine d'eau.

— Oui, remarque le Zouave, et l'eau est si pure, si limpide, que je ne la voyais pas du tout. On ferait là une fameuse chute.

— Quelle est la profondeur de la mer de Glace? demande Olivier.

— Qui le sait? répond Stanco. Les uns disent cinquante, soixante mètres; les autres assurent qu'il y a plus de cent mètres.

— Oh! un petit trou tout rond, et plein d'eau, » crie Raoul, qui y plonge son alpenstock.

Cette ouverture singulière est d'un si étroit diamètre que le bras y entrerait à peine. L'alpenstock s'y enfonce tout entier.

« Touchez-vous le fond? demande Olivier.

— Non, répond Raoul. Je vais y lancer mon alpenstock.

— Ne faites pas cela, proteste Stanco; votre alpenstock a une longue pointe d'acier, il ne surnagerait pas.

— Je tente la fortune, déclare l'obstiné Raoul. Et retirant à demi son bâton ferré pour lui donner plus d'élan, il le projette de toute sa force. Le bâton disparaît comme une flèche; on le voit fuir dans la couche d'eau transparente.

— Il est perdu, » gémit Stanco.

L'inquiétude ne dure qu'une seconde; le bâton remonte vivement, comme repoussé d'en bas.

Applaudissements de la caravane.

Raoul triomphe. Trois fois il recommence l'expérience. Plus il déploie de vigueur et d'adresse, plus aussi le résultat obtenu est brillant. A la dernière fois le bâton, très bien lancé, revient à la surface d'un tel élan qu'il s'élève en l'air de toute sa longueur.

— Et maintenant, dit Raoul, à votre tour, Stanco ! Enfoncez votre alpenstock.

— Je ne m'y fie pas, réplique l'interpellé.

— Êtes-vous poltron ! »

Du premier drapeau au second, puis au troisième, la direction générale tend vers le sommet du glacier. Le Montanvert, où nous allons, est en effet d'une altitude supérieure à l'altitude du Chapeau. Le quatrième guidon nous fait obliquer à droite. Avec une très prudente lenteur chacun avance sans accident, soutenu par son alpenstock, dont la pointe d'acier procure un si utile appui. On évite les glaçons trop lisses, on profite des aspérités qui se rencontrent ; parfois un ruisselet descendu des neiges oblige à un léger détour. La mer de Glace, assure *Joanne*, se traverse en quarante-cinq minutes ; nous y mettons une bonne heure, car nous nous permettons des haltes nombreuses. A quoi bon se hâter ? Voyagerons-nous jamais en plus féerique pays ?

Cependant le Zouave pousse un soupir :

« Comme il fait chaud sur cette glace ! dit-il. Je suis en nage, la figure me brûle.

— J'ai attrapé ici un épouvantable mal de tête à notre premier voyage, répond Stanco.

— Je m'en souviens, dit Raoul. Tâchons d'éviter tout mal aujourd'hui. Mettons nos voilettes. »

Chacun s'empresse de suivre ce bon conseil.

Nous approchons de la rive gauche du glacier.

« Un homme avec une pioche, dit Olivier. Que fait-il là ? »

Raoul regarde un peu surpris :

« Il taille des degrés dans la glace, répond-il.

— Pourquoi ?

— Pour que nous puissions passer plus facilement. »

L'endroit où ce montagnard donne ses coups de pioche présente, en effet, un obstacle qui pourrait nous arrêter net. Le glacier s'y redresse vers le rocher du Montanvert, et comme le soleil est très ardent, la surface des glaçons s'est fondue un peu ; il en résulte un vrai verglas. Il est donc très à propos de tailler des marches dans le bloc trop glissant; aussi les touristes, flattés de voir qu'on travaille pour eux, s'empressent-ils d'offrir une bonne main à l'avisé Savoyard.

« Ceci me rappelle, dit Stanco, un détail de notre premier voyage. Nous descendions du Montanvert avec le Philosophe et le Bourguignon; nous suivions des Anglais et une Anglaise. Au moment où l'Anglaise allait mettre le pied sur la glace, son guide l'arrêta, la fit asseoir et lui mit, par dessus ses bottines, des chaussettes de laine blanche. La laine, sur la glace, ne glisse pas du tout : l'Anglaise put marcher hardiment.

— Ah! voici la terre ferme, dit Olivier. Jetons un dernier coup d'œil sur cette mer de Glace qui ne nous a pas engloutis. Jusqu'où descend-elle et jusqu'où monte-t-elle?

— Elle descend jusqu'à la vallée de Chamonix, répond Raoul, et elle remonte là-haut, là-haut, jusqu'au col du *Géant,* à neuf heures d'ici. Je ne vous propose pas d'escalader le col du Géant.

— Je déclinerais votre proposition, dit le Zouave.

— Moi aussi, ajoute Stanco.

— Vous n'êtes pas de vrais marcheurs, répond Raoul. Si j'avais des compagnons intrépides, je grimperais certainement jusqu'au *Jardin.*

— Quel jardin?

— Le jardin de la mer de Glace. Sur cette mer, à trois mille mètres, émerge tout à coup une île. Cette île (un immense rocher plat) a pour parure un superbe gazon, gazon tout parsemé des fleurs alpestres les plus rares. Oh! comme je voudrais cueillir ces fleurs! fleurs inconnues de la terre, nées au milieu des glaces éternelles!

— Très poétique, fait le Zouave; mais contentons-nous de la prose. Déjeunons d'abord; je meurs de faim.

— N'y a-t-il pas ici une auberge? demande Olivier?

— Oui, répond Stanco, l'auberge du Montanvert.

— Je l'aperçois, reprend le Zouave; tant mieux! »

Quelques minutes plus tard nous entrons dans un chalet. La chambre principale, au premier étage, est une salle à manger. Elle renferme trois ou quatre tables. Nous nous emparons d'une de ces tables, et Raoul commande à déjeuner.

Aiguilles de la mer de Glace.

La table voisine attire aussitôt notre attention. Là, réparent leurs forces deux Anglaises, la mère et la fille, et un Anglais à barbe blanchissante, le père évidemment. Le vieil Anglais a eu très chaud en faisant l'ascension du Montanvert : cela se voit à sa figure cramoisie. Sa lady a chaud également; aussi s'est-elle mise à l'aise, et, avec une singulière désinvolture, elle a planté son chapeau sur la carafe.

« Il paraît, grommelle le Zouave, que cette dame n'use pas d'eau à son lunch.

— Voilà un sans-façon britannique, murmure Raoul.

— Chut! » fait Stanco.

La jeune miss, nous regardant à la dérobée, dévore des sandwiches. Milady, rouge comme une braise, avale aussi des tartines. Une bouteille de madère, à moitié vide, montre avec quoi les tartines s'arrosent.

Milord ne mange pas; sans doute il a déjà fini de luncher. Il tient en main la carte des vins et semble étudier à fond ladite carte. Ceci lui suggère une bonne pensée. Ne ferait-il pas bien de se payer un rafraîchissement de plus?

« *Gadçon!* commande-t-il d'une voix éclatante, *oune chope!* »

Le garçon grimpe l'escalier et accourt :

« Monsieur désire?

— *Yes, oune chope.*

— De la bière?

— *Yes, très fraîche!* »

Le garçon part comme un trait, et revient vite, apportant une bouteille de flatteuse apparence. Il la débouche, non sans effort, et, appelé brusquement d'en bas par le patron, il disparaît, posant sur la table la bouteille débouchée.

Milord, cependant, s'est gravement replongé dans la captivante lecture de la carte des vins. La bière s'impatiente, et, comme si elle était heureuse de sortir de prison, elle met le nez à l'air. En termes moins figurés, la bière s'échappe du goulot et se répand silencieusement en mousse superbe. Milord ne s'aperçoit de rien; milady et miss, tartine en main considèrent des photographies. Mais nous autres, témoins de la chose, nous avalons nos serviettes pour étouffer nos rires. Soudain Raoul éclate. Anglais et Anglaises dressent la tête. Du coup, milord voit sa bière déborder. Sa rouge figure devient bleuâtre.

« *Gadçon, gadçon!* » crie-t-il.

Le garçon n'arrive pas. La large main de milord se pose sur le goulot, mais la maligne bière se moque d'un tel obstacle. Elle monte, monte effrontément entre les doigts de son impuissant geôlier.

Miss étouffe un petit rire aigu; milady prend un air foudroyant. Milord ne se possède plus :

« *Gadçon! gadçon!* » vocifère-t-il.

Le valet accourt enfin, regarde effaré, puis se permet de rire, le malheureux!

« *Gadçon, empoôtez, empoôtez!* »

Le servant essaye de remettre le bouchon. Le bouchon est bien trop gros.

« *No, no! empoôtez! iune autre!*
— Mais, Monsieur!
— *Empoôtez! je dis vos; empoôtez! Très désagriéble! iune autre, iune autre!* »

Et le garçon, non sans rire, emporte la malencontreuse bouteille qui a si ridiculement inondé la table de milord. Une nouvelle bouteille est servie; milord daigne en accepter un verre, puis se retire sur-le-champ, grave et raide, suivi de milady, très majestueuse, et de miss, un peu confuse.

Aussitôt la porte refermée, nous partons tous d'un rire formidable; chacun s'en donne à cœur joie.

« Que l'Angleterre me pardonne, dit enfin le Zouave, mais je suffoquais; j'avais peur d'en mourir. »

Déjeuner, examen des vues photographiques, dont la salle possède une ample collection : vues du Montanvert, de la mer de Glace, du mont Blanc, de Chamonix, etc. Raoul en aurait pour deux heures. Olivier lui signale autre chose : la chambre voisine est un cabinet d'histoire naturelle. Raoul s'y précipite. Dans ce petit musée on trouve un peu de tout : zoologie, minéralogie, botanique. Nous admirons un charmant chamois, deux gentilles marmottes, un aigle, un faucon, etc., le tout empaillé, malheureusement; puis des minéraux, des cristaux, des marbres, des pierres de toute espèce; puis des herbiers remplis de fleurs alpestres. Raoul voudrait tout acheter.

En vain ses compagnons l'exhortent à modérer ses désirs; en vain Stanco lui affirme qu'à Chamonix même il trouvera des collections plus riches; Raoul ne s'y fie point. Il fait ses provisions, accumule photographies, cristal de roche, quartz, échantillons variés, et comme ses poches sont trop étroites, les poches de Stanco sont forcées de s'ouvrir pour recevoir leur part du butin.

Depuis un quart d'heure le Zouave est dehors, paresseusement étendu sur la pente ensoleillée. Quand nous le retrouvons :

« Venez donc enfin, dit-il; vous perdiez le temps dans votre auberge, ici on voit des merveilles. »

Nous nous installons près de lui, et ensemble nous admirons le panorama.

A notre droite s'étend la mer de Glace, dominée par la gigantesque aiguille du Dru; un peu en arrière du Dru se montre l'aiguille Verte. Devant nous se dressent le Buet, les aiguilles Rouges, le Brévent. A gauche, le glacier des Bossons s'élève vers les immenses pentes du mont Blanc. A nos pieds est la vallée de Chamonix, avec ses arbres, ses cultures et ses ilots formés par l'Arve aux sinueux détours. Aperçues de cette hauteur, les habitations de Chamonix semblent d'humbles taupinières.

Nous jouissons à loisir de ce magnifique spectacle. C'est vraiment le quart d'heure de béatitude, comme disait jadis notre ami le Philosophe. Mais les joies de cette vie sont courtes, même les joies si pures et si saines de la montagne.

« Il faut songer à la descente, dit enfin Stanco.

— Oh! non, réclame Raoul, pas encore.

— La descente sera très agréable, reprend Stanco, qui veut faire agréer sa proposition; le sentier, je m'en souviens, est comme un sentier de parc, et nous aurons toujours sous les yeux ces monts superbes et cette fameuse vallée. Mieux vaut arriver de bonne heure à Chamonix.

— Pour vous coucher de bonne heure, riposte ironiquement Raoul.

— Pour choisir un bon hôtel.

— Vous n'oubliez rien? demande Olivier.

— Avez-vous vos photographies, vos fleurs, vos pierrailles? ajoute le Zouave.

— Oui, oui, répond Raoul.

— C'est-à-dire, reprend le Zouave, que les pierres sont à la charge de Stanco.

— En voulez-vous quelques-unes? dit Raoul, cela vous lesterait. »

L'altitude du Montanvert est de dix-neuf cent vingt et un mètres au-dessus de Chamonix. Quelle dégringolade! Mais, comme l'a promis Stanco, le chemin est aussi soigné qu'une allée de parc anglais. Les Savoyards ont tracé sur le flanc de la montagne une longue suite de lacets, lacets ménagés avec art, aux pentes adoucies, débarrassées de cailloux. Aussi quiconque vient à Chamonix se croirait déshonoré s'il n'entreprenait l'ascension du Montanvert. Cette ascension se fait à pied, à mulet, en chaise, en fauteuil, en litière. Oui, en litière, nous en avons sous les yeux une preuve péremptoire. A peine descendons-nous notre douzième lacet que nous voyons venir une litière, portée par deux montagnards haletants, hors d'haleine. Deux autres montagnards suivent, pour relayer les premiers. Quatre hommes ne sont point de trop; car quelle horrible fatigue imposée à ces porteurs! Pour tout vêtement, ils ont un pantalon et une chemise de toile; la chemise est tellement trempée de sueur, qu'on croirait qu'elle sort de l'eau; la sueur coule aussi en grosses gouttes sur le front, sur les tempes de ces malheureux. Nous les regardons, émus de pitié; mais quand nous voyons l'intérieur de la litière, l'indignation nous saisit. Dans cette litière se prélasse une vieille et laide Anglaise, d'une corpulence énorme, pesant au moins deux cents kilos. Impassible, satisfaite d'elle-même, un binocle sur le nez, elle considère gravement les pics lointains; elle n'a pas l'air de songer le moins du monde à ces pauvres diables qui suent sang et eau depuis trois heures pour hisser sa masse égoïste jusqu'à dix-neuf cents mètres. Dès que nous avons tourné ce lacet, nous échangeons nos impressions trop vives :

« C'est honteux!

— C'est abominable!

— C'est ridicule!

— Si les porteurs versaient cette grosse lady à un bon endroit, avec quel élan roulerait Sa Grâce!

— Cette Anglaise ne soupçonne pas ce qui vous choque; elle vous dirait : *Moa payer, moa payer très bien !* »

Aucun autre incident sur la route. Vers six heures, nous arrivons à Chamonix, et nous cherchons notre hôtel *Cachat ou du Mont-Blanc*. Stanco et Raoul y ont déjà logé une fois avec le Philosophe et le Bourguignon. Ce souvenir suffirait pour les attirer. En face est un luxueux hôtel de première classe. Dès qu'un touriste s'y présente, un majordome de haute taille, dodu et raide, gilet blanc et habit noir, tire sur le seuil la chaîne dorée d'une cloche retentissante. Au son de la cloche accourent cinq ou six grands valets, barbe en côtelette et serviette blanche en main. Une entrée si pompeuse ne suffit pas pour le bonheur. Telle est notre opinion, telle est même l'opinion d'un jeune Anglais à mine aimable (un Anglais aimable, oiseau rare!). Ce jeune gentleman a préféré, lui aussi, l'hôtel du Mont-Blanc; il nous en donne ingénument la raison dans cette phrase à tournure britannique :

« Pour le confortable, dit-il, et le bon soin, mieux vaut un hôtel un peu plus petit, mais pas trop petit, plutôt qu'un hôtel plus grand, mais trop grand.

— Messieurs, nous dit obligeamment notre hôte, le dîner sera prêt dans un quart d'heure; en attendant, vous pouvez entrer au salon. »

Nous entrons, de joyeuse humeur; mais quelle douche glacée nous tombe sur la tête! A la table du salon, un Anglais prend le thé avec ses deux misses, deux jeunes filles de seize à dix-sept ans, tout ce qu'il y a de plus distingué, de plus *select*. Milord semble habillé pour un bal; les deux misses sont en toilette exquise, en toilette qui a dû sortir tout à l'heure des caisses expédiées en grande vitesse par les magasins du Louvre. Dans de telles circonstances, notre arrivée subite est sans doute souverainement déplaisante. Nous le sentons assez; mais si nous infligeons, bien malgré nous, une gêne, nous sommes loin d'avoir nos coudées franches. Avec quelle déconcertante gravité ce thé est pris, et dans quel imposant silence! Comment se mettre à l'aise devant ces personnages si solennels, qui ne prononcent pas une parole, ne choquent ni une cuiller, ni un bol, ni une soucoupe. Sans lever les yeux sur nous un seul instant, ils dégustent à tout petits coups le précieux breuvage, aussi cher aux Anglais qu'aux Chinois. Pour se donner une contenance, chacun de nous s'empare d'une des Revues ou d'un des journaux épars sur les guéridons et les fauteuils. Stanco, plus que troublé, met maladroitement la main sur une revue anglaise. Il entend l'anglais à peu près comme M. Jourdain entendait le latin; mais, pour se procurer autre chose, il faudrait se lever et risquer un pas. Le trop timide Stanco n'en a pas le courage.

« Messieurs, le dîner est servi. »

Cette annonce d'un valet nous délivre du thé anglais. La salle à manger est presque vide : les Anglais soupent plus tard; plusieurs touristes ne sont pas rentrés d'excursion. Nous dînons donc tranquilles, et nous pouvons causer à demi-voix. A cette longue table, Raoul et Stanco ont dîné autrefois avec le Bourguignon et le Philosophe. Un soir, au retour de la mer de Glace, Stanco très souffrant étant au lit, Raoul, le Philosophe et le Bourguignon furent, ici même, acteurs dans une scène dont le souvenir n'est point perdu. Le Bourguignon, brave bourgeois ami du bon vin, s'était avisé au dessert de demander, pour ses deux compagnons et lui, un verre d'asti mousseux. Aussitôt, devant chacun des trois gourmets, le valet posa un verre à pied, à coupe large et plate. La table d'hôte, ce jour-là, était comble. Les regards des nombreux convives se dirigent vers ces trois coupes, à forme si spéciale; tous semblent se dire :

« Quel délicieux nectar on va verser dans ces verres, et quels heureux mortels ceux qui en goûteront! »

Le Bourguignon, déjà suffisamment enluminé, rougit encore, soit de plaisir, soit d'espérance. Le Philosophe et Raoul rougissent pour une cause bien différente : ils sentent qu'on les observe trop. L'asti mousseux arrive; le valet remplit les trois verres; l'asti pétille et mousse. A ce moment, un vieux touriste, un peu éloigné, se penche en arrière sur sa chaise afin de mieux voir; la chaise glisse sur le parquet, se dérobe; le vieux monsieur tombe à la renverse et s'étend de toute sa longueur. Émotion, tumulte, rires étouffés. Le Philosophe, très vexé déjà, s'éclipse brusquement suivi de Raoul. Une fois dehors :

« Quelle ridicule aventure! s'écrie-t-il, et dire que cet asti fameux n'est qu'une boisson douceâtre, qui ne vaut pas un verre de vallet. Quelle sotte idée a eue ce Bourguignon! »

Pour comble, de cet asti mémorable, Stanco, qui n'en avait

Chamonix et le mont Blanc.

rien vu, eut l'agrément de payer sa part. La note d'hôtel marquait quatre dîners, or le pauvre Stanco n'avait pas dîné du tout; mais quand le Philosophe lui montra cette note soldée, la caravane venait de quitter Chamonix; il n'était plus temps d'y revenir.

Ce récit de Raoul et de Stanco amuse Olivier et le Zouave; il ne leur inspire pas le moindre désir de goûter à l'asti mousseux.

Le dîner est fini; nous sortons prendre l'air.

« Et nos valises? demande brusquement Stanco.

— J'y pensais, dit Olivier. Voilà huit jours que nous les

avons confiées à la diligence de Genève. Pourvu qu'elles ne se soient pas égarées en route! »

Nous courons au bureau des diligences. Les valises sont là, assez défraîchies, mais n'importe!

« Quelle joie de repêcher mon sac! s'écrie le Zouave.

— Je m'imagine, dit Stanco, retrouver mes pénates.

— Et vos lares, » ajoute Raoul.

La nuit est venue. Les étoiles scintillent d'un éclat extraordinaire; l'atmosphère est si pure au-dessus de cette haute vallée! Devant nous se dresse, majestueux et sombre, le gigantesque mont Blanc; ses immenses pentes de glace ne projettent plus à cette heure qu'une blancheur mate, terne, presque livide.

« C'est fantastique, dit Raoul.

— Cela donne le frisson, réplique Stanco; allons dormir. »

Vendredi 30 juillet. — LA SOURCE DE L'ARVEYRON. LE GLACIER DES BOSSONS. — Dès l'aube, singulière animation sur la place : guides, porteurs, touristes se hâtent, s'empressent, s'interpellent. Une caravane s'apprête pour la grande ascension. Monter au mont Blanc n'est pas petite affaire; les cœurs, même intrépides, s'émeuvent. Puis, que de choses à préparer : piolets, bâtons ferrés, hachettes d'acier, fortes et longues cordes, provisions de bouche, etc. Six touristes sont du voyage; leur accoutrement est des plus alpestres : casquette blanche, voilette bleue, ceinture de cuir, gants fourrés, guêtres en laine montant jusqu'aux genoux, souliers à épaisses semelles et à clous d'acier, havresac sur l'épaule, jumelle en bandoulière. Avec ces six touristes partent dix-huit guides ou porteurs. La population de Chamonix les entoure; les femmes gesticulent, les enfants crient.

On regarde surtout le guide-chef; il a l'honneur de porter le drapeau et il aura la gloire de l'arborer sur l'extrême sommet de la redoutable montagne. Afin d'apercevoir le drapeau, une longue-vue est déjà posée sur son appareil et braquée vers la cime neigeuse. Près de la longue-vue, un petit canon attend sur son affût : à l'instant où le drapeau sera signalé, ce petit canon retentira, et sa voix criera aux ascensionnistes que Chamonix les contemple.

Ces derniers renseignements nous sont donnés par un brave Savoyard; guide lui aussi, il n'est pas de cette course. Raoul et Olivier lui adressent questions sur questions; il y répond volontiers.

« Êtes-vous monté au mont Blanc?

— Oui, une fois, une seule fois, et je ne désire pas recommencer.

— Pourquoi?

— Parce que je me suis marié cet hiver.

— C'est donc une ascension bien dangereuse?

— Oh! oui; on est tout le temps en péril de mort.

— Qu'a-t-on surtout à craindre?

— On a tout à craindre : les crevasses que la neige cache, les pentes à pic où le piolet ne peut mordre, les chutes des blocs de glace, les avalanches, les tourmentes de neige, le vent épouvantable; enfin et surtout le mauvais temps.

— Fera-t-il beau temps aujourd'hui?

— Oui; il y a maintenant un peu de brume, mais cette brume va se lever.

— Cette ascension-là demande deux jours?

— Deux jours. Le premier soir, on couche aux *Grands-Mulets*. Voyez-vous ces deux rochers qui se dressent, tout seuls, au milieu du glacier, là-haut? Ce sont les Grands-Mulets. Ils ont deux cents mètres.

— On ne s'en douterait pas. Combien d'heures faut-il pour les atteindre?

— Neuf heures environ.

— Neuf heures? fait Raoul étonné; ils ne semblent pas si loin.

— Vous croyez, dit le guide qui sourit et hoche la tête; vous ne vous imaginez pas ce que c'est.

— Aux Grands-Mulets n'a-t-on pas construit une cabane?

— On en a construit deux; malgré cela on n'y est pas couché comme à Chamonix.

— J'aurais pourtant bonne envie de grimper là, » murmure Raoul.

Soudain retentit un son éclatant, qui s'enfle, se prolonge et finit en note très douce.

« Le cor des Alpes, » dit Stanco.

C'est le signal du départ. Le guide-chef, porte-étendard, prend la tête; touristes, guides, porteurs, se mettent à sa suite. Avec quelle joie Raoul serait du voyage! Tous nos vœux, du moins, et tous nos souhaits accompagnent les ascensionnistes.

« Et nous, demande le Zouave, où nous emmenez-vous? Quel est votre plan pour la journée?

— Nous devons, cet après-midi, répond Stanco, voir le glacier des Bossons.

— Oui, ajoute Raoul; mais allons ce matin à la source de l'Arveyron.

— Nous ne pourrons pas marcher ce soir, reprend le Zouave, si vous nous éreintez ce matin.

— On ne vous éreintera pas. La source de l'Arveyron n'est qu'à une petite heure de Chamonix.

— Faut-il grimper beaucoup? demande Olivier.

— Non, et c'est une marche en plaine, dans la vallée même.

— Eh bien! partons. »

La route est, en effet, très douce et très belle. Nous sommes au bord de l'Arve, dont nous remontons la rive droite. Le torrent roule avec fracas ses flots impétueux; nous respirons l'agréable fraîcheur de ses eaux écumantes. A notre gauche, des mamelons gracieux se couronnent de mélèzes; au-dessus des mamelons se dresse l'énorme montagne. A notre droite, plusieurs îlots formés par l'Arve : îlots de verdure, avec bouquets de sapins; au delà, les pentes boisées du Montanvert, les glaciers éblouissants et les aiguilles majestueuses.

« Aucun parc impérial, s'écrie Raoul, n'est comparable à ceci. »

Une demi-heure de promenade, et nous atteignons un hameau, — hameau des *Praz*. — Un pont nous fait traverser l'Arve; nous gagnons le hameau des Bois. Le terrain s'élève; nous gravissons le bas de la moraine du glacier des Bois.

« Vous nous aviez promis, dit le Zouave, qu'il n'y aurait pas à grimper!

— Ceci ne compte pas, » répond Raoul.

Un quart d'heure encore, et nous voici au terme de la promenade. Devant nous s'ouvre une effrayante voûte de glace, haute de vingt-cinq à trente mètres. Sous cette voûte gronde et bouillonne un torrent.

« La source de l'Arveyron, dit Raoul. N'est-ce pas splendide?

— Oui, répond Olivier, mais cela fait peur.

— Regardez, reprend Raoul, ces teintes d'azur de la glace, et dans le fond ces reflets d'un vert sombre. Il faut que j'aille les voir de plus près.

— N'ayez pas le malheur de vous risquer là-dessous! crie Stanco.

— Il n'y a pas de danger, riposte l'aventureux Raoul.

— Pas de danger! proteste Stanco. Vous oubliez donc ce que nous avons lu dans *Joanne* et ailleurs?

— Vous exagérez.

— Je n'exagère point du tout. Sous cette voûte de glace ont eu lieu des accidents terribles. Des téméraires comme vous ont osé pénétrer dans cette caverne, et des blocs, se détachant tout à coup, les ont écrasés.

— Vous avez trop bonne mémoire, reprend Raoul l'audacieux. J'avoue néanmoins que si j'entrais là dedans je ne me hasarderais pas à tirer un coup de revolver.

— Et vous auriez raison, fait le Zouave : un coup de revolver ou un coup de fusil pourrait provoquer un éboulement.

— D'ailleurs, remarque Olivier, si un bloc de glace ne vous tuait pas, vous courriez risque de vous noyer, car ce torrent est furieux.

— Ce torrent m'effraye plus que la voûte de glace. Mais je vois du cristal de roche, je veux l'avoir.

— Où est-il?

— Un peu plus haut, sur la moraine. »

Raoul grimpe lestement et met la main sur le cristal convoité; mais ce cristal adhère trop fortement à la moraine. Raoul a recours à la lame de son couteau. Déception! la lame ne peut pénétrer. Raoul s'arme d'une pierre, et s'en sert comme d'un marteau pour enfoncer la lame d'acier. Il frappe un coup sec; une aiguille de cristal se détache, mais la lame est brisée. Hourra ironique des témoins. Raoul triomphe cependant, et fait miroiter au soleil son aiguille de cristal aux éblouissants reflets.

« Êtes-vous téméraire, dit Olivier. Si vous aviez glissé, vous tombiez dans le gouffre.

— C'est dans ce gouffre, ajoute Stanco, que Nodier ensevelit le héros d'un de ses contes, son *Aveugle de Chamonix*.

— Rien que de regarder là, reprend Olivier, la tête me tourne.

— Avez-vous lu, ajoute Stanco, comment mourut la jeune Anglaise?

— Quelle jeune Anglaise?

— Une blonde jeune fille de quinze ans, belle comme le jour, quoique un peu trop fière déjà. Elle était venue à Chamonix avec son frère et sa mère, une très riche veuve en grand deuil. Les deux enfants avaient la poitrine délicate, et leur mère les amenait en Savoie pour leur faire respirer l'air fortifiant des hautes montagnes. Un jour, tous les trois, en compagnie d'autres touristes, viennent ici contempler la source de l'Arveyron. Plusieurs jeunes gens s'aventurent sur les galets qui bordent le lit du torrent; ils pénètrent sous la voûte et font quelques pas dans la grotte. La jeune Anglaise s'approche, elle aussi; sa mère proteste et l'adjure de ne pas aller plus loin. La jeune fille s'arrête à l'entrée, se penchant un peu pour apercevoir les brillantes parois de la caverne. A ce moment même, un morceau de glace se détache de la voûte, tombe et lui brise le crâne.

« Quelle scène horrible! La mère se précipite sur sa fille, voit qu'elle est morte, et aussitôt s'affaisse évanouie. Les touristes affolés accourent, s'empressent; mais le jeune Anglais, un garçon de douze ans, jette brusquement un foulard sur la tête de sa sœur, cette tête tout à l'heure si gracieuse, aux tresses si soyeuses et d'un blond si doré! Déjà cette belle chevelure se souille d'un sang noir. Quelqu'un avance la main pour soulever doucement le foulard. Mais le frère de la morte se redresse farouche, furieux. Il repousse ceux qui l'entourent :

« — Laissez, commande-t-il; personne ne la verra plus jamais. »

— Assez, Stanco, dit Raoul ; vous ne savez que des histoires tristes.

— Allons-nous-en, » fait le Zouave.

Il est dix heures. Ardent soleil ; aucun ombrage ; chaleur molle, presque orageuse. La caravane ne tarde pas à gémir ; le Zouave et Olivier prétendent qu'ils ont soif ; aussi, en repassant par le hameau des Praz, demandent-ils à se rafraîchir.

« Nous avons de bon lait *friss*, dit une Savoyarde.

— Buvons du lait *friss!* »

Jamais peut-être nous n'avons goûté un lait aussi savoureux, un vrai parfum, un vrai nectar.

Vers onze heures nous sommes de retour à Chamonix. Déjeuner. A table se discutent les détails de l'excursion prochaine. A midi, départ, l'alpenstock en main. Nous aurons besoin de l'alpenstock ; il nous faudra grimper, puis traverser le rude glacier des *Bossons*.

Nous prenons d'abord le pont de l'Arve, puis nous tournons à droite, par la rive gauche du torrent. Sur notre route rencontre de plusieurs chalets, chalets misérables. Un torrent à franchir, le *Dard*, puis un bois de sapins et d'aunes, puis le hameau des *Pèlerins*. Ce hameau des Pèlerins a un souvenir glorieux ; il garde l'humble cabane où naquit et vécut le héros du mont Blanc, l'intrépide Jacques Balmat. Avant lui, personne n'avait pu découvrir le chemin de la colossale montagne ; lui-même avait fait déjà, pour arriver là-haut, les plus périlleuses tentatives. C'est de ce pauvre logis que partit, le 28 juin 1786, le hardi et opiniâtre montagnard, déterminé à triompher du mont Blanc ou à périr.

— Maintenant, dit Raoul, le plaisir commence ; il faut grimper. »

Le sentier gravit sous bois jusqu'au pré de la *Cascade des Pèlerins*. Cette chute d'eau était autrefois d'un effet superbe ; mais des rochers se sont éboulés, et la chute a perdu une partie de sa beauté.

De la cascade des Pèlerins la pente devient très rude. A notre droite est le glacier, que nous prétendons affronter bientôt : une moraine nous en sépare. Cette moraine ne nous fait pas peur.

« Courage ! » dit Raoul.

Non sans effort nous atteignons le chalet de la *Para*; là, le Zouave s'arrête.

« Je ne demande pas, dit-il, la permission pour m'asseoir. » Et aussitôt il s'allonge sur le gazon.

Mais Raoul concède à peine cinq minutes de repos.

« Nous ferons halte, dit-il, à la *Pierre-Pointue*. Ranimons notre ardeur. Songeons que nous avons l'honneur de suivre la vraie route du mont Blanc. »

Le sentier ressemble de plus en plus à une échelle. Cependant les mulets s'y aventurent. Comment font-ils pour monter, surtout pour descendre ?

Une heure encore de rude ascension. Enfin, trempés de sueur, nous parvenons à la Pierre-Pointue.

« *Joanne* dit que nous sommes ici à deux mille quarante-neuf mètres.

— Dit-il aussi que nous sommes en nage ? » demande Olivier, le visage cramoisi.

Halte. La Pierre-Pointue sera pour aujourd'hui notre point culminant. Raoul regrette de ne pas pousser jusqu'à la *Pierre-de-l'Échelle*, ainsi nommée de l'échelle mise là en réserve à la disposition des ascensionnistes du mont Blanc.

A la Pierre-Pointue a été construit un petit pavillon. On y offre des rafraîchissements à MM. les touristes. De ce pavillon la vue est superbe. Les fameux blocs, dits *Pyramides des Bossons*, attirent surtout nos yeux. Raoul aspire à monter encore.

« Vous aspirez trop haut, lui dit le Zouave.

— *Excelsior !* voilà ma devise, reprend Raoul. Quoi ! je ne verrai pas de plus près ces pyramides fantastiques ?

— Vous les verrez mieux tout à l'heure.

— Qu'allons-nous faire maintenant ? demande Olivier. Descendrons-nous par le même chemin ?

— Quelle honte ! proteste Raoul. Nous nous sommes promis de traverser le glacier des Bossons. Voici le moment. »

Le moment, en effet, est venu, mais il n'a rien de rassurant. Le Mauvais-Pas d'hier n'était qu'un jeu en comparaison du mauvais pas d'aujourd'hui : c'est du moins l'opinion de Stanco. Raoul interroge l'homme du pavillon.

Source de l'Arveyron.

« On passe par là, répond-il; et il indique l'endroit précis où le glacier est abordable.

— Allons, n'ayons pas peur, dit Raoul. Je vais montrer le chemin. »

Cette partie inférieure du glacier des Bossons n'a pas la largeur de la mer de Glace, mais aux yeux de Stanco c'est vingt fois plus effrayant. Tout d'abord ce sont d'énormes blocs jetés en désordre les uns sur les autres, blocs aux arêtes vives et aux surfaces glissantes; puis, — et c'est là surtout l'obstacle redouté, — un gros torrent se précipite des sommets, en bonds furieux, avec un fracas terrible; il se brise contre les blocs, et son écume rejaillit vers le ciel. Pour unique pont, deux sapins de longue taille, à moitié équarris; l'embrun des eaux les baigne, et à chaque instant l'écume les recouvre. Que le torrent détache un bloc ou lance une vague plus haute, et les deux sapins seront emportés comme des brins de paille.

« Jamais je ne passerai là, soupire Stanco épouvanté.

— Bah! fait Raoul, rappelez votre antique audace :

Là, sur un pont tremblant, tu défiais la foudre.

— Servez-vous de votre alpenstock, conseille le sage Olivier.

— Le vertige me prend!

— Il faut lui donner la main, » déclare le Zouave.

Stanco accepte avec reconnaissance le secours offert, et il parvient ainsi jusqu'à l'autre rive. Désormais le plus fort est fait. On s'avance sur le glacis solide, le long des crevasses béantes. Ces crevasses effrayent l'œil, mais en même temps elles l'attirent, le captivent : leurs parois sont d'un azur si pur, si caressant!

Soudain, exclamation de Raoul :

« Oh! magnifique, magnifique! »

Nous levons les yeux. A cinquante pas au-dessus de nous se dressent dans toute leur beauté les pyramides des Bossons. Ces blocs extraordinaires ont, paraît-il, jusqu'à trente mètres d'élévation. Isolés, effilés en aiguilles, ils produisent au milieu du glacier l'effet le plus fantastique.

« Je suis enchanté de les voir si bien, dit Raoul.

— Ils méritent d'être vus, » ajoute Olivier.

Bientôt le glacier est tout entier franchi. Nous reprenons pied sur la terre notre mère. Il n'y a plus qu'à dégringoler. Le sentier est rapide, mais charmant : pentes gazonnées, bouquets de mélèzes. Un village, village des Bossons. L'escarpement s'adoucit. Nous continuons de descendre. Enfin à nos oreilles monte le grondement de l'Arve. Voici le torrent, voici un pont, pont de *Pérolataz;* nous le traversons, et, après avoir dépassé un hameau, nous nous arrêtons au bord de l'Arve, sous de beaux ombrages.

« Je fais halte, déclare le Zouave.

— Moi, dit Raoul, je prends un bain de pieds; je suis curieux de vérifier si l'Arve est aussi glacée qu'on le prétend. »

Cet exemple trouve trois imitateurs; mais le rafraîchissement est de telle sorte qu'il arrache plusieurs cris aigus. A Genève, à dix-huit lieues de sa source, l'Arve est assez froide pour provoquer des évanouissements; qu'on juge de sa température en face des glaciers! Aussi, rafraîchis au delà de nos désirs, nous prenons, au pas de promenade, la large et poudreuse route de Chamonix. Le crépuscule approche; heure agréable, brise délicieuse. La vallée commence à se voiler d'ombre, mais les hauts glaciers voient encore le soleil couchant. Le dôme du mont Blanc a des reflets d'un velouté incomparable.

Premières maisons de Chamonix.

Un coup de canon!

« Qu'est-ce que cela? demande Olivier.

— C'est votre retour qu'on signale, » répond le Zouave.

Nous pressons le pas et nous atteignons la place. Sur cette place, foule empressée.

« Qu'y a-t-il?

— Regardez dans la lunette, » répond un montagnard.

Raoul s'approche de l'instrument braqué vers le mont Blanc.

« Un petit drapeau, dit-il.

— C'est, reprend le montagnard, le drapeau des ascensionnistes partis hier.

— Nous les avons vus partir ce matin, objecte Olivier.

— Vous avez vu ce matin le départ d'une nombreuse caravane; cette caravane couche ce soir aux Grands-Mulets. Mais hier, deux Anglais et quatre guides ont entrepris l'ascension. Ils arrivent maintenant au sommet, et ils arborent leur drapeau. Quelle cause les a retardés? On n'en sait rien. Aussi tout l'après-midi on était ici très inquiet. »

Chacun à son tour met l'œil à la longue-vue, et considère cette banderole qui flotte à quatre mille huit cents mètres, sur la suprême cime de l'Europe.

L'ombre du soir grandit, la plaine s'enveloppe de ténèbres; mais la coupole du mont Blanc et les aiguilles gigantesques émergent toujours dans la lumière; les moins hautes s'obscurcissent. Bientôt, sous les derniers rayons du soleil, on n'aperçoit plus que l'aiguille du Géant, l'aiguille du Dru, l'aiguille Verte; puis, comme des candélabres sublimes, ces pointes lumineuses s'éteignent. Seuls, le dôme du Goûter, le dos du Dromadaire et le dôme du mont Blanc triomphent encore de la nuit; ils se parent de teintes transparentes, successives, merveilleuses; ils se revêtent d'or, de pourpre, de rose, de violet. Enfin peu à peu tout pâlit, tout s'efface, tout s'évanouit.

IV

MÉGÈVE-LA-SAINTE

Samedi 31 juillet. — Le col de Voza ; Saint-Gervais. — Les valises sont bouclées en hâte et de nouveau confiées au bureau des diligences. Elles iront nous attendre à Genève.

Et maintenant, Chamonix, *au revoir !*

N'est-ce pas *adieu* qu'il faut dire ?

Nous avons eu la joie d'admirer ensemble ces merveilleux glaciers, ces magnifiques montagnes.

Heureux qui les revoit, s'il a pu les quitter !

De les quitter, l'heure est venue ; de les revoir, l'heure sonnera-t-elle jamais ?

A la volonté de Dieu ! La Providence nous accorde ce qu'elle refuse à tant d'autres. Soyons reconnaissants, ne soyons pas tristes.

Le soleil est radieux ; sa lumière se joue dans les mille arêtes des glaciers : nous contemplons une dernière fois cet incomparable spectacle ; et nous reprenons en sens inverse la route suivie hier soir. Cette route, au fond de la vallée, repasse devant le glacier des Bossons, et, continuant vers l'ouest, longe l'Arve aux flots rapides, d'abord sur la rive droite, puis sur la rive gauche.

Une heure et demie de marche, et voici un joli village, *les Ouches*, aux blanches maisons qui s'étagent sur un mamelon verdoyant, au pied de la grande montagne. Pour les voyageurs qui arrivent de Genève, ce village forme la première des trois paroisses de la vallée de Chamonix.

« Les Ouches, dit Stanco, ce nom n'éveille-t-il en vous, Raoul, aucun souvenir?

— Nous ne sommes jamais venus ici, répond Raoul.

— Sans doute; mais, lors de notre premier voyage à Chamonix, n'avons-nous pas, en remontant vers Argentière, rencontré une croix avec une inscription? J'en ai conservé fidèle mémoire, car l'inscription se trouve encore dans mon carnet de touriste : « Ici périt, emporté par une avalanche, « Dosithée, comte des Ouches, âgé de dix-sept ans. Passants, « priez pour lui! »

— Je me le rappelle parfaitement, reprend Raoul.

— Pauvre jeune comte! ajoute Olivier. Si ces immenses montagnes formaient son comté, il avait dans son domaine des points de vue admirables. Mais n'est-ce pas triste de mourir ainsi, à dix-sept ans, sous une avalanche, au milieu d'un beau voyage?

— Imaginez, dit Stanco, que demain pareil malheur arrive à l'un de nous; que feraient les trois autres?

— Vraiment, Stanco, vos *imaginations* ressemblent à vos histoires, elles sont lamentables. Songez plutôt à trouver le chemin du col de Voza. N'est-ce pas aux Ouches qu'il nous faut détourner?

— Oui, reprend Stanco; que le Zouave interroge donc ce vénérable Ouchois, qui, debout sur sa porte, vous regarde avec tant d'intérêt.

— Cet Ouchois aux cheveux blancs a un air honnête et inspire confiance.

— S'il vous plaît, lui demande le Zouave, par où va-t-on au col de Voza?

— Par ici, répond le vieux Savoyard, je vais vous montrer. »

Et d'un pas tranquille le brave montagnard nous conduit entre deux haies verdoyantes qu'ombragent des cerisiers surchargés de petites cerises noires. Tout en cheminant, il questionne :

« Vous êtes de loin?

— De deux cents lieues et plus.

— Ah! Êtes-vous de Paris?

— Non, de Bretagne.

— Ah! de Bretagne! J'en ai entendu parler. Je me suis laissé dire que c'est un bon pays.

— Certainement.

— Y voit-on des montagnes aussi hautes qu'ici?

— Oh! non, pas si hautes.

— Bon pays, la Bretagne! Vos montagnes ont-elles de la glace par-dessus?

— Pas du tout.

— Bon pays! Y trouve-t-on de la plaine?

— Oui, de grandes plaines.

— Fameux pays! Est-ce qu'il y pousse du froment?

— En quantité.

— Bon pays! Y vient-il aussi un peu de vigne?

— Mais oui; et sur les coteaux de la Loire, notre Nant à nous, la vigne donne un vin excellent.

— Quel bon pays, la Bretagne! »

Et les yeux du vieil Ouchois s'éclairent d'un rayon joyeux.

« Eh bien! venez la voir, dit Raoul. Venez chez nous, nous vous ferons goûter notre vin *friss!*

— Trop vieux! reprend le vieillard hochant la tête; oh! oui, Jacques Filliaz est trop vieux: dans mon natal j'ai vécu, dans mon natal je veux finir; ça ne tardera pas guère.

— Allons donc! vous êtes vigoureux.

— J'ai soixante-dix-huit ans; j'en ai vu finir de plus jeunes; mais quand le bon Dieu voudra! Assez de fois j'ai vu tomber la neige. Le bon Dieu, je l'espère, prendra en pitié le vieux Jacques. »

Et brusquement:

« Tenez, voilà le détour; maintenant le col est là-haut, vous l'attraperez sans faute.

— Par où faudra-t-il aller?

— Par où le chemin passe; bon voyage.

— Merci, et adieu! »

Nous sommes au bas d'une prairie qu'une haie limite à notre gauche. Nous longeons la haie; bientôt elle cesse, et nous continuons en ligne droite. Ce ne sont plus devant nous que des pentes où l'herbe croît à même, veloutée et touffue.

Gravissons donc ces pentes; elles sont assez raides, mais le temps est si beau et l'air si pur! Nos poitrines se dilatent, et nos cœurs aussi. Raoul prend avec entrain la tête de la caravane, et, poussant son cri joyeux d'escalade, il s'élance d'un pied rapide et exhorte les autres à le suivre vaillamment.

Cinq minutes plus tard, un gémissement plaintif nous arrête surpris et inquiets.

« Quoi? Qu'est-ce? Qu'y a-t-il?

— Je ne peux pas, soupire Olivier, resté plus bas en arrière.

— Qu'avez-vous?

— Non, je ne puis pas, » reprend-il.

Et il demeure là où il est, debout, immobile, les deux mains crispées sur son alpenstock, le visage en feu, congestionné.

« Enfin, qu'avez-vous?

— Le cœur me bat, me bat si fort, qu'il m'est impossible d'avancer. Je renonce à monter là-haut.

— Ce n'est pas sérieux, gronde Raoul.

— C'est très sérieux, tout à fait sérieux. Le Buet m'a tué. Depuis l'ascension du Buet, j'ai des battements de cœur.

— Vous n'en avez rien dit hier, ni avant-hier.

— Enfin le cœur me bat à se rompre : il faut que je m'en retourne. »

Raoul, le Zouave et Stanco passent là un mauvais moment. Ils entourent l'éclopé, le rassurent, l'encouragent, lui affirment qu'il n'est pas malade, qu'il n'a rien, qu'on va marcher lentement, doucement. L'éclopé hoche la tête. Cependant cette courte halte lui a été utile; il se sent mieux et se résigne à un effort. Mais c'en est fait de son ardeur première; désormais notre brave Olivier ne pourra *ascendre* qu'avec douleur et angoisse. En revanche, aux descentes, il reprendra ses avantages; il les reprendrait aussi en plaine, mais les plaines ne se rencontrent guère en Haute-Savoie.

Notre *Guide Joanne* avoue que le sentier du col de Voza « est rapide et mauvais pour les mulets ». Et pour nous donc, est-il moins rapide? On arrive au sommet, ajoute *Joanne*, en deux heures un quart. — A condition qu'on n'ait pas de battements de cœur. Quoi qu'il en soit, avec le temps, nous parvenons à atteindre le col. Sur le plateau se dresse un logis assez gentil; une honnête Savoyarde nous y accueille avec une satisfaction évidente ; elle est là toute seule, remplissant à la fois le rôle de patron et de patronne, de valet et de servante, de cuisinier et de cuisinière. L'arrivée de quatre voyageurs lui apporte distraction et profit. Chose très agréable, le déjeuner est prêt. Le Zouave, charmé, s'en étonne.

« Pourquoi vous en étonner? dit Raoul : une hôtesse juchée à cette altitude doit avoir des yeux d'aigle. Du haut de son *col*, elle nous a vus de très loin sur la pente et elle a mis sur le gril ses côtelettes.

— *Nos* côtelettes, » reprend le Zouave, qui se met à table sans discuter davantage.

Le déjeuner fini, l'hôtesse, souriante, nous invite à examiner sa collection de photographies, albums, herbiers, minéraux. Un morceau de cristal de roche excite la convoitise de Raoul, mais c'est trop gros et trop cher.

« Trop lourd surtout, » murmure Stanco, qui craint d'avoir à porter ce trésor.

Raoul hésite, combattu entre deux désirs contraires ; il imagine un expédient :

« Je n'en prendrai qu'une partie, dit-il ; s'il vous plaît, Madame, cassez-moi ceci. »

Madame, flattée d'un tel titre, regarde Raoul tout étonnée. Son beau cristal de roche, si on le brise, perdra singulièrement de sa valeur.

« Bah ! fait Raoul, vous le vendrez mieux en détail. Avez-vous un marteau ? »

Madame présente un marteau.

« Tenez ferme ! » commande l'imperturbable Raoul, lui posant en main le cristal de roche.

La Savoyarde n'ose pas dire non, mais elle tremble bien un peu. Elle tend la main, Raoul lève le marteau pour frapper. Effroi de la pauvre femme ; elle fait un pas en arrière.

« N'ayez pas peur, » dit Raoul.

Le Zouave et Olivier se mettent à rire.

« Vous en parlez à votre aise, dit le Zouave ; changez donc les rôles : donnez le marteau à cette bonne personne, et vous verrez !

— Elle ne frapperait pas comme il faut, objecte Raoul. Recommençons. »

La scène recommence en effet ; même jeu, même résultat, mêmes rires. Cette fois, Raoul retient de la main gauche l'objet convoité, et d'un coup sec il frappe. Succès complet, — complet pour lui. — Quant à la patiente, le contre-coup lui a arraché un cri qui ne ressemble pas à un cri de plaisir. Malgré cela nous la quittons dans les meilleurs termes. Un dernier regard d'admiration est jeté sur la chaîne du mont Blanc, et, lui tournant le dos, nous nous élançons d'un pas agile sur l'autre versant du col de Voza. Descente facile, d'abord par des prairies, puis sous des sapins, puis par d'autres prairies. Au loin, en bas, se déroulent des horizons nouveaux, horizons gracieux.

En moins de deux heures nous atteignons un village, *Bionnay*. Ici nous sommes dans la vallée de *Montjoie*, vallée *joyeuse*, vraiment, pleine de *riants* vergers. Une belle route la dessert, et à travers de jolis hameaux descend vers un gros bourg, *Saint-Gervais-le-Village*. Là, des hôtels de confortable apparence invitent à entrer les voyageurs aux bourses bien garnies. Dans ces hôtels prennent pension beaucoup de touristes venus pour les bains dits de *Saint-Gervais*. Ces bains si renommés nous attirent ; aussi passons-nous fièrement devant les beaux hôtels, et nous continuons de descendre. Une nouvelle vallée se découvre ; nous y arrivons, et, tournant brusquement à gauche, nous nous trouvons tout à coup en face d'une gorge sauvage, solitaire, resserrée entre de hautes parois à pic. Sur ces parois s'étagent des mélèzes, des hêtres, aux ombrages épais et sombres. Sous le souffle d'une brise froide, mélèzes et hêtres frémissent, s'agitent, se tordent, puis semblent se pencher vers nous pour nous signaler à leurs voisins, ou pour attirer notre attention.

« Voyez-vous ces arbres ? demande Stanco arrêté soudain par un vague effroi.

— Sans doute.

— Écoutez-vous ce qu'ils disent ?

— Rêvez-vous ?

— Ils disent, reprend Stanco, ils disent : « Eh bien, quoi ?
« regardez-nous donc ! Regardez tout ceci. Est-ce assez
« farouche ? assez triste ? assez menaçant ? Que venez-vous
« faire en pareil lieu ? Quel niais a pu vous conseiller de

« vous enfouir dans ces profondeurs glaciales ? N'entendez-
« vous pas ce *Nant* terrible ? Il rugit nuit et jour et n'aspire
« qu'à vous engloutir tous les quatre. »

— Décidément vous rêvez, dit Raoul, et vos rêves ne sont pas gais du tout !

— J'avoue, ajoute Olivier, que ce torrent dans le fond fait un tapage infernal.

— Du sérieux, interrompt le Zouave ; voici deux gentlemen. »

Deux messieurs s'avancent, — bottes molles, cravache en main, — à travers la large allée, qui, sablée correctement, contourne une vaste pelouse au gazon d'émeraude. Ces dandys, d'une toilette aussi fraîche qu'élégante, nous toisent d'un œil de méprisante surprise, puis passent outre, le sourcil froncé.

« Il faut reconnaître, déclare le Zouave, que notre équipement laisse ici trop à désirer. Je vois là-bas des constructions de luxueuse apparence ; on doit s'y présenter majestueusement en calèche et y payer très cher. Elles n'ont point été bâties pour de chétifs piétons, aux manteaux gris de poussière suspendus à de méchantes ficelles.

— C'est vrai, ajoute Olivier ; coupons nos ficelles et secouons nos manteaux.

— N'ayez pas le malheur de couper ces bonnes ficelles, proteste Raoul ; elles nous ont été très utiles, elles le seront encore.

— Sans doute, concède Olivier, en montagne elles ont rendu des services ; mais je crois que de la montagne nous allons passer au salon. »

Chacun délie son manteau, le secoue, le dispose de façon à lui donner meilleur air. Après quoi, rajustant autant que possible notre modeste toilette, nous nous dirigeons un peu inquiets vers le *Grand Établissement des Bains de Saint-Gervais*. Au fond, un corps de logis avec perron ; sur les deux flancs, des édifices à trois ou quatre étages. Il est sept heures, les dîners battent leur plein ; on n'entend que cliquetis de verres et d'assiettes, aussi la cour se trouve-t-elle déserte. Au-devant du perron sont couchés deux énormes chiens de montagne. Ces bêtes nous regardent sans aboyer, sans se relever. Sentent-elles que nous sommes de vrais touristes et que nous avons parfaitement droit de réclamer une place chez leur maître? Quoi qu'il en soit, cette tolérance des deux gardiens est d'un bon augure. A ce moment apparaît un des employés de la maison, il nous présente à qui de droit; nous voici devenus hôtes des bains de Saint-Gervais.

« Le prix des chambres, s'il vous plaît? demande Stanco.

— Cela dépend, répond le régisseur; du côté du Nant, une chambre au troisième ne coûte que trois francs.

— Je désire le côté du Nant, fait vivement Raoul; rien que pour voir le Nant à mon aise je payerais quelque chose de plus. »

Le régisseur s'incline poliment, tout en semblant sourire un peu. Ce léger sourire inspire à Stanco une crainte vague; mais Stanco n'est-il pas toujours craintif? A la suite d'un chambriste nous escaladons trois étages. De nos fenêtres assez étroites le regard plonge sur le torrent qui tout en bas bondit, se brise, écume.

« Il s'appelle le *Bon-Nant*, remarque le Zouave; mérite-t-il ce nom-là?

— J'en douterais, fait Olivier, car il n'a point l'air commode. »

Le Bon-Nant ne tarde pas, en effet, à nous démontrer que son voisinage n'est pas toujours des plus agréables. Notre journée de marche en montagne et l'escalade du col de Voza nous font éprouver un impérieux besoin de sommeil. Mais allez donc dormir avec un voisin qui hurle et tempête! Après avoir en vain, pendant une demi-heure, essayé de fermer les yeux, le Zouave, peu patient, pousse derrière sa cloison une exclamation de colère :

« Quel infernal vacarme! » crie-t-il.

A quoi Stanco répond par un gémissement plaintif :

« Je renonce à dormir cette nuit.

— Quelle sottise, réplique Olivier, de n'avoir pas payé un franc de plus afin d'être moins près d'un Nant pareil! Et Raoul, qu'en pense-t-il?

— Raoul ronfle.

— Incroyable, vraiment.

— L'entendez-vous? Il fait sa partie avec le Nant, en accord. »

Dimanche, 1ᵉʳ août. — Les Contamines, le mont Joli. — Nuit sans sommeil pour trois de nos pèlerins. Aussi ce matin sont-ils épuisés, alourdis, dépourvus de toute ardeur. Ce Nant effroyable, nommé *Bon* parce qu'il est terrible, — comme le roi Jean le Bon, — les a abasourdis, hébétés. Seul Raoul a pu dormir; aussi avec son entrain ordinaire plaisante-t-il ses malheureux compagnons. Ceux-ci cependant se réveillent bientôt malgré eux, secoués par le froid courant d'air que le Nant produit. Ce fond de gorge, véritable entonnoir, est peut-être brûlant lorsque les rayons du soleil s'y plongent; mais le matin, quand le soleil n'y pénètre pas du tout, la température de Saint-Gervais est glaciale.

Aussi, dès que nous sommes prêts :

« Allons-nous-en, dit le Zouave.

— Allons-nous-en!

— Oui, fait Stanco, si mon médecin prétend me renvoyer un jour aux bains de Saint-Gervais, je lui répondrai : Conseillez cela à d'autres¹. »

Devant nous se développe la large allée sablée par laquelle nous sommes venus hier. Mais Raoul aperçoit à droite, sur le flanc de la montagne, un petit sentier qui grimpe.

« Montons par ici, dit-il, ce sera plus court et plus joli. »

C'est surtout plus raide. Ce petit sentier s'enfonce sous bois, et à travers des gazons d'une fraîcheur merveilleuse. Mais en dépit de cette fraîcheur, de ces gazons, de ces bois, l'escalade exige de tels efforts musculaires, qu'en cinq minutes Stanco lui-même, Stanco le transi, se trouve avoir chaud. Cinq minutes encore et le Zouave s'éponge. Au bout d'un quart d'heure la sueur ruisselle sur tous les fronts, et le cœur bat, le cœur bat! Le pauvre Olivier se lamente.

« C'est fini, gémit-il, je ne puis monter. »

Il monte néanmoins, petit à petit, pas à pas.

« Nous y voilà! crie enfin Raoul.

— Où?

— A la grand'route, à la route descendue hier. »

---

¹ Stanco et ses compagnons ne prévoyaient point l'épouvantable catastrophe de 1892. Le 12 juillet 1892 le Nant, subitement et démesurément grossi par le brisement d'un glacier, engloutit tout entier l'établissement des bains, emporta quantité d'habitations et noya plus de deux cents victimes.

En effet, nous repassons bientôt devant les hôtels de Saint-Gervais-le-Village, puis entre ces vergers superbes qu'hier nous avions admirés déjà. Nous remontons la vallée de Montjoie, et, laissant à gauche les pentes de notre col de Voza, nous cheminons vers les *Contamines*. A notre gauche se dressent les escarpements énormes que couronnent les glaciers de la chaîne du mont Blanc. Devant nous, et à notre droite, les montagnes offrent des points de vue de toute beauté. Un gracieux village surtout attire le regard; il s'appelle *Saint-Nicolas-de-Véroce* : juché là-haut sur un mamelon verdoyant, il produit l'effet le plus pittoresque.

« Qu'est-ce que ceci? demande tout à coup Olivier, une petite chapelle?

— Une madone, dit Raoul, et des inscriptions italiennes.

— Des inscriptions italiennes! fait Stanco joyeux, lisons-les.

— Vous rappelez-vous, ajoute le Zouave, avec quel plaisir, à la montée du Saint-Gothard, nous vîmes des affiches en langue de *si* succéder aux affiches tudesques en langue de *ia* ?

— Ceci nous prouve bien, reprend Stanco, que l'Italie est tout proche, sur le revers de la montagne d'en face. »

Vers midi nous atteignons les *Contamines*. Ce tout petit village est à onze cent soixante-quinze mètres d'altitude, cent cinquante-deux mètres plus haut que Chamonix. A ses pieds bondit un torrent; vis-à-vis se dressent les pentes gazonnées et les lignes gracieuses du mont *Joli*. Un modeste hôtel nous offre un agréable accueil. Le temps est superbe et le soleil ardent; aussi Raoul invite-t-il ses compagnons à faire la sieste au bord du torrent qu'on entend gazouiller un peu plus bas. L'invitation est acceptée, et à l'ombre d'un mélèze, près des eaux fraîches et écumantes, nous nous reposons dans un doux *farniente*. Le repos se serait prolongé encore si Stanco n'avait réveillé brusquement ses voisins assoupis :

« *Du monde!* dit-il, secouez-vous! »

C'est une étrange caravane qui descend de notre hôtel des Contamines et vient franchir à trois pas de nous le torrent, afin d'escalader le mont Joli. La caravane est surtout féminine : elle comprend cinq jeunes Anglaises, sous la protection de milord, leur père, et la garde d'une gouvernante; un montagnard les guide.

Saint-Gervais.

Assez étonnés et un peu confus, nous saluons en silence, et nous regardons quelques instants comment ces Anglaises débutent dans leur ascension. Puis Stanco, à demi-voix :

« Voilà un bel exemple. Est-ce que vous ne voulez pas le suivre ? Prétendez-vous coucher aux Contamines ?

— Non, non, dit Raoul ; mais ne devions-nous point ce soir gagner les chalets de *Nant-Borrant ?* Il y a par là un passage très sauvage.

— Votre passage très sauvage ne m'inspire aucune confiance, proteste le Zouave.

— Ni à moi, ajoute Olivier ; je parie qu'il y faudrait grimper terriblement.

— Et où aurait lieu la halte demain ? reprend le Zouave.

— J'avoue que je me le demande, répond modestement Stanco. Le premier village indiqué sur la carte, dans cette direction, me paraît bien loin ; il s'appelle *Annuit*. Cet Annuit doit être bien chétif, car *Joanne* se borne à en citer le nom. Y trouverions-nous une auberge ?

— Consultez notre hôtelier des Contamines, » conseille Olivier.

L'avis est suivi. L'hôtelier hoche la tête quand il nous entend parler des chalets de Nant-Borrant.

« Des bergers y dormiraient, dit-il, et des chasseurs de chamois ; pour vous, vous n'y seriez guère à l'aise. Ensuite le passage est mauvais quand il y a du vent ou de l'orage, or il y aura certainement de l'orage cette nuit ; voyez, les nuages se forment sur le *col du Bonhomme*.

— N'allons point par là, reprend vivement Olivier.

— Eh bien ! passons, nous aussi, le mont Joli, réplique Stanco.

— Comme les jeunes Anglaises, fait Raoul.

— Où tomberons-nous de l'autre côté ? demande le Zouave.

— A Mégève, répond Stanco.

— A Mégève-la-Sainte, ajoute l'hôtelier. Vous ne pouviez pas y arriver un meilleur jour, car c'est demain, 2 août, la grande fête de Mégève, la fête de la Portioncule ; les gens s'y rendent de toutes les vallées afin de gagner l'indulgence. Vous gagnerez l'indulgence aussi, vous. »

Stanco regarde, assez surpris, ce brave hôtelier. Les hôteliers de France n'ont guère coutume d'engager leurs clients à se préoccuper des faveurs spirituelles accordées par l'Église.

« Avons-nous le temps de faire ce soir l'ascension du mont Joli? demande le Zouave.

— Oh! oui, répond le Savoyard; il est à peine quatre heures, ce soir il fera clair de lune, vous arriverez vers neuf heures à Mégève.

— Pouvez-vous nous procurer un guide?

— Il y a là un garçon de quinze ans qui va vous conduire là-haut; de là-haut il vous indiquera par où descendre : impossible de s'égarer.

— Eh bien! réglons nos comptes, et servez une bouteille de bière; il fait chaud. Mais quoi! votre carte des vins marque la bière à un franc cinquante! C'est trois fois trop cher.

— Oh! réplique l'hôtelier souriant, ce prix-là est pour les Anglais; vous autres, vous ne payerez que dix sous.

— Ah! interrompt Olivier, vous avez des prix particuliers pour les Anglais?

— Eh! sans doute, reprend le Savoyard, les Anglais sont si riches! N'avez-vous pas vu tout à l'heure ce milord qui court la montagne avec ses cinq filles et leur dame de compagnie?

— Nous venons de les voir. Vont-ils à Mégève aussi, eux?

— Ils y vont; mais vous les rattraperez en route, car quelques-unes des jeunes filles seront lassées avant d'atteindre le sommet de la montagne.

— Adieu!

— Bon voyage! »

Le jeune pâtre qui doit nous conduire a une énorme tête, des yeux très vifs, une épaisse chevelure noire. D'un pas accéléré il dégringole vers le torrent, et, le torrent franchi, il commence d'un pas presque aussi rapide à grimper en ligne droite.

Olivier s'arrête court.

« Ce n'est pas moi qui suivrai ce gaillard-là, fait-il.

— Ni moi, ajoute le Zouave.

— Est-ce qu'on ne prend pas par des zigzags? demande Stanco effrayé.

— On monte tout droit, » répond le pastoureau.

Et ce disant, il se retourne sur la pente, et d'un air assez narquois considère ses quatre voyageurs déjà espacés.

« Je suppose, reprend bientôt Stanco, je suppose que l'ascension du mont Joli peut se faire tout autrement, et je regrette de n'avoir pas suivi les Anglaises; on me permettra de croire qu'elles n'ont pas grimpé ainsi, en s'accrochant pendant trois heures à des buissons pleins d'épines. »

La base du mont Joli, de ce côté-là, est parsemée de rhododendrons trop nombreux. Plus haut, il n'y a que des gazons bien fournis. Mais la pente est raide, raide! Aucun sentier. Aussi quel épuisement après une demi-heure d'escalade! quels soupirs poussent le Zouave et Stanco! Et les lamentations d'Olivier, dont le cœur bat à se rompre! Enfin, avec le temps et la patience, le mont Joli se laisse vaincre; la dernière partie semble un peu moins rude : peut-être l'inclinaison s'adoucit-elle; peut-être sommes-nous mieux soutenus par la fraîcheur du soir et par l'air très vif qui règne à cette altitude. Le sommet du mont est à deux mille six cent soixante-dix mètres, quinze cents mètres au-dessus des Contamines. Nous y touchons presque, lorsqu'un bruit singulier étonne nos oreilles.

« Entendez-vous? demande Stanco surpris et inquiet.

— Oui, qu'est-ce que cela?

— On dirait des fléaux battant l'aire.

— On ne bat pas de grain à pareille hauteur. »

Tout à coup le bruit cesse, et un cri bizarre, prolongé, se fait entendre, cri suivi de rires bruyants.

« On s'amuse par ici, » dit le Zouave.

Un dernier mamelon est franchi, et nous nous trouvons en face d'une vingtaine de bergers et de bergères qui, formés en rond, s'arrêtent assez penauds. Bergers et bergères étaient en train de danser. C'étaient leurs gros sabots que nous entendions retomber si lourdement sur le sol.

Danseurs et danseuses ne s'attendaient point à nous. Immobiles, silencieux, ils nous regardent, mine effarouchée. Leur gêne évidente nous gêne. La glace est rompue par notre guide, le jeune pastoureau.

« Voulez-vous vous rafraîchir? demande-t-il. Dans la cabane on vend du vin. »

A quelques pas, en effet, se dresse une chétive construction en sapin, le long de laquelle s'appuie un banc rustique.

Il est manifeste que les danseurs n'aspirent point à nous voir nous installer sur ce banc, si près de leur salle de danse. Aussi Stanco se hâte-t-il de décliner l'offre.

« Nous n'avons pas le temps de nous arrêter, répond-il. Le soleil se couche déjà. Montrez-nous le sentier de Mégève. »

Cependant Raoul, Olivier et le Zouave embrassent d'un rapide coup d'œil l'immense panorama qui se déroule. Le sommet du mont Joli serait un splendide observatoire. Au sud et au sud-est s'étendent les vastes glaciers de la chaîne du mont Blanc; au nord-est, par-dessus le col de Voza, se dressent les montagnes de Chamonix, le Brévent, les aiguilles Rouges, le Buet; au sud s'élèvent, grandioses, les Alpes d'Italie; à l'ouest s'allongent les vallées de la Savoie, puis dans le lointain les Alpes du Dauphiné.

« Le chemin de Mégève? demande de nouveau Stanco.

— Il n'y a qu'à descendre, répond le pastoureau. Vous voyez là-bas les Anglaises? Suivez-les.

— Oui vraiment, les voilà, reprend Olivier; il ne s'en est pas perdu une seule en route : je les aperçois toutes les six, avec le papa et le guide. »

La caravane des filles d'Albion se montre encore sur la pente. Nous tournant le dos, elle va disparaître sous un pli du terrain.

« Payez donc notre guide, dit Stanco à Raoul, et allons-nous-en vite. »

Raoul se met en devoir de remplir ses fonctions de caissier; il présente au pastoureau une rémunération très honnête. Mais, ô déception! le jeune Savoyard à grosse tête roule des yeux furibonds :

« Ce n'est pas assez, gronde-t-il.

— Comment! pas assez? réplique Raoul très surpris; nous ne sommes pas convenus d'une bonne main plus forte.

— Nous ne sommes convenus de rien du tout, riposte le jeune rapace.

— Quelle faute! interrompt Stanco vexé. Je vous l'ai pourtant répété cent fois, Raoul, il faut faire vos prix d'avance. »

Raoul trouve l'objurgation intempestive. Il hausse les épaules et se permet un geste signifiant : « Laissez-moi tranquille. »

Comment finit-il par régler son affaire? Toujours est-il qu'il la règle. Ni lui ni le montagnard ne paraissent enchantés. Néanmoins nous voici libres, et d'un pas leste nous nous élançons.

Presque aussitôt se fait entendre de nouveau le bruit cadencé des sabots pesants.

« La danse recommence, dit le Zouave.

— Oui, » ajoute Stanco; et à demi-voix il murmure ce refrain d'une chanson de Bretagne :

> Le soir, on danse sur l'aire,
> Sur l'aire à battre le blé;
> Ah! c'est qu'il fait bon sauter
> Quand vient la brune,
> Et vous, gars à marier,
> Cherchez fortune !

Les dernières lueurs du soleil couchant se sont éteintes; mais la lune s'est levée, et sa douce lumière suffit pour diriger notre marche. Nous sommes sur des pentes gazonnées, et nous dégringolons de si bon cœur qu'en dix minutes nous sommes près d'atteindre les touristes d'Angleterre.

« Sera-t-il convenable de les dépasser? demande naïvement Stanco.

— Serait-il plus convenable de les suivre à trois pas? » réplique ironiquement Raoul.

Tout à coup retentit un cri perçant.

« Qu'est-ce?

— Qu'y a-t-il?

— Un accident, sans doute ! »

D'autres cris aigus répondent au premier.

Le Zouave se précipite en avant.

Un instant après nous sommes tous à côté de milord. Milord est muet et grave, mais trop inquiet pour exiger que nous lui soyons présentés avec toutes les formes requises d'ordinaire. Les jeunes Anglaises nous regardent effarées; quatre d'entre elles crient à la fois :

« *Edith! my dear Edith !* »

Ma chère Edith est une grande et belle blonde de dix-huit à vingt ans. A demi étendue sur l'herbe, très pâle, les lèvres serrées, les mains crispées, elle fait d'évidents efforts pour dominer une vive souffrance.

Le Zouave se permet d'intervenir.

« Pardon, dit-il en saluant, pouvons-nous vous rendre quelque service?

— Elle n'a qu'une entorse, répond le montagnard, guide de la caravane, mais c'est assez embarrassant, car elle est incapable de marcher. »

Sur cette déclaration, Édith, malgré elle, laisse échapper un sanglot. Ses sœurs en poussent quatre. La gouvernante, épouvantée, lève les bras au ciel; ses yeux, démesurément ouverts, sont fixés sur milord; ils en scrutent la pensée intime. Celui-ci, les traits contractés, semble rassembler toutes ses foudres afin d'anéantir l'infortunée gouvernante, comme si elle était la cause de tout le mal. Certainement milord se dit : « *Moa* payer très cher cette mistress; *moa* lui donner des guinées, beaucoup, beaucoup; mais *moa* exiger en retour qu'elle empêche mes filles de faire des faux pas. »

« Voyons, reprend le Zouave, il ne faut point rester ici jusqu'à demain matin. Puisque Mademoiselle ne peut plus marcher, emportons-la.

— *Yes, yes,* » murmure milord.

Le montagnard hoche la tête.

« Sans doute, sans doute, répond-il; mais comment? Elle sera d'un assez bon poids; cela ne me ferait pas peur, mais voudra-t-elle que je la mette sur mon dos?

— *No, no!* » réplique d'un ton d'autorité la fière Anglaise.

Milord échange en sa langue quelques brèves paroles avec son héritière. Celle-ci riposte avec un air et un regard qui ne laissent aucun doute sur l'énergie de sa décision. Après quoi :

« *Vos trouver, s'il vous plaît, ioune auter manière,* dit l'Anglais au guide.

— Permettez, intervient le Zouave, si nous avions seulement un cheval ou un mulet...

— *Aoh! yes,* interrompt milord, *yes, ioun mioulette.*

— Mais nous n'en avons point, remarque brusquement le montagnard.

— Combien de temps nous faut-il pour atteindre Megève ?

— Pour nous, répond le montagnard, il ne faudrait qu'une heure et demie ; mais avec une entorse ?..

— N'y a-t-il aucun village sur le chemin ? reprend le Zouave.

— Un peu à gauche, le *Planey,* un hameau.

— A quelle distance ?

— A une petite demi-heure.

— Eh bien, portons Mademoiselle jusque-là.

— Mais elle ne veut pas !

— Elle voudra. Elle va s'asseoir sur mon manteau comme sur un fauteuil ; le manteau est en bon drap, nous le tiendrons par les deux bouts, vous et moi, chacun de notre côté.

— Ah ! murmure Raoul, ce sera à la *porte-en-poêle.* »

Stanco, d'un geste suppliant, adjure l'indiscret Raoul de garder pour lui ses réflexions irrévérencieuses.

« Débrouillons-nous, » ajoute le Zouave.

Et, ce disant, il débarrasse prestement ses épaules de son lourd manteau gris roulé en bandoulière. Le

Dans les Alpes.

manteau est disposé comme il convient pour la circonstance. Le Zouave et le guide en saisissent chacun une extrémité ; puis d'un geste poli la blessée est invitée à prendre place. Miss Édith a suivi d'un œil attentif ces préparatifs ; quand elle comprend ce dont il s'agit, elle hésite, puis jette un vif regard sur son père. Celui-ci écarte le Zouave, et s'empare lui-même d'un des coins du manteau. Miss Édith ne résiste pas davantage, et, portée ainsi par son père et par le guide, elle s'avance confortablement en balançoire. Ses quatre sœurs suivent, puis vient la gouvernante; nous prenons modestement le dernier rang. Personne ne souffle mot. Étrange procession, vraiment, au clair de la lune! Aussi Raoul est-il pris d'une si folle envie de rire qu'il ne réussit pas tout à fait à dissimuler son accès de gaieté. Milord en entend quelque chose; il se retourne, brusque et raide. Raoul, afin de donner le change, se met à tousser bruyamment, comme s'il était atteint d'une quinte subite.

La procession marche ainsi dix bonnes minutes sans encombre. Tout à coup milord trébuche, il a butté contre un gros caillou. La secousse est telle que le palanquin manque de choir. Les quatre sœurs de miss Édith jettent un cri d'effroi. Le Zouave, bonne âme dénuée de rancune, s'élance au secours.

« Vous êtes fatigué, Monsieur, dit-il à milord, permettez-moi de vous remplacer quelques instants. »

L'Anglais pousse un sourd grognement; mais il s'est fait mal, il cède à la nécessité. Miss Édith se résigne. Et voilà comme quoi, à la grande joie de Raoul, d'Olivier et de Stanco, le Zouave a l'honneur de balancer au clair de lune une noble fille de la perfide Albion, une descendante peut-être de cette fameuse Édith-au-Cou-de-Cygne qui, sur le champ de bataille d'Hastings, put seule retrouver le corps du roi Harold étendu mort parmi ses guerriers saxons, tombés sous la hache d'armes des Normands du duc Guillaume.

Enfin on arrive aux cabanes du Planey. Ce n'est pas trop tôt. Notre Zouave surtout en a assez. Le Planey compte deux ou trois chalets des plus modestes. Par bonheur, près d'un de ces chalets sommeille ou broute un vieux cheval. Son propriétaire, brave paysan, consent à le prêter. Point de selle ni de harnais. Sur le dos de la bête, le Zouave étend son épais manteau. — Voilà un manteau bien utile! — Puis, sur cette housse qu'elle eût méprisée à Epsom, miss Édith daigne se laisser asseoir. Et ainsi elle chevauche, flanquée du guide, escortée de son père, de ses quatre sœurs et de sa gouvernante, protégée à l'arrière-garde par nous autres, simples touristes, très honorés d'un pareil poste.

Vers dix heures, en pleine nuit, nous franchissons l'enceinte de Mégève. Une seule maison y semble encore ouverte, c'est l'hôtel principal du lieu, le *Soleil d'or*, qui fait briller, non pas son soleil, mais sa lanterne. La lumière de cette lanterne nous attire. Sur la porte se présente l'hôtelier.

« Ah! vous voilà, Messieurs, Mesdames, dit-il, nous commencions à être inquiets.

— *Le groom a prévenu vos?* demande sèchement milord.

— Oui, Monsieur, et nous vous attendions.

— *Et ce groom, où est-il?*

— Dans son lit, et il dort sur les deux oreilles.

— *Aoh! yes, les oreilles! Bob, mauvais garçon, moa les frotter à vos!* »

Dans ce moment Bob rêve sans doute qu'il dévore en cachette un gros pâté acheté pour milord, et sa bouche s'entr'ouvre souriante pour avaler un bon morceau. Bob, mon ami, tout songe est mensonge. Si tu savais ce qui t'attend!

Cependant l'hôtelier nous regarde surpris. On lui avait annoncé un Anglais et six Anglaises; il voit en outre quatre Français. Où loger ce supplément de voyageurs? De là un moment d'embarras trop naturel. Enfin le *Soleil d'or* étend ses rayons plus loin qu'on n'eût pu supposer. Il a des dépendances, des annexes; au bout d'une demi-heure tout le monde est casé, qui plus au large, qui plus à l'étroit. Anglaises et Anglais obtiennent, bien entendu, les meilleures chambres.

Lundi, 2 août. — MÉGÈVE-LA-SAINTE. — La prédiction de l'aubergiste des Contamines s'est réalisée de point en point. Hier soir, beau temps et clair de lune; plus tard, vers minuit, l'orage s'est formé, a éclaté, et la pluie est tombée en torrents. Par bonheur nous étions à l'abri, à l'ombre du *Soleil d'or*. Si cet orage nous avait surpris hier soir, sur les pentes, qu'aurions-nous fait de miss Édith, de son entorse et de ses compagnes?

La pluie tombe encore ce matin. Quel dommage! C'est aujourd'hui, à Mégève, grande solennité religieuse. De toutes les montagnes d'alentour les pèlerins descendent en foule. Les uns viennent de Saint-Gervais, de Sallanches et jusque de Magland; les autres arrivent par la vallée de l'Arly, gens du Flumet, de Saint-Nicolas, du Héri ou même d'Ugine et de la vallée de Beaufort. Beaucoup d'entre eux ont cheminé une bonne partie de la nuit, les braves chrétiens, sous la pluie et l'orage; et, pour se reposer et se sécher, ils n'ont cherché d'autre refuge que le sanctuaire béni où se gagne la précieuse indulgence. Aussi dès six heures (heure matinale pour nous qui avons encore dans les jambes l'escalade du mont Joli), dès six heures, quand nous franchissons le seuil de l'église, sommes-nous frappés de surprise et d'admiration à la vue de tous ces fidèles remplissant l'enceinte trop étroite. Ils encombrent les bancs de bois, les marches de pierre, les degrés des autels, les retraits de la muraille. Tous ceux qui ont pu y trouver place s'y sont assis. D'autres sont simplement accroupis sur leurs talons. C'est que leur fatigue n'a pas été petite; ils ont rudement marché. Parmi eux sont des enfants et des vieillards, des fillettes et des grand'mères, des têtes blondes auprès des têtes blanches. De longues files de pénitents s'alignent devant les confessionnaux, où dès cette nuit se sont enfermés les prêtres de Mégève et les curés des villages voisins; car tous savent que pour gagner la célèbre indulgence il faut être « confessé et contrit ». Ainsi l'a déclaré jadis, en propres termes, le séraphique saint François d'Assise, le jour où, pour la première fois, devant les sept évêques d'Ombrie, aux acclamations d'une multitude enthousiaste, il publia le prodigieux Pardon, le Pardon octroyé par Notre-Seigneur lui-même et ratifié par le souverain pontife Honorius. Quelle divine et suave poésie dans ces antiques récits franciscains racontant comment le Seigneur accorda à son serviteur François l'étonnante indulgence de la Portioncule! — La Portioncule, humble chapelle aux portes de la cité d'Assise, ainsi nommée de la petite *portion* de terrain que lui avaient concédé les Bénédictins du mont Soubase; — on l'appela ensuite *Sainte-Marie-des-Anges*, à cause des anges qui si souvent daignèrent y apparaître.

Comment Mégève, la modeste Savoisienne, est-elle aujourd'hui la glorieuse rivale de Sainte-Marie-des-Anges? Nous ne le savons pas. Du moins nous pouvons dire ceci, car nous en avons la preuve sous les yeux : la foi de ces bons Savoyards est aussi profonde que la foi des compatriotes de saint François ; les paysans ombriens sont plus expansifs, mais la piété de Mégève-la-Sainte nous saisit et nous émeut.

Retour au *Soleil d'or*. La pluie tombe toujours. Puisque le mauvais temps nous oblige à un arrêt forcé, chassons l'ennui par quelque instructive lecture.

« Auriez-vous un ou deux livres à nous prêter? demande Stanco au patron du *Soleil d'or*.

— Ma fille en a eu plusieurs chez les bonnes sœurs ; voulez-vous voir ses livres?

— Volontiers.

— Les voici. »

Cinq ou six volumes gaufrés et dorés sont mis entre nos mains. Un seul mérite notre attention : c'est la *Vie de saint François d'Assise*.

«Justement, dit Stanco, relisons l'histoire de la Portioncule.»

Bornons-nous ici à résumer ces pieuses pages ; elles nous reposeront de notre tour de Savoie.

La scène se passe en Ombrie, près d'Assise, au milieu de l'année 1216. Une nuit, François, le séraphique Père, s'entend appeler par la voix d'un ange :

François, à la chapelle, à la chapelle !

François se lève et court à Notre-Dame-des-Anges. En y entrant, il a devant les yeux un incomparable spectacle : Une clarté splendide inonde le modeste sanctuaire. Sur l'autel trône le Verbe incarné, Notre-Seigneur Jésus-Christ, le visage resplendissant d'une surhumaine beauté. A sa droite est assise la très sainte Vierge, sa Mère, à jamais bénie. Une radieuse couronne d'esprits célestes les entoure.

François, ravi d'admiration, tombe à genoux.

« François, lui dit Notre-Seigneur, je sais avec quel zèle tu souhaites le salut des âmes. Je veux t'en récompenser. Demande-moi pour elles telle faveur qu'il te plaira.

— Mon Seigneur et mon Dieu, répond l'humble François, puisque devant vous j'ai trouvé grâce, moi cendre et poussière, je vous en conjure, daignez accorder à vos fidèles cette faveur insigne : Que tous ceux qui, confessés et contrits, visiteront cette chapelle, y reçoivent l'indulgence plénière et le pardon de tous leurs péchés. »

Puis, se tournant vers la divine Marie :

« Je prie la bienheureuse Vierge, votre Mère, l'Avocate du genre humain, de plaider ma cause auprès de vous. »

Et aussitôt (ce qui a inspiré au génie de Murillo un chef-d'œuvre), aussitôt la très bénigne et très douce Vierge se penche vers son divin Fils et intercède pour les pécheurs. Le Sauveur la regarde d'un regard plein d'amour.

« François, dit-il, je t'accorde l'indulgence que tu sollicites, mais à la condition qu'elle sera confirmée par mon Vicaire, à qui seul j'ai donné pleins pouvoirs de lier et de délier ici-bas. »

La vision disparaît. François part en hâte pour Pérouse, où se trouve pour le moment le pape Honorius III. Admis devant le souverain pontife, il expose naïvement ce qu'il a vu, ce qu'il a entendu, ce qu'il a demandé, ce qu'il demande de nouveau.

« Ce que tu sollicites est grand, répond le pape, et ne s'accorde point en cour de Rome.

— Saint Père, réplique respectueusement François, je ne le réclame pas en mon nom, mais au nom de Jésus-Christ qui m'envoie. »

Alors le souverain pontife se recueille, et par trois fois prononce ces mots :

« Au nom du Seigneur, il nous plaît que tu aies cette indulgence. »

Mais plusieurs cardinaux sont là ; ils objectent qu'une faveur si extraordinaire pourrait nuire aux pèlerinages de Jérusalem et de Rome.

« Nous ne révoquons point, répond le pape, ce que nous venons d'accorder ; nous pouvons seulement en limiter la durée : Nous voulons que cette indulgence soit valable à perpétuité, mais pendant un seul jour, depuis les premières vêpres jusqu'aux vêpres du jour suivant. »

François s'incline, remercie et se lève. Voyant qu'il se retire, Honorius le rappelle :

« Homme simple, lui dit-il en souriant, où vas-tu, et quel témoignage emportes-tu de cette indulgence ?

— Saint Père, répond le séraphique pauvre d'Assise, votre parole me suffit ; que Jésus-Christ soit le notaire, la sainte

Vierge la charte et les Anges les témoins. Je ne réclame point d'autre acte authentique. »

Mais quel serait le jour du grand Pardon? Le pape ne l'avait point fixé. Six mois plus tard, par une rigoureuse nuit de janvier (1217), François flagellait sa chair innocente dans son étroite cellule adossée à la chapelle de Sainte-Marie-des-Anges. Le démon lui apparaît sous la figure d'un esprit céleste et lui tient ce langage :

« Dieu ne te demande pas tant de mortifications et de veilles ; n'abrège pas ainsi tes jours, mieux vaut servir Dieu plus longtemps. »

François, étonné d'abord, comprend vite que c'est là une tentation. Il se précipite dehors, ôte sa tunique et se roule dans la neige et au milieu d'un buisson d'épines. Aussitôt une lumière éclatante resplendit ; les épines teintes de son sang se parent de roses blanches et de roses rouges ; des anges recouvrent ses épaules nues d'une tunique plus blanche que la neige.

« Viens avec nous, » disent-ils.

François cueille sur le buisson merveilleux douze roses blanches et douze roses rouges, et, à la suite des anges, entre dans la chapelle. De nouveau Notre-Seigneur est là, avec la Reine du ciel et une phalange angélique.

« Je veux, dit le Sauveur, je veux que le Pardon s'ouvre aux vêpres du jour où je brisai les liens de Pierre, le prince des apôtres, et qu'il ne ferme qu'au crépuscule du lendemain. »

François retourne vers le pape, installé alors à Rome au palais de Latran. Il lui raconte sa nouvelle vision, et lui offre en preuve six des roses miraculeuses, trois blanches et trois rouges. En conséquence, comme la fête de Saint-Pierre-aux-Liens tombe le 1er août, le pape statue que la grande indulgence se gagnera depuis la fin des vêpres du 1er août jusqu'à la fin des vêpres du lendemain.

Et voici pourquoi, aujourd'hui 2 août, les pèlerins affluent à Mégève-la-Sainte.

Onze heures. Déjeuner. La pluie cesse ou à peu près. Risquons un tour de promenade.

Devant la cuisine, rencontre d'un gros garçon aux joues bouffies, cramoisies, qu'encadrent les pointes blanches d'un col très raide.

« Le groom anglais ! » murmure Raoul.

Maître Bob rapporte du premier étage un plateau chargé de tasses à thé. Ceci nous montre à quelle occupation on s'est livré là-haut. Nous serions curieux d'interroger Bob. Que deviennent nos Anglaises, miss Édith et son entorse, et milord, et la gouvernante effarée? Cette respectable mistress, prétend Raoul, rappelle l'étrange gouvernante de la *Petite Dorritt*, dont les lèvres s'avançaient toujours comme pour s'exercer à prononcer ces mots français si difficiles : *prune, prisme, pruneau*. De tout ce monde, aucune nouvelle. Peut-être en aurons-nous au retour. Sortons.

Près de l'église s'ouvre un assez large sentier qui grimpe.

« Grimpons, » dit Raoul.

Le sentier monte à travers des prairies en pente, prairies agrémentées de nombreux édicules : ce sont les stations du Chemin de la Croix, stations à personnages de grandeur naturelle. Les sculpteurs de ces statues n'ont pas prétendu rivaliser avec Michel-Ange ; néanmoins leur œuvre produit un effet saisissant : dans ce pays de vrais chrétiens, rien n'est plus propre à émouvoir les âmes. Au delà, et à l'écart du *Via Crucis*, s'élèvent d'autres petites chapelles ou oratoires. Enfin, sous un rocher formant grotte, se dresse, sévère et menaçant, le prophète du désert, l'austère saint Jean-Baptiste. Revêtu de son manteau sauvage, ceint de sa corde, il semble encore prêcher la pénitence.

« Vraiment, remarque Olivier, voici un pays comme on n'en voit guère. Je comprends maintenant pourquoi notre Mégève est honorée du nom de *Mégève-la-Sainte*. »

Rentrons au logis. Devant le *Soleil d'or* sont attelées une calèche et une carriole. Dans la calèche ont déjà pris place milord, miss Édith et deux de ses sœurs. Deux autres misses (les plus jeunes) et leur gouvernante doivent se contenter de la carriole. Elles s'y installent. Le groom se case auprès du cocher de la calèche. Les fouets claquent, nous saluons. En route ! Nous a-t-on rendu notre salut ?

« Où vont-ils ? demande le Zouave.

— Ils retournent aux bains de Saint-Gervais, répond l'hôtelier, afin d'y guérir l'entorse. »

V

DERNIÈRES ÉTAPES

Mardi 3 août. LA VALLÉE DE L'ARLY. — Nos grandes ascensions sont terminées. Bornons-nous à indiquer brièvement nos dernières étapes. Si elles n'offrent pas d'incidents dramatiques, elles nous font parcourir des pays enchanteurs.

Au sortir de Mégève, nous sommes en plaine sur la rive droite de l'Arly. L'Arly, rapide torrent qui bientôt enfle ses ondes écumantes et mérite d'être honoré du nom de rivière. Tombé des pentes du mont Joli, il arrose une des plus charmantes vallées de la Savoie, jusqu'au pied d'Albertville, où il se jette dans la grondante Isère.

La vallée de l'Arly ne peut, comme celle de l'Arve, s'enorgueillir de sommets fiers de leurs quatre mille mètres; elle n'a ni neiges ni glaciers. Mais quelle délicieuse fraîcheur, quelles pelouses veloutées, quelles majestueuses forêts, quels sites à peindre ! Les montagnes, très hautes encore, ne se hérissent plus de roches déchirées ni de pics effrayants. Elles se prolongent en lignes harmonieuses, et leurs flancs s'abaissent en pentes adoucies que décorent les sapins sombres, les cascades blanchissantes, les verts gazons. Par endroits, les monts se rapprochent, la vallée se rétrécit et se transforme en gorge sauvage. L'Arly s'y resserre et se précipite furieux. Puis la scène change, l'espace s'élargit, le torrent ne se brise plus contre les rocs; ses ondes calmées modèrent leur course et se développent en larges nappes, caressant de nouveau des prairies luxuriantes sur lesquelles l'œil se repose charmé.

Partis de Mégève par une radieuse matinée, nous suivons allégrement une jolie route plantée de grands arbres, le long des prairies, entre des versants qu'arrosent çà et là les cascades. Un hameau, le *Mollaz*, un autre, la *Praz*. Le chemin continue en plaine jusqu'en vue d'un gros bourg, le *Flumet*, où il faut descendre par une côte assez raide. A notre droite se perd dans la nue l'interminable crête des *Aravis*, qui se soude à la crête du Charvin (deux mille quatre cent quatorze mètres). Le Flumet a solidement assis ses chalets sur des roches inébranlables. La roche la plus fière se couronnait jadis d'un château fort, antique résidence des nobles sires du Faucigny. De ce château il ne reste plus que des ruines imposantes.

En face de ces ruines, sur l'autre rive de l'Arly, s'élève, suspendue à son mamelon alpestre, une bien modeste mais bien pittoresque chapelle, *Notre-Dame de Bellecombe*. On la dirait juchée là pour le plaisir des yeux. — Si nous avions le temps d'y grimper! — Saluons Notre-Dame, et franchissons l'*Arondine*, torrent au nom poétique, rimant si bien avec *Ondine*. Plus loin la route s'élève, laissant à droite, tout en bas, le village de *Saint-Nicolas-la-Chapelle*. Puis le chemin redescend jusqu'aux eaux bondissantes du *Flons*, sur lequel a été jeté un pont voilé de verdure, comme le pont de Bétharram. Maintenant il faut *ascendre*.

« Tant mieux! » dit Raoul.

La montée est raide et d'une sauvagerie singulière. Elle nous fait atteindre un petit col, d'où l'on gagne bientôt le plus étrange village qui se puisse rêver; ce village s'appelle le *Héri*.

Représentez-vous des rochers à pic du haut desquels tombe en cascades un furieux torrent; sa blanche écume rejaillit en l'air. Çà et là, entre les fentes des roches, se sont logées, venant on ne sait d'où, des graines diverses qui ont germé. La pente abrupte s'est donc, par intervalles, recouverte d'un maigre gazon ou d'arbustes rabougris et tordus. Au sommet de tout cela, sur l'extrême pointe de ces rocs à pic, aux endroits les plus risqués, se sont accrochées des habitations humaines. Ces chalets sont-ils ainsi suspendus exprès pour donner le frisson au voyageur? Les montagnards, téméraires bâtisseurs de ces chalets, avaient-ils la folle passion du péril? Rivaux des aigles leurs voisins, voulaient-ils, eux aussi, non une maison, mais une aire?

« Allons, Stanco, chantez avec une très légère variante cette strophe que vous avez redite plus d'une fois :

> Leur nid n'est pas un nid de mousse; c'est une aire,
> Quelque rocher creusé par un coup de tonnerre,
> Quelque brèche d'un pic épouvantable aux yeux,
> Quelque croulant asile au flanc des monts sublimes,
> Qu'on voit, battu des vents, pendre entre deux abîmes,
>   Le noir précipice et les cieux.

Grande halte au Héri : déjeuner, repos. Puis descente de deux heures vers une nouvelle vallée, la vallée d'*Ugine*. Quel contraste magique! On se croirait subitement transporté dans un des sites les plus riants des campagnes d'Italie. Au sortir du rude sentier alpestre, resserré entre les rocs menaçants et les sapins sombres, tout à coup s'ouvre une large échappée; les montagnes s'écartent, un vaste horizon se déploie, et tout près, sur une colline verdoyante aux croupes molles, s'étage coquettement Ugine la gracieuse, enguirlandée de vignes suspendues en festons. Les ruines d'un vieux château dominent la petite ville et complètent ce poétique décor. Spectacle ravissant, d'autant plus ravissant, qu'il était moins prévu.

« Restons ici ce soir, suggère aussitôt Raoul.

— Ce n'est pas possible, répond Stanco, nous devons coucher à Albertville.

— Pourquoi?

— Parce que demain matin il faut escalader le col de Tamié.

— Quoi! encore un col? proteste Olivier. Je croyais que nous en avions fini avec les cols!

— Ce sera le dernier du voyage.

— Hélas! soupire Raoul, j'aimerais bien mieux recommencer qu'achever mon tour de Savoie.

— Mais, reprend Olivier, qui, le Guide en main, examine la carte, est-ce que nous ne passerons point par Faverges?

— Nous y coucherons demain.

— Ne pourrions-nous pas y coucher dès ce soir? Nous en sommes aussi près que d'Albertville.

— Quel perfide Olivier! s'écrie Raoul, il nous priverait sournoisement du col de Tamié! Moi je tiens à ce col et à son abbaye, car voyez la carte : *Abbaye de Tamié*.

— Manquer une abbaye et manquer un col ce serait un double crime, » déclare gravement le Zouave.

Cette dernière remarque tranche la question, et nous prenons la grande route d'Albertville.

Nous sommes en effet sur une grande route, indice manifeste du voisinage d'une ville importante. Les sentiers sauvages des Alpes nous charment davantage; néanmoins ne dédaignons pas ce soir cette large route, parfaitement unie et plane, qui bientôt se transforme en chaussée pour protéger les cultures contre les eaux débordantes de l'Arly. C'est toujours l'Arly que nous avons à notre gauche, il est devenu une véritable rivière. A droite, se dressent les pentes boisées du *Mont-l'Étoile* et de la *Dent-de-Cons*. Divers villages se cachent à demi sous les arbres. Quel est ce torrent qui accourt se jeter dans l'Arly? Il se nomme le Doron; né sur un âpre sommet, il descend à travers la renommée vallée de Beaufort. Nous l'aurions vu à sa source si, en partant des Contamines, nous avions grimpé, suivant notre intention première, non par le mont Joli, mais par le mont Borrant.

Des maisons et des maisons; il y en a à droite, il y en a à gauche. On dirait deux cités, l'une sur la hauteur, l'autre dans la vallée. Elles sont réunies par un pont d'une douzaine d'arches, entre lesquelles coule l'Arly. Cette double cité est Albertville. Ainsi l'a baptisée le roi Charles-Albert. Elle a vraiment bon air au pied de ses nobles montagnes, dont les sommets à cette heure se dorent aux rayons du soleil couchant. Au-dessous des sommets la ligne d'ombre monte peu à peu; et ainsi selon l'altitude, sur les pentes rocheuses, gazonnées, boisées, la lumière se nuance, s'atténue, s'assombrit.

En dépit du roi Charles-Albert, la cité de la rive gauche garde toujours son antique nom de *Conflans*. Juchée et en étage sur son mamelon, avec ses tours et ses tourelles aux pignons pointus, elle se ferait prendre encore pour une ville forte du vieux temps. Jadis elle a subi vaillamment plus d'un siège, et elle ne se rappelle pas sans fierté sa gloire d'autrefois. Nous nous contentons de l'observer de loin ; pour ce soir, mieux vaut rester en plaine. A travers une rue de belle apparence, nous nous mettons en quête d'un logis convenable. Le *Guide Joanne* indique quatre hôtels : le premier, du *Nord*, est, assure Joanne, « peu recommandable. » Une pareille *recommandation* suffit. Le second, des *Balances*, nous rappelle trop les *Balances* de Genève, où Stanco un jour subit une terrible migraine. Le troisième, de *Londres*, serait sans doute plein d'Anglais. Le quatrième s'appelle *la Parfaite-Union*. Voilà notre affaire. Nous sommes *parfaitement unis*, installons-nous à *la Parfaite-Union*.

Mercredi 4 août. — LE COL DE TAMIÉ. — Albertville n'est pas une cité très célèbre. Y rencontre-t-on des monuments remarquables? Pourrait-on même y découvrir des monuments trop peu remarqués ? De ces diverses questions nous ne nous inquiétons guère. Le temps nous manque.

« Aujourd'hui, dit d'abord Stanco, il y a un col à franchir. »

Cet avertissement de Stanco prémunit Olivier et le Zouave contre tout désir de promenade superflue. Le *Guide Joanne*, il est vrai, affirme que d'Albertville à Faverges, où nous coucherons ce soir, il y a seulement « quatre heures de marche par le col de Tamié ». Si ce renseignement est exact, l'étape d'aujourd'hui ne sera qu'un jeu. Mais devons-nous nous fier tout à fait à Joanne ? Son commis voyageur en rédaction n'a probablement jamais passé par le chemin que nous allons suivre. Nous le supposons à la pauvreté des détails qu'il fournit sur cette traversée. Qulques lignes très vagues, en caractères minuscules, c'est tout. Mais par où sortir d'Albertville? Quelle route ou quel sentier prendre ? A droite ou à gauche? De tout ceci pas un mot. Stanco hoche la tête, Stanco murmure.

« Bah ! dit Raoul, puisqu'il s'agit d'un col il faut grimper. Grimpons ! »

De bons Savoyards nous mettent obligeamment sur la voie. Merci. Et maintenant, courage ! L'alpenstock va rendre aujourd'hui ses derniers services.

Cette ascension ne nous laisse qu'un très agréable souvenir. Le sentier n'a rien de pénible. Il s'élève, plus ou moins raboteux, côtoyant d'abord des cultures, s'ombrageant d'arbres fruitiers, offrant à chaque détour une belle vue sur la vallée qui s'enfonce et sur les hautes montagnes qui grandissent à l'horizon. — Temps à souhait. — Au bout d'une bonne heure, un village, village au nom vulgaire : la carte l'appelle *Chevron*. Les chalets n'étalent aucun luxe. En revanche, ces braves *Chevronnés* ont doré sur toutes les coutures les saints de leur église. Tant de dorures inattendues provoquent l'admiration d'Olivier. Ses yeux de lynx découvrent dans l'obscur édifice une foule de détails qui l'intéressent :

« Vraiment, dit-il, ces honnêtes Savoyards ont un culte pour leurs saints. »

Au-dessus du village, le sentier grimpe sous bois. Les sapins succèdent aux merisiers. Parfois une trouée s'ouvre à travers les arbres; alors se montrent, vers l'est, des glaciers et des neiges, et Raoul pousse son cri joyeux :

« Là-haut, dit-il, nous aurons une vue splendide. »

Cette espérance n'est point déçue.

« Voici le col !

— Déjà ?

— Oui, le col de Tamié.

— Et l'abbaye, où est-elle ?

— Un peu plus bas, nous allons y descendre.

— Ne parlez pas si vite de descendre, reprend Raoul, regardez, regardez ! »

Nous sommes sur une échancrure de la crête du Mont-l'Étoile; l'altitude n'est que de treize cent vingt-sept mètres, mais cela suffit. Notre belvédère permet de contempler à l'aise le dôme du mont Blanc et l'extrémité sud-ouest de sa chaîne aux glaciers éblouissants. D'ici, le mont Blanc ne se présente pas du tout sous la même face qu'à Chamonix, mais il garde toujours son incomparable majesté.

Nous admirons une fois de plus le grandiose roi des Alpes. Puis nous commençons à descendre sur le revers de la montagne. A un bon quart d'heure au-dessous du col, arrive à nos oreilles le grondement d'un torrent. Une forêt, puis un plateau gazonné. Sur ce plateau, entre les sapins, apparait un long toit grisâtre.

« L'abbaye ! » dit Olivier.

Vieux murs de solide apparence, fenêtres rares et étroites. Où est la porte ? Ah ! la voilà, tout ouverte.

« Entrons, fait le Zouave.

— Un instant, interrompt Stanco, les trappistes de Tamié reçoivent-ils les voyageurs ?

— En doutez-vous ? riposte Raoul, tous les trappistes sont hospitaliers. Demandons-leur à déjeuner.

— D'ailleurs, suggère le Zouave, on payera ce qu'il faudra ; il est plus de midi, je meurs de faim. »

Mais Stanco, on ne sait pourquoi, ne se trouve pas du tout dans ses jours d'audace. — Ces jours-là sont si rares ! — Si quelque auberge se montrait par là, il préférerait certainement l'auberge. Mais il n'y a pas à choisir.

Le seuil du monastère est donc franchi. Aucune robe de moine ne se laisse voir. Nous pénétrons dans un corridor ; passe un frère lai. Étonné, il s'arrête :

« Vous désirez parler à un père ? demande-t-il.

— Pardon, répond Stanco, nous sommes des voyageurs (cette déclaration était-elle nécessaire ?) ; nous sommes fatigués, nous voudrions nous reposer un peu...

— Et déjeuner, murmurent tout bas les autres.

— Entrez au parloir, dit gravement le frère.

— Êtes-vous ridicule ! souffle à demi-voix Raoul ; il s'agit bien de parloir ! Allons plutôt au réfectoire.

— Pardon, mon frère, reprend Stanco comprenant qu'il fait fausse route, pardon ; nous avons beaucoup marché, ne pourriez-vous pas nous procurer un peu de pain ?

— Vous voulez dîner ? demande le frère.

— Oh ! non, répond Stanco qui perd la tête, nous prendrions seulement une petite collation.

— Une petite collation ! gronde sourdement le Zouave, vrai, Stanco déraisonne. »

Raoul juge qu'il n'est que temps d'intervenir.

« Mon bon frère, fait-il de son air le plus insinuant, mon

bon frère, nous sommes presque à jeun ; sans vous, nous courons risque de mourir de faim.

— Il fallait donc le dire ! répond le bon frère ; par ici, venez vite. Seulement, comme le dîner des pères est fini, vous aurez à attendre un peu pour qu'on vous prépare quelque chose ; mais on va se dépêcher. »

Et là-dessus l'excellent homme disparaît, nous laissant au milieu d'une salle aux murailles toutes nues, où s'allonge une table de bois flanquée de deux bancs.

Dès que nous sommes seuls, le pauvre Stanco est en butte à des railleries cruelles. Aussi quelle étrange idée il a eue ! Demander à midi une collation, une *petite collation !*

L'attente du festin nous parut assez longue ; notre patience est si mince ! Enfin le frère hôtelier arrive ; il apporte et pose sur la table une énorme soupière toute fumante.

« Voilà, Stanco, de quoi faire votre collation, » dit le rieur Raoul.

Une telle soupière, et si pleine, aurait pu rassasier dix hommes. Bientôt notre charitable servant revint chargé d'une lourde miche ronde d'au moins vingt livres. Il en découpe des tranches d'une longueur démesurée, et d'une épaisseur ! Quand Stanco se voit en main une tranche pareille, il la contemple épouvanté. Ce pain est un peu gris, mais quel bon goût il a ! Afin de nous le faire mieux apprécier, le frère apporte une omelette gigantesque, puis un plat aussi vaste que creux, comblé de pommes de terre et de choux fraternellement confondus, puis encore un *thome* assez gros et assez dur pour servir à quatre générations.

« Les trappistes, dit Olivier, sont de grands jeûneurs, mais ils sont aussi de grands mangeurs ; en voici la preuve.

— Oui, reprend Stanco, ils jugent de notre appétit par le leur.

— Ils ne font qu'un repas par jour, reprend Olivier ; s'ils ne pouvaient, à cet unique repas, absorber une suffisante quantité d'aliments, ils seraient hors d'état de continuer leur vie de jeûne. Ajoutez qu'ils ne mangent que du maigre, et encore quel maigre !

— Je ne m'enrôlerai point dans leur bataillon, » conclut le Zouave.

Nos forces sont restaurées. Nous remercions cordialement le bon frère hôtelier, et Raoul lui glisse discrètement dans la main une aumône bien due pour une hospitalité si aimable. Le frère nous accompagne jusqu'à la porte extérieure. Avec lui nous jetons un coup d'œil sur le site grandiose dont son monastère semble le centre.

« Votre couvent est bien placé, dit Stanco, bien placé surtout pour les voyageurs.

— Autrefois, répond le moine, il était un peu plus haut, en face de la gorge que vous voyez, par où tombe le torrent. Mais ce torrent rendait tous nos pères aveugles.

— Aveugles? Vous voulez dire sourds, car cette chute d'eau fait un tapage assourdissant.

— Non, non, ils devenaient aveugles : le courant d'air trop glacial et trop humide causait toujours des maladies d'yeux. Il a fallu rebâtir le couvent au-dessous de la gorge.

— Pauvres trappistes, murmure Olivier, quelle rude vie !

— Adieu, répond le brave moine, et bon voyage !

— Merci, mon frère, nous n'oublierons pas votre couvent de Tamié. »

Il n'y a plus qu'à descendre. Descente charmante, tout le long d'une gorge pittoresque, près du torrent, à l'ombre des beaux sapins. Puis les montagnes s'écartent. Rencontre soudaine d'un chalet mollement assis au bord d'une route entre des prairies et des champs. De ce point, vue merveilleuse sur les vallées inférieures qui s'abaissent là-bas jusqu'au lac d'Annecy. Halte auprès du chalet, sur la pelouse où jouent trois petits enfants qui nous regardent avec de grands yeux. Leur mère nous offre une tasse de lait. Raoul remercie, les autres acceptent. Ce lait, écumant et savoureux, vaut le lait de Chamonix. A partir du chalet, plus de montagne sauvage. La route s'enfonce au milieu d'une fertile campagne. Les pentes s'adoucissent. Voici la plaine. Enfin nous atteignons *Faverges*. L'industrieuse cité s'étend à l'aise au bas d'une riante colline couronnée d'un château et, — saisissant contraste, — presque au pied d'un mont âpre et nu, tout hérissé de rocs menaçants.

Jeudi 5 août. — LE LAC D'ANNECY. — Adieu, Faverges ! En

marche vers le lac d'Annecy! Ce sera la dernière course à pied de notre tour de Savoie. Soleil éclatant, route large et belle, mais route de plaine. Nos alpenstocks cessent d'être utiles. Dès lors, hélas! notre main les trouve lourds et gênants. Ingratitude humaine! Pauvres et bons bâtons ferrés! Quels services pourtant ils nous ont rendus dans la haute montagne, aux jours des rudes escalades et des dégringolades périlleuses! Ne méritaient-ils pas d'être rapportés triomphalement à travers la France entière? Ne devraient-ils pas ensuite reposer en paix sous notre toit, glorieusement suspendus au-dessus du foyer, comme ces trophées d'armes qui rappellent au guerrier ses anciennes batailles?

Oui, sans doute, nous disons-nous; mais du lac d'Annecy jusqu'à la Bretagne la distance n'est pas petite. Que de véhicules à prendre, véhicules divers, plus ou moins étroits, où refuseront de s'introduire ces bâtons bien trop longs! Et si, à la stupéfaction des badauds, nous les gardons en main à travers les rues des grandes villes, n'aurons-nous pas un air tout à fait exotique, tout à fait ridicule?

Cette réflexion suprême tranche la question.

« Laissons ici nos alpenstocks.

— Où?

— Ici même, à l'entrée de cette prairie. Quelque Savoyard ou quelque touriste les apercevra, s'en emparera avec joie, et pourra en retirer encore de sérieux services. Nous finirons ainsi par une bonne œuvre. »

Malgré ce beau raisonnement, c'est le cœur bien gros que nous étendons doucement sur l'herbe touffue ces quatre rejetons des forêts alpestres. Nous les embrassons d'un dernier regard; puis, sans retourner la tête, nous hâtons le pas. Ainsi, — *si parva licet componere magnis*, — ainsi, au jour lamentable d'une défaite, le soldat blessé et vaincu, réduit à se rendre, dépose en soupirant le fusil que la patrie lui avait confié, puis s'en va tout triste, abattu et honteux.

Deux heures de marche. — « Le lac, voici le lac! » A partir de cette extrémité sud des eaux bleues auxquelles Annecy donne son nom, le chemin est vraiment à ravir. Nous longeons la rive orientale. A notre droite s'élèvent de belles montagnes aux pentes parsemées de cultures, de maisons, de prairies, de bois. A gauche s'étendent et brillent les flots d'azur, et sur l'autre rive s'étagent des monts majestueux. L'un d'eux attire surtout nos regards, c'est le plus fier et le plus renommé, le *Semnoz* (dix-huit cents mètres). De son sommet, un jour, Stanco, Raoul et leur ami le *Philosophe*, ont joui d'une admirable vue du mont Blanc et de la chaîne des Alpes. Quel souvenir ils garderont du Semnoz! Avec quelle vaillance ils l'ont escaladé, et ils en ont dégringolé avec quelle rapidité et quelle audace !

« Oui, raconte Raoul, c'est le plus rare exploit auquel le *Philosophe* ait pris part. L'ascension eut des incidents dignes de mémoire, mais la descente! Nous bondissions du haut en bas à travers gazons, blocs erratiques, rochers, ruisseaux, pierrailles, forêts. Tombés enfin dans la vallée, nous nous élançons par d'interminables prairies vers le lac, dans l'espoir de nous embarquer à la pointe de Duingt, sur le pyroscaphe d'Annecy. O bonheur ! nous apercevons la fumée du bateau : le bateau arrive à l'escale de Duingt, il s'arrête. Un dernier effort et il est atteint. Mais, ô malheur ! l'arrêt à Duingt est trop court, le bateau part ! Pitoyablement déçus, épuisés, haletants, nous regardons tristement fuir la fumée blanche. Il n'y a plus qu'à regagner à pied la ville de saint François de Sales. Perspective peu agréable, car la journée a été rude : une ascension de dix-huit cents mètres, une dégringolade d'autant, et, pour en finir, une marche de trois à quatre heures au crépuscule d'abord, puis dans la nuit noire. En outre le déjeuner est très loin ; à la fatigue la faim s'ajoute, et notre prudent Philosophe refuse de se risquer à dîner dans un des villages qui se rencontrent. Il faut, à mi-route, le contraindre presque par force à accepter un doigt de vin. »

Ce récit, que nous résumons, est suivi de longs commentaires. Les reproduire serait ici un hors-d'œuvre. A la fin :

« Voici précisément devant nous, dit Stanco, la pointe de Duingt, son rocher, son château, ses futaies. »

Nous nous trouvons, en effet, presque en face de ce promontoire pour nous si mémorable. D'où nous sommes, il semble terminer le lac. C'est comme un cap que les bateaux doivent doubler. De l'autre côté de la pointe le lac s'élargit, puis se prolonge, au moins trois lieues encore, jusqu'à Annecy, aux pieux souvenirs.

Mais notre rive orientale captive bientôt toute notre admiration. Auprès de nous, à droite, des cultures merveilleuses s'étagent sur la pente. Des arbres gigantesques ombragent le chemin et abaissent vers le lac leurs branches énormes, comme pour se rafraîchir dans les eaux limpides. Sous les chênes majestueux s'étendent des pelouses aussi riches, aussi veloutées que les pelouses de la vallée de Campan. Plus haut s'étalent des prairies jonchées de fleurs; puis des noyers, des hêtres, des sapins, le tout inondé de lumière par le radieux soleil. Un groupe de blanches maisons à la toiture rouge sombre; tout auprès, des ruines grisâtres, pittoresques, ruines d'un vieux couvent. Du milieu des maisons blanches émerge un clocher à coupole éblouissante : on le croirait plaqué d'argent; il est tout simplement, comme tant d'autres clochers de Savoie, revêtu de lames de fer-blanc ou de zinc. Nous sommes à *Talloires*.

Halte! midi sonne; l'heure du repos et du repas.

De même qu'à Sixt, l'hôtel où nous sommes fut autrefois une construction monastique. Notre salle à manger est l'ancien réfectoire des religieux. Pour asseoir leur demeure, ces bons moines avaient choisi un site ravissant : à leurs pieds le lac aux ondes d'azur : en face, un splendide horizon de montagnes, la magnifique chaîne que domine le Semnoz; derrière eux aussi une belle et grande montagne, puissant rempart contre la bise du nord. Aucun nid n'est plus chaudement abrité. Talloires pourrait rivaliser avec nos stations hivernales des Pyrénées ou de la Méditerranée. Comme à Argelès ou à Hyères, l'hiver y est doux, le printemps tiède; dès février les gazons se parent de fleurs.

Déjeuner, puis quelle heure délicieuse sur la pelouse de l'hôtel, à l'ombre d'un vieux hêtre planté jadis par les moines, tout au bord des eaux limpides! Silencieux et heureux, nous regardons et nous rêvons. Parfois sur les flots glisse une barque aux larges voiles; sa proue fendant les ondes soulève une écume d'argent; sa poupe laisse derrière elle un long sillage azuré. La barque fuit et disparaît. Nos yeux se reportent vers les montagnes de l'autre rive, et de nouveau ils contemplent ces horizons alpestres que pour nous rien ne surpasse.

> Celui qui n'aperçoit les Alpes que de loin,
> Celui-là, l'œil frappé de ces hauteurs sublimes,
> Croit que ces monts glacés qu'il admire et qu'il fuit
> Ne sont qu'affreux déserts, rochers, torrents, abîmes,
>   Foudre, tempête et bruit !
>
> « Mesurons-les de loin, » dit-il ; mais si sa route
> Le conduit jusqu'aux flancs d'où penchent leurs forêts,
> S'il pénètre, au vain bruit de leurs eaux qu'il écoute,
>   Dans leurs vallons secrets,
>
> Il y trouve, ravi, des solitudes vertes,
> Dont l'agneau broute en paix le tapis velouté,
> Des vergers pleins de dons, des chaumières ouvertes
>   A l'hospitalité.
>
> Des sources sous le hêtre, ainsi que dans la plaine,
> De frais ruisseaux dont l'œil aime à suivre les bonds,
> De l'ombre, des rayons, des brises dont l'haleine
>   Plie à peine les joncs ;
>
> Des coteaux aux flancs d'or, de limpides vallées,
> Et des lacs étoilés des feux du firmament,
> Dont les vagues d'azur et de saphir mêlées
>   Se bercent doucement.
>
> Il entend ces doux bruits de voix qui se répondent,
> De murmures du soir qui montent des hameaux,
> De cloches des troupeaux, de chants qui se confondent
>   Au son des chalumeaux.
>
> Marchant sur des tapis d'herbe en fleur et de mousses :
> « Ah ! dit-il, que ces lieux me gardent à jamais !
> La nature a caché ses grâces les plus douces
>   Sous ses plus hauts sommets ! »

Vers deux heures, arrive le bateau à vapeur retournant vers Annecy. Nous y montons. Traversée trop courte, sur des eaux si pures, entre des monts d'une si merveilleuse beauté ! Rivages et pentes se parsèment de riants villages. L'un de ces villages, renommé entre tous, s'appelle *Menthon* ; le voici à droite, là-haut, dominé par son château moyen âge, berceau d'un saint illustre, qui a fondé et honoré de son nom l'hospice fameux du *Grand-Saint-Bernard*.

Annecy ! la bonne petite ville de saint François de Sales et de sainte Jeanne de Chantal. Dans son église de la Visitation reposent encore, l'un près de l'autre, ce saint si aimable et cette sainte si généreuse. Intimement unis dans la vie ils demeurent unis dans la mort. Ici leurs dépouilles terrestres attendent en paix l'aurore de la résurrection, pendant que leurs âmes bienheureuses jouissent déjà ensemble de l'éternelle extase des cieux. A leurs glorieux tombeaux se termine aujourd'hui notre course. Ainsi que notre pèlerinage d'Héas, notre voyage aux Alpes s'achève à un vénéré sanctuaire. Pouvions-nous mieux finir notre *Tour de Savoie?*

FIN

TABLE

UN PÈLERINAGE A NOTRE-DAME D'HÉAS

I. — Bagnères et Lesponne	7
II. — Le lac Bleu	21
III. — Le pic du Midi	30
IV. — Du pic du Midi à Gavarnie	50
V. — Gavarnie	71
VI. — La traversée du Couméllie	77
VII. — Notre-Dame d'Héas	91

NOTRE TOUR DE SAVOIE

I. — Le chemin de Sixt	99
II. — L'ascension du Buet	133
III. — La vallée de Chamonix	163
IV. — Mégève-la-Sainte	190
V. — Dernières étapes	225

26730. — Tours, impr. Mame.

www.ingramcontent.com/pod-product-compliance
Lightning Source LLC
Chambersburg PA
CBHW071933160426
43198CB00011B/1382